自分で考える
道具としての
哲学

新装版

マルクスを「活用」する!

takahashi
yoji

高橋洋児

言視舎

まえがき

1――本書の基本方針と狙い

（1）カール・マルクス（1818―83年）の考えたこと（思考成果）および考え方（思考法）のうち、21世紀初頭の時代状況の中でアクチュアルな意義を持つと思われるものに光を当てた。主として経済状況を念頭に置くが、他の諸方面にも論は及ぶ。

今も引き続き細々と意義を持つものを数え上げる落穂拾い流は採らない。むしろ今の時代にこそ**新たな意義**を持つものを取り出すほうがマルクスの学問精神にふさわしい。未来未知の物事を先取りすることは経験レベルではありえぬ話だが、論理レベルでは**論理の力**が先取りを可能にするのである。

疎外論、弁証法、自由時間論など若干のポピュラーな事項は別として、これまで（非マルクス・反マルクス論者はもとより）**マルクス経済学者やマルクス論者が取り上げたことがない思考成果や思考**

法に着眼するよう努めた。ポピュラーな事項を取り上げる場合でも、**通説・定説のたぐいとは異なる視点**を提示している。〝マルクス新発掘〟を心がけたわけだ。

マルクス自身はつねに時代状況と斬り結びながら思考し主張を繰り広げてきた。後世から見て「時代の制約」をまぬかれないところが多々あるのも、このような取り組み姿勢に起因する。死んだ部分もあるのは、まさに当該の時代状況の中で生きようとしたからである。**生きたことがなければ死ぬこともない**。後続者が先行者を次々と乗り越えてゆくというあり方はどの学問にも共通することだが、自然科学とは違って社会科学の世界では、そのつどつねに**時代状況と斬り結ぶという取り組み姿勢だけが真の（乗り越えるに値する）乗り越えを可能にする**。

（2） 本書が力点を置いたのは、特に**マルクスの思考法（考え方）**である。マルクスの思考成果を単に「知る」だけなら、その方面の書物を参照すれば済む。しかし考え方となると、マルクスの考え方の当否を今日の時代状況に照らして**みずからも考えながら**吟味しなければならない。情報化時代には「考える」ことが軽視されがちであるが（⇩第1項補論2）。

吟味の結果、判定は「当」か「否」かに分かれる。「当」となれば大いに称揚すればよろしかろう。もちろんこれは取り上げるに値する。「否」の場合は、放棄すべきものと救済すべきものとに分かれる。後者なら、ではどのような考え方に修正すれば現代に適合するかを探究しなければならない。そのような批判的発展に導く起点となりうるなら、その限りで「否」の場合も取り上げて救済するに値する。

修正された考え方は思考者マルクスと別の思考者（私なら私）の合作ということになる。時空を超えた**思考の通時的協働**（⇩第28項）が可能かどうかという点も、古い思考法が今も生きているかどうかを判別する一つの目安となる。

本書では主として、このように大別2様（「当」と「救済」）の意義を持つマルクスの考え方を、限られたスペースの範囲内で取り上げた。

(3) マルクスの思考法にかくも執着するのは、**論理の迫力**に押されてのことである。単なる言葉遣いの迫力なら、大群衆を前にしたアジ演説のように人々を鼓舞熱狂させずにはおかないものもあるが、所詮その場限りのもの。論理の迫力となると、そう多くはない。マルクスにおける論理の迫力は、閃光のような着眼の鋭さと直滑降のような展開の力強さから来る。その点はマルクスを軽くあしらう人たちも遠く及ばない。彼らの頼りは、後の時代に生まれたという特権のみである（⇩第9項）。

マルクスの場合、論理そのものはそのつどのザッヘ（事柄）ごとに異なる。それゆえ、**ザッヘごとの分析と論理展開**を要する。ヘーゲルにおける論理の迫力が主として、ほぼ同一の論理による諸ザッヘへの統一的把握にあったのとは対照的である。

しかし**迫力ある論理にも誤ったものがある**。不思議なパラドクス。論理を起点と途中経過と終点の3部分に分けると、論理の誤りはそのどこかにある。起点が誤っていては話にならないが、マルクスにあっては多くの場合、誤りは途中経過の不手際に、よって終点の捉え違いに存する。いずれにしても、そのつどの誤った部分を是正すれば論理を正しい軌道に乗せることができる、という平凡な理屈になる。

マルクスに限ったことではないが、「思考の通時的協働」について触れたように、論者の思考法を単に所与のものとして固定化した上でそのアクチュアリティの有無を判定するという行き方では、底の浅い考察にしかならない。スケールの大きい論者になればなるほど、とうの昔に死んだ論者に成り代わってその思考法を流動化し、否定面を否定して今日的に高次回復を図る余地も大きい。あえていえば、学問方法論に関しても**「弁証法的」取り組み**（⇩第5項）が必要なのである。

2——考察対象と構成

（1） 全28項から成る。重要項目は他にも多数あるが、所定の分量を大幅に超過したためこれで打ち切った。第1項で、マルクスの著作全体に通じる、さらには社会科学一般にも通じる基本語として「社会的」を取り上げ、第2項で初期の疎外論を検討したほかは、すべて1857年以降の「経済学批判」期著作群から論材を採っている。この点では、マルクスの理論的仕事の中心を経済学批判＝資本家的生産様式論に見る通説と違っていない。ただし、上述したように着眼点や視点は大いに違っている。

（2） 構成については、第15～22項がひとまとまりをなしているほかは、ほとんどバラバラと言ってよい。第3項以下においては、まず『資本論』初版（1867年）序文および第2版（1873

年）あとがきから、次いで『経済学批判要綱』（１８５７—58年）序説から、めぼしい箇所を選定してそれぞれ数項を立てた。次いで『要綱』本論を検討するために11項を充てた。『要綱』からの引用が、序説と本論を合わせて第6項から第21項までを、つまり本書全体の過半を占める。第22項は第21項を承けた、マルクスからの引用なしの考察である。残りの数項は、『経済学批判』（１８５９年）以降の諸著作からランダムに論材をピックアップしている。

(3) 以上のことから、考察対象に関する本書の幾つかの特徴が浮かび上がるであろう。

①『資本論』への論及が少なすぎる。まるで『要綱』研究を目指しているようだ—。印象批評としてはそれも的外れではない。が、『要綱』からもわずかな断片を取り上げただけなので本格的な「研究」には程遠い。ルイ・アルチュセールの言い方を借りれば、われわれも『資本論』をドイツ語原文で繰り返し読んできた（アルチュセールほか『資本論を読む』今村仁司訳、ちくま学芸文庫、⇒第1項）。『資本論』の概説書を取りまとめるのは、それ相応の時間さえかければ難しいことではない。私事ながら、大部の『資本論』コメンタールをもう何年も前に脱稿済みである（未公表）。本書で『要綱』に比較的多くのページを割いたのは、資本家的生産様式論としては『資本論』第1部が最も整備されているとはいえ、アクチュアリティ（今日的意義）という点では**『資本論』に勝る考え方を数多く含んでいる**からである。

『要綱』には、『資本論』の未整理な、雑然錯綜とした、書きなぐりのエチュードと見なされてもやむをえない部分が多々ある。しかし『資本論』には見られない独自の着想や理論展開として光彩を放っているものもある。本書でもそのうちの幾つかは取り上げている。

詳細は本論に譲るが、『資本論』は時に**イデオロギー色**が目に付く。工場労働者優先ないし労働者階級への思い入れが陰に陽に理論展開そのものをゆがめているケースが少なくない。正しい理論的解明（一例：資本構成が不変のままの資本蓄積の進展に伴って賃金水準が上昇するメカニズムの解明）が行なわれていながら、解明されたことの意味づけに関しては過小評価がなされる。この場合は**正しいマルクスと間違ったマルクス**との〝二人のマルクス〟が共存していることになる。イデオロギーとは、要素分解すれば「**好み（preference）**」や「**ひいき（partiality）**」や「**願望（hope）**」から成る。『要綱』はイデオロギー色が稀薄である分、例えば資本家的生産の発展に伴う「消費拡大」のマクロ的意義に関して、労働者階級がその恩恵に浴するという点も公平客観的に評価している。**消費拡大論**（⇩第17、20、22項）は資本家的生産様式論の基軸をなす資本蓄積論から導き出されているだけに、現代消費社会の理論的把握に際しても強力な視座を提供する。

②かつて、マルクスの全仕事を理論・時論・史論に3区分した上で、3者を統一的に把握する必要が唱えられたことがある。語呂からいってもうまい分け方だったが、言い始めたのが山之内靖さんだったか内田弘さんだったかは記憶が定かでない。実際、マルクスは時論も数多く書いている。『ニューヨーク・デイリー・トリビューン』紙に定期寄稿した多数の論稿もその一部をなす。留意すべきは、**経済理論の彫琢と同時並行して時論が執筆されている**ことである。

例えばアメリカの南北戦争や奴隷解放、エイブラハム・リンカン大統領の果たした役割、その他のアメリカ論ひとつをとっても、執筆時期が１８６１—63年草稿の作成や『資本論』第１部の仕上げ時期と重なっているだけではない。内容面でも彫琢途上の経済理論と密接に関連づけながら論じられている。史論もたくさんある。そのあたりの事情はマルクス・エンゲルス全集の目次を通覧するだけでも一目瞭然である。**理論と時論・史論とは相互補完関係にある**。このような取り組み方は誰にでも真似できることではないが、社会科学の範となるものであろう。むろん、マルクスの仕事を理論・時論・史論の3側面に限定せずに、哲学・思想の側面を強調しようとする読み方もある。本書は、強いていえば経済理論関連の考察にウェイトがかかっている。

③構成が「ほとんどバラバラ」と述べたように、本書は体系書ではないのはもとより概説書でもない。あくまでもマルクスの論述に即して、そこから現代の諸問題について考える際に利活用できるものを取り出すことを主眼としている。マルクスの論述に関する諸研究にもほとんど言及していない。その意味では研究書でもない。ただの——**考える手がかりの提供を目的とする**——「活用ブック」である。それゆえ、ページ順にお読みいただく必要はない。アナログ的な読み方よりもディジタル的な読み方に向いている。興味や関心を持てそうな項目を拾い読みして下さればよい。もちろん、そのような項目が一つもなければ最初から無視されればよい。

3——想定読者

(1) 概説書ではないので、概説を期待される向きには合わない。アクチュアルな諸問題についてマルクスと、また本書と**一緒に考えてゆこうとする人たち**を想定読者としたい。

（2）研究書の体裁をとっていないとはいえ、「研究」的な部分も含まれていると思う。**労働価値論や搾取論、商業資本論などの「誤り」**にも言及している。著者としては専門家筋も絶えず念に置いて、「こういう考え方でよろしいか？」と問いかけながら作業を進めているので、この方がたも想定読者の中に入る。マルクス的思考を手がかりにすればアクチュアルな諸問題がどのような新生面を現すか。このような**現実問題本位の観点から**共に考えてゆければと念じている。

4——凡例と注記

（1）マルクスからの引用は*Marx/Engels Gesamtausgabe*（*MEGA*），Diez Verlag Berlinに依拠した。各巻の刊行年は、『経済学・哲学草稿』（1844年執筆）を収録している巻が1982年、『経済学批判要綱』（1857—58年執筆）の第1分冊が1976年、第2分冊が1981年、『経済学批判』（1859年刊）を収録している巻が1980年、1861—63年草稿の第1分冊が1976年、……という具合に順不同である。

訳文作成に当たっては、第一に、マルクスの論理明断さを生かすこと、第二に、なるべく滑らかな日本語に移すことを心がけた。原文は、複雑で厄介なところも多々あるが、所論内容の当否は別として論理そのものは——「社会的」の語義が時に不明断である点を除けば——つねに極めて明断である。それゆえ、マルクス著作の日本語訳に不明断なところがあるとすれば、それは基本的に翻訳者の責任と見なしてよい。

ただし、**論理の明晰さは必ずしも表現の平明さを意味しない**。そのような取り違えは思考力低下の表れにすぎない（⇩第1項補論2）。また、**論理の明晰さは必ずしも論理の正しさを意味しない**。マルクスの論述には、これら両様の「意味しない」ケースも少なからずある。

なお、時折は各種邦訳を参照させていただいたが、翻訳者諸氏のご労苦に同感しつつも、引用者の責任で訳してある。

(2) マルクスからの引用文中の①②…は引用者が付した。ただし、1)、2)、a)、b)等は原文のもの。

(3)『資本論』は「第1巻」「第2巻」「第3巻」と表記されることもあるが、「巻（Band）」は書物としての体裁上のもの、内容上は「部（Buch）」なので、本書では「第1部」「第2部」「第3部」と表記した。

(4) 引用文中の「社会的」という語には、第1項の語義分類に従って〔 〕内に言葉を補ったが、中には引用者として確信を持てないものもある。明瞭には語義確定ができず、第1項でも述べているように「難儀させられるケース」ということになる。しかし引用者の責任（読解力不足）なのかもしれない。読者諸賢には、第1項の応用と検証も兼ねて、ご面倒でも逐一点検していただければ幸いである。そしてもし引用者の力不足が原因と判明した場合は有り難く受け入れる。

その他のものも含めて〔 〕内はすべて引用者の補足である。

(5) 読者の便宜のため、（⇩第○○項）というふうに相互参照を図った。

マルクスを「活用」する！　目次

I

『経済学批判』『経済学・哲学草稿』『資本論』等から

1　「社会的」とは？——あいまいさを排して

『経済学批判』ほかから

テーマ

まず**「社会的」という語の多義性**について見ておく。マルクスの著作にはさまざまな語義で頻出する語なので、そのつどの語義を正確に読み取らないと文意ひいては著作そのものの読解もアヤフヤになる。さしあたり**9語義**ほどある。

一般に「社会科学」分野では、当然のことながら「社会的（に）」という形容詞・副詞が多用される。ただ、語義内容が不明確なことも少なくない。いちいち語義を考えるまでもない手軽な慣用語として用いられるためであろうか。読み手もさして気に留めないで読み進めてしまう。**著作の論理明晰度を測るリトマス試験紙**というくらいのつもりで、もう少しこだわってもよいのではないか。

社会科学の大家中の大家と目される我がマルクスも遺憾ながら例外ではない。マルクスの経済理論的考察は、終生未完ながら１８５７年以降の**「経済学批判」体系**に集大成されてゆくが、そこでも「社会的（gesellschaftlich）」の語義読み取りに難儀させられること、しばしばである。以下の諸項でも言及するように具体例には事欠かないが、とりあえず**『経済学批判』**（１８５９年）から一例を挙げてみよう。

この著作は「第1章　商品」「第2章　貨幣または単純流通」のみから成り、『資本論』第１部の初版（１８６７年）では両章が第1章に、第2版（１８７３年）とエンゲルス編集の第3版（１８８３年）および第4版（１８９０年）とでは、それぞれ第1章と第3章とに要約されている（第２章は「交換過程」論）。『経済学批判』の本論冒頭３つ目の段落に次のような一文がある。

富の社会的〔①〕形態がどのようなものであろうと、つねに使用価値物が、この形態とはさしあたり無関係な富の内容をなしている。小麦を味わうとき、この小麦を作ったのは誰なのか、ロシアの農奴か、フランスの分割地所有農民か、イギリスの農業資本家かは分からない。使用価値物は社会的〔②〕欲求の対象であり、したがって社会的〔③〕連関のなかにあるとはいえ、いかなる社会的〔④〕生産関係も表わしていない。

4つの「社会的」はそれぞれどのような語義であろうか。①と④は同義、②と③は同義、①④と②③とは全く異義である。

①の「社会的」形態は、まず現象面のこととして、**富が商品形態をとっているかどうか**を問うてい

る。売るために生産されたものか、それとも自家消費用に生産されたものか。同じく商品形態をとっている場合でも、**生産のされ方**はさまざまである。小麦生産なら、主要な**生産手段**である土地は誰の所有物か。また**労働力**は生産者自身のものか他人のものか、他人のものならどのようにして調達するのか。これらのことを問う言葉が④の「社会的」生産関係である。

「**イギリスの農業資本家**」の場合、土地は地主からの借地であり、労働力は農業労働者を雇用することで調達される（日本の農業では、このようなあり方はなじみが薄いであろうが）。生産した小麦は商品として売りに出される。もし土地をはじめ種苗・肥料・農機具・灌漑施設などの生産手段が農業労働者自身の所有物であるなら、この農業労働者は**独立自営農民**（フランスの分割地所有農民、日本の自作農など）ということになる。生産された小麦（に限らず、コメであれ野菜・果物・茶であれ）のうち自家消費分を超える余剰分は商品として出荷することができる。自家消費と商品作物のどちらが主たる生産目的なのかはケース・バイ・ケースである。いずれにしても、小麦を**使用価値物として消費する場面では**①や④に関わる差異は「無関係」（どうでもよいこと）である。①と④は下記（3）の意味になる。

これに対して②および③の「社会的」は、多くの人たちの、という下記（4）の意味である。①④は、引用文にもあるとおり「形態」や「生産関係」とセットにして用いられることが多い。これは（3）のような語義を持つ社会科学用語であるが、②③は、この限りではありふれた日常語である。ただし、（4）で見るように「多くの人たち」が「諸個人」として把握し直されると立派な社会科学用語に昇格する。

右に見たことは「社会的」という語の多義の一部にすぎない。以下、「経済学批判」期の用語法を中心に、順不同ながら主な語義を挙げておく。マルクスの用語法は幸か不幸か類例を見ないほど多義的である点で、**社会科学全般にとっても参照基準となる**であろう。

本論――マルクスの9つの「社会的」

(1)「社会的に有用な」の短縮形。他人のために役立つ、の意。用例：「人は商品を生産するためには、使用価値物を生産するだけでなく、他人のための使用価値物、社会的使用価値物を生産しなければならない」(『資本論』第1部第1章)。他人のために役立つ使用価値物を生産しなければ商品を生産したことにはならない、ということ。

もちろん、ここでは逆は真ならずで、生産物が他人のために役立つのは商品として生産された場合に限られない。例えば**奴隷制や封建制**のもとでは、奴隷や農奴による生産物は商品となることなしにストレートに他人すなわち奴隷主や封建領主らのために役立つ。強制力が働かない、もっと穏健な形としては、**贈与・無償援助**によって他人の生産物が取得される場合、あるいは**一般家庭でクッキングや日曜大工、家庭菜園**などによる生産物が他の家族成員に役立つ場合も、生産物は商品形態をとらない。生産物の「形態」および取得様式は、それぞれのケースごとに**人間関係のかたちを表わしている**。

社会的「有用性(Nützlichkeit)」がドイツ流に社会的「**妥当性**(Gültigkeit)」と表現されることも多い。この表現は、他人のために役立つものとして**承認される**、という含意を持つ。生産物を提供する**人と**それを享受する**人との関係**に即して物の有用性を捉えようとしている点では、単なる**人と物との関係**として有用性（usefulness）・効用（utility）を捉えるアングロサクソン（イギリス、アメリカ）流の用語法よりも幾分深みがあると言えるかもしれない。

（2）「協働の」または「力を合わせた」の意。「社会的というのは、いかなる条件のもとであれ、いかなる生産様式においてであれ、またいかなる目的のためであれ、ともかく、複数の諸個人の協働（Zusammenwirken）のこと」（『ドイツ・イデオロギー』）。同一のまたは関連のある生産過程における多数者の協働が協業である。協業は生産力を高めるから、この意味での「社会的」は「生産力」とセットにして用いられることが多い。用例：「どんな事情のもとでも、結合された労働日の独自の生産力は、労働の社会的生産力あるいは社会的労働の生産力である。この生産力は協業そのもののから生じる」（『資本論』第1部第11章）。労働日つまり1日の労働時間は一定でも、複数の労働者の労働が結合されれば、個別的労働による個別的生産力の総計以上の独自の生産力が生まれる（⇩第28項）。複数はより多数であるほど結合効果も大きいから、「多数の」に力点を置けば（4）の語義とも重なるが、ここでは「協働」に力点がある。

ただし注意を要する。別のところでは、「〈社会性（Gesellschaftlichkeit）〉の基準はそれぞれの生産様式に特有の諸関係の本性から導き出されるべきであって、それとは無縁の観念・表象から借用されるべきではない」（『資本論』初版、第1章）という言い方をしている。生産様式の種差に留意せよ。これは上記の、**生産様式の種差を超えて**、という用語法とはまるきり違っている。困ったものだ。マル・ハラ（マルクス的ハラスメント）と言うべきか。種差を重視した用語法を見ておくと――。

（3）「ある歴史段階に特有の（eigentümlich）」の意。経済学者たちは現存する生産関係ないし生産様式を「永遠の自然形態」と思いがちである。それに対して、「いやそうではなく、歴史上特有のものである」ことを強調しようとする。

「特有の」をマルクスはしばしば動植物の種差になぞらえて「特種な（spezifisch、英語の specific）」と表現する。マルクス著作に頻繁に出てくる社会的生産関係、社会的形態、社会的性格などにおける「社会的」は大概この意味である。先に『経済学批判』について見た①④も同様である。**生産力が歴史貫通性において把握されるのに対し、生産関係は特種歴史性をおびている**。この違いが「社会的」の語義の違い（（2）の前半と（3））に表れている。

本書では、なるべく普通の現代日本語を用いるという趣旨から、「特種な」に代えて「特定種類の」「特殊な」「特有の」「独自の」などの訳語を充てる。

（4）「多くの人たちの」の意。用例：上に見た『経済学批判』における②③。ただし、マルクスは「多くの人たち」を、特に『ドイツ・イデオロギー』以降は「諸個人」と表現することが多い。このことは、社会および歴史が「諸個人の関係」をベースにして把握されるようになったこと、したがって把握方法が『経済学・哲学草稿』段階の「個人（としての人間）」視座から大きく旋回したことを示すものと言える。これ以降「社会」は、言い回しに多少の違いはあっても**「諸個人の相互依存諸関**

係の総和」という語義内容を持つことになる（⇩第12項）。最少2人いれば、2本の棒が松葉状に支えあうイメージで「社会」が形成される。

むろん、例えば「19世紀半ばのイギリス社会」のように、ある特定の生活空間、諸個人の生活の場を指すかに見える「社会」語法もある。しかしその場合でも、のっぺらぼうの空間や場を指しているのではなく、諸関係に規定される起伏の多い生活のあり方に重点が置かれる。

「諸個人の関係」視座が提示されたことで、『ドイツ・イデオロギー』に先立って『経済学・哲学草稿』にも萌芽的に見られた「関係」視点（拙著『現代社会論の基本視座』御茶の水書房、2003年、参照）がいっそう輪郭鮮明な、かつ生気あるものとなった。

▼(4)の補論

「諸個人（die Individuen）」は個々人（der einzelne）の寄せ集めではなく、**そのつど一定の関係によって、ないし諸関係の束として結合されたまとまりをなしている**。個々人の寄せ集めではさしたることはできないが、諸個人には――関係ないし諸関係の束の大きさに比例して――大きなこともできる。**諸個人はそのつど一定のベクトルを持つ結合力を発揮することができる**からだ。人間の歴史を作ってきたのも諸関係によって結合された諸個人である限りでの人間たちである。プレハーノフ流に「**歴史における個人の役割**」を問う場合も、歴史的役割を果たしたのはナポレオンやヒトラー、スターリンその他の個人ではなく、**特定の個人を核として諸関係を形成した諸個人**である。**人間は個々人としてはちっぽけな存在にすぎないが、このような諸個人としては大きな存在である**

（⇩第7項補論3）。

「社会」をいったん多様な「諸個人の関係」に分解した上で「諸個人の諸関係」の総和として捉え返す。このような**分解 - 総合方法**は、単に研究レベルにおいて重要であるだけではない。われわれが日常レベルの個別問題に取り組む際にも基本的方法をなすものであろう。**何であれ事柄や出来事を、まず諸個人の関係ないし諸関係の束として捉えることによって、実相を解剖図のようにより明瞭に把握することができる**。

諸個人を個人や個々人にまで分解してしまっては、ほとんど何も把握することはできない。**「個人」は無内容な抽象語にすぎず**、現実具体的な何ごとも意味しない。例えば「個人の権利」「個人の自由」と言ったとたん、それは個人の次元を超えた「諸個人の関係」の話になるのである。**権利も自由も「個人」に属性として具わっているものではなく諸個人の協働生産物**（⇩第28項）であり、その限りで「個人」のものとして主張しうるにすぎない。協働の支えがなくなれば権利も自由もたちまち消えてなくなる。「個人」は「諸個人の関係」の中ではじめて現実具体的に有意味な存在たりうる。「個々人が主観的にはどんなに諸関係を超越しているつもりでも、世の中では（sozial）やはりいつも**諸関係の産物**なのである」（『資本論』初版序文）。

（5）**「社会全体の」「マクロ的」**の意。社会的総資本、社会的総労働、社会的平均、社会的分業、社会的富などが見やすい用例である。（4）の「社会」把握では諸関係が重視されたが、そうではなしに諸関係は度外視して一挙に全体を鳥瞰した（上空を飛ぶ鳥の目で見た）ときに右のごとき語句が用いられる。

(6) 人間の活動領域は多層多次元にわたるが、それらのうち**国家・政治領域よりも一つ下位次元の領域**を指す言葉として。若きマルクスはヘーゲル哲学との格闘に多大なエネルギーを投入した。その一環として、『経済学・哲学草稿』に先立つ一連のヘーゲル法哲学批判においては国家と市民社会との次元区分が強調されている。後年の「社会的」語法にも、その名残が見られることがある。用例：「社会的」諸関係（『資本論』初版序文⇒第4項①）。「ブルジョアジーの支配に伴って必ず成立する社会的および政治的諸条件……」（『共産党宣言』四「種々の野党に対する共産主義者の立場」）。

(7) 自然との対比で、広く**「人間社会に特有の」「人間の力による」**の意。この場合は自然的ではないことに力点があり、「社会的」もあれこれのコノテーション（付随的意味）をおびる。用例：「上着は、リンネルの価値表現においては、双方の物の超自然的な属性、すなわちそれらの価値、純粋に社会的なあるものを代表している」（『資本論』第1部第1章）。「農業を合理化し、これによってはじめて農業の社会的経営を可能にしたことは資本家的生産様式の大きな功績である」（『資本論』第3部第37章）。

(8) 「人間は孤立的存在ではなく人々と**共同して生きている**」の意。用例：「人間は本性上（自然に）ポリス的動物であるとアリストテレスは言うが、そうとは言えないにしても、ともかく社会的

1

動物ではある」(『資本論』第1部第11章)。ポリス共同体の一員であることなしに生きてゆけるのは野獣か神だけ、というアリストテレスの人間把握(⇩第25項補論)は、もちろん古代ギリシア的限界を持つ。しかし、人間を共同的存在として捉える視座はマルクスにおいても終生一貫していた。ここでの「社会的」は、(3)のような「ある歴史段階に特有の」を含意していない。その点では(5)の鳥瞰図語法と共通している。同じく共同性を強調する場合でも、(9)の「社会的」はユートピア色が濃厚だが、ここではその種の色は付いていない。

(9)『経済学・哲学草稿』段階の「社会的」は、右に見てきた語義群とはずいぶん違っている。人間が**「類的存在」**(⇩第2項)たりえているという意味での**「人間的」**とイコールである場合が多い。私有財産制のもとでの疎外状態を克服して共産主義を展望するという問題意識が前面に押し出されていたため、「社会的」という形容詞以前に「社会(die Gesellschaft)」そのものからして、**「仲間同士の交流」**というニュアンスが強い。ここでの「社会的」は(「社会主義」や「社会民主主義」などという意味不明の日本語に訳されてきたSozialismusやSozialdemokratieにおける)sozialとほぼ同義。すなわち、**人間同士が対等の立場で交わり共に助けあって生きてゆく**、という語義で用いられている。手短には**人間同士の「共生」**である。

この sozial 語法は「社会保障」「社会福祉」などにも通じる。もちろん、「社会問題」や「社会科学」のように単に「世の中の(ことに関する)」を指すことも多い。

ドイツ語では gesellschaftlich と sozial の2語に分かれているものが、英語やフランス語では **social** の一語で済まされる。2語のうち sozial は social と置き換え可能であるとしても、gesellschaftlich についてはこれをsocialに置き換えただけでは、やはりマルクスの文意の読み取りは困難である。「まえがき」の2（3）でも関説したように、**アルチュセール**は弟子たちとの共著書『資本論を読む』の序文で、こう述べている。「『資本論』をフランス語版で読むだけですますのではなくて（たとえ、マルクスが校閲以上のことをした、つまり書き直しをした、第一巻のロワの翻訳であっても）、少なくとも基本的な理論的諸章や、マルクスの鍵概念があふれているすべての文章は、ドイツ語版のテクストで読まなくてはならない」（今村仁司訳）。**しかし gesellschaftlich の一語に関してはドイツ語版で読んでも不明瞭さは解消しない。**

▼本項全体の要約

①マルクスの用語法において gesellscahftlich という語は多義的である。マルクスは前人未踏の探究課題に関してもおおむね論理明晰に語ることができた人だが、この平凡な語に関しては明晰さに欠けた。マルクス著作に頻出するこの語を**所構わず「社会的」に置き換えただけでは意味は通じない**。そのつどパラフレーズする（分かりやすく言い換える）必要がある。「マルクスを読む」際の基本的な心得の一つである。②社会科学全般に視野を広げると、どうか。マルクスの場合ほどではないとしても「社会的」はやはり多義的であろう。**多義性はあいまいさと紙一重**だから、社会科学の「科学」としての未熟さを示す一例となる。③**書き手**は「社会的」という語を用いるのなら、そのつ

どの語義を明確にしなければならない。あいまいさを除去することが「科学的」思考の第一歩である。④**外国語文献を邦訳**する場合も同様である。⑤**読み手**としては、「社会的」の語義内容をどうしても明瞭に読み取れないで、しかもその不明瞭さを補って余りあるほどの優れた考察が見当たらない場合は、その著者に対する格付けを下げたほうがよい。

▼全体の補論――あいまいなムード語の危険性

1　社会科学分野には「社会的」の他にも、多義的な、または書き手によって語義内容がまちまちな、したがってあいまいな用語がたくさんある。「社会」という語自体がそうである（(4)(9)）。諸分野横断的には「**パラダイム**」もしかり（⇩第2項テーマ）。経済学分野では「**資本主義**」「**経済システム**」「**市場経済**」などの基本語も多義的である（これらの語については⇩第2項補論）。同じ語を用いていながら論者によって語義内容にズレがあれば議論もスレ違ってしまう。いちいち定義づける必要がある。

あいまいさは学問の世界だけのことではない。**わが国の政治やマスコミ**の世界では、とりわけ近年**あいまいなムード表現**が目立つ。「構造改革」（⇩第11項補論2）「小さな政府」（⇩第22項(5)）「美しい国」「教育再生」「愛国心」等々、問題にしだすと切りがない。問題にされない一例として「**国際社会**」について見ておくと、これはいったいどういう意味か。

イランが核開発を進めているようだ、北朝鮮がテポドン2号を発射した、核実験をした、それに対して国際社会は……等々。国際社会とはどこどこの国のことなのか。同じ国でも人々の意見はさまざまである。国際社会なる語は、**政治家やマスコミ関係者らの勝手な都合に合わせて意味範囲が切り取られるまことに恣意的なムード語**でしかない。それでも平然と多用されている。一般国民も平然と受け入れている。もしイランや北朝鮮で国際社会という語が用いられるとすれば、アメリカや日本などで暗黙に意味されている国々とは違った国々を指すことになるであろう。**自国中心的な言葉**でしかない点は、極悪犯に対する判決文にいう「あまりにも自己中心的」と本質的に違いはないのである。

「テロ」についても同様である。テロ（リズム）の最大公約数的定義――「一定の政治目的を果たすための暴力行使」――に従えば、アメリカが仕掛けたアフガン戦争もイラク戦争も**国家テロ**にほかならない。**「テロとの戦い」は敵対者双方にとって対等の大義名分**なのである。双方とも「正義は我がほうにあり」と思っている（⇩第10項補論）。

万事この調子で、あいまいさが、そうとは自覚されないまま許容される度合いも増してきた。**現代日本は確実にあいまい化時代に入っている**。言葉遣いのあいまいさはこのような風潮の一表出にすぎない。あいまいなムードをあおる、またあおられるという傾向は国の針路を誤らせる危うさをはらむ。

あいまいさの許容は行動面でのいい加減さを助長し、あれこれの虚偽や不正の温床ともなる。現代日本は、さながら〝**虚偽列島**〟と化した観がある。

2　情報化の影響も大きい。①情報過多で、いちいち丁寧に応接して厳密な意味解釈などをしていると取り残されてしまう。②厳密な言葉遣いのトレーニングなどしなくても、誰もが気軽に情報発信できるようになった。おしゃべり感覚で手軽に〝活字〟表現したものを、不特定多数の受け手に向けて瞬時に発信できる。確かに、グーテンベルクも仰天の革命と言ってよい。しかし同時に**国語力の低下**も進行している。気軽な情報発信者にとってはレベル低下などどこ吹く風である。③それだけではない。**厳密さの減退あるいはあいまい化は思考力低下の表れ**でもある。

情報化は、情報の入手・伝達の面では思考をなるべく節約して多くの事を手っ取り早く知ること・伝えることを主眼としているため、思考を中途で打ち切ること、あるいは、そもそも思考しないことが事実上奨励されている。**思考することが不効率な無駄と見なされるようになった**。当然、思考力は低下する。これは歴史的な退歩であり反革命である。低下した思考力にとっては、厳密さの欠如もあいまいさも何ら問題として感じられない。

因果関連を整理すると、**情報化の進展↓思考の節約の奨励↓思考力の低下↓あいまい化の進行**、となる。言葉遣いのあいまい化や国語力の低下、さらに思考力の低下は情報化時代の必然である。

3　学問力低下の影響もある。学問は言葉のあいまいさを極力排して厳密さを尊んできたが、今や必ずしもそうではなくなった。しかも学問自体の存在感や発言力が低下しては厳密さのお手本となることなどできない。わが国の文系学問は、太平洋戦争後に限れば、１９４５年の敗戦から60年代にかけて「国破れて山河在り」の状態から**新しい国づくりを志した時期の熱気と努力をピークに**——むろんその後も時折は突出した成果があったとはいえ——長期傾向としては下降線を辿ってきたように思われる。なぜ、どうしてそうなのかをここで考察することはできない。

ただ、考慮すべき要因としては、①**高度経済成長の達成**を機に国民的な大目標がなくなり、学問面でもかつてのような熱気と努力が消え失せたこと、②**マスコミの隆盛**と裏腹に学問は地盤沈下して、**世論を形成しリードするものではなくなった**こと、などが挙げられる（最後の点に関する象徴的な事例として、かつては東大総長・京大総長の入学式や卒業式での式辞が世間の多大な注目を集め影響を与えたことが想起される。例えばサンフランシスコ条約をめぐる南原繁東大総長の「単独講和」批判に吉田茂首相が「曲学阿世の徒」（学問の真理をねじ曲げて世におもねりへつらうやから）と猛反発した）。

元来、特に文系の学問が存在意義を示すのは簡単なことではない。が、**学問としての存在意義の見分け方**は簡単である。ある学問分野内での個別研究が、ないし、ある学問分野そのものが仮に消え去ってしまったとすれば、それが社会的に（多くの人たちにとって）どの程度の損失をもたらすか。**損失度が存在意義度**ということになる。これは厳しい判別規準のように思われようが、上記「熱気と努力のピーク」時期には――丸山眞男や大塚久雄たちだけでなく――多くの文系学問もクリアしていた。なくてはならないものとして社会的な（多くの人たちの）期待と尊敬を集めるか、でなくても世論形成に寄与していた。

今日においても、文系学問が存在意義を示すための本道は、問題の表層を研究（リサーチ）するだけでなく**問題構造に深く切り込んで厳密な意味解釈を踏まえた分析を行なうこと**である（⇩第2項補論5）。もちろんそのためには、それ相応の**問題意識**がなければならない。このような心がけで臨まないと、いかにも軽量なものとして、費用対効果の考え方に基づく文系「リサーチ」切り捨て、雑務と教育重視の**外部評価路線**に翻弄されてしまう。マルクス著作と向き合う時にも、むろんこの心がけが求められる。

2 疎外論は死んだが、疎外論の誤りは今も生きている

『経済学・哲学草稿』から

テーマ

マルクス疎外論を再検討する。これは『経済学・哲学草稿』（1844年執筆）で全面展開されたが理論としてはとうに死んでいる。しかし**疎外論的思考は別に初期マルクスに固有のものではなく『資本論』にも、したがって『資本論』研究者たちにも引き継がれている**（生きている）。また労働現場における疎外状況は今日も続いている（生きている）。労働現場を離れた諸場面でも疎外現象はさまざまな形で見られる。さらに、**疎外論パラダイムは**――間違ったパラダイムであるにもかかわらず――今も歴然と生きている。疎外をめぐる問題群は、①**理論としての疎外論**、②**現象としての疎外状況**、③**問題解決策としての疎外論パラダイム**、の3つに区分することができる。不思議なことに3つとも「生きている」―その意味合いはまちまちだが。本項では、まず③について手短に見

た後、本論で①について詳論し、最後に②について一言する。

パラダイム概念の提唱者トマス・**クーン**の定義では、「パラダイムとは広く人々に受け入れられている業績で、一定期間、科学者に、自然に関する問い方と答え方の手本を与えるものである」。しかし「広く人々に受け入れられている業績」とか「一定期間、手本を与える」とかの文言はあいまいなので、本書ではその部分を除いて単に——しかし「自然」科学以外の分野にも広げて——**「問題の立て方・解き方」**の意味で用いる。

問題の立て方・解き方にも、各学問分野ごとにその時々の支配的な手法や流行・ファッションがあるのは事実だが、この点も定義に含めようとすると前轍を踏むことになるので含めない（学問は流行やファッションとは無縁ではないかと思うのは、学問に対する誤解・一知半解あるいは買いかぶりである。現に流行・ファッションだらけである）。本書の定義はまことにシンプル（無味乾燥？）だが、しかし「一時代の支配的な物の見方」（『広辞苑』）のごとき茫漠とした捉え方よりはまだしも使用価値があるであろう。

疎外論に死を宣告したのは廣松渉の物象化論で、これは学理としてはおおむね正しかった。ただし、**物象化論の現実的意味**については疑義もある（例えば⇓第23項）。また**「関係主義」の捉え方**についてはマルクスの時代とは違った視点も必要であろう（⇓第11項3の補論）。そしてパラダイムとなると話は全く別である。廣松も、さかのぼってはマルクス『資本論』も**依然として疎外論パラダイムに囚われていた**とするのが筆者の認定である。問題の立て方・解き方、とりわけ解き方は**問題解決の方法**に関わることで、マルクス疎外論の文脈では「共産主義」がキーワードをなしたが、その点については『資本論』のマルクスも物象化論の廣松も疎外論パラダイムの枠を出ていない。要するに、**実行可能な具体策**（⇩第11項）を提示していない点で共通の欠陥を抱えているのである。

のみならず、「マルクス疎外論などとは縁もゆかりもない人々も含めて、各種の社会運動を担っている人々から、政策立案者、企業経営者、昼のワイドショーがお好きな主婦に至るまで、このパラダイムを無自覚裡に共有している。マルクス疎外論がそのプロトタイプ（標準型）をなしている」（拙著『現代社会論の基本視座―疎外論パラダイムを脱却して―』御茶の水書房、2003年）。詳論は同書に委ねて、ここでは疎外をめぐる問題群のうち、主として「とうに死んでいる」疎外論を検討する。

本　論

1　いつの時代にも人間生活と社会存立の土台を担う働き手たちが、**国民経済学的状態**のもとでは無一物の近代的賃金労働者としてネガティヴな（好ましくない）ことを幾重にもこうむる存在と化する。このことは、社会の基本問題に関心を寄せる者にとっては避けて通れない考察課題をなす。そして考察のキーワードとなったのが**「疎外」**である。（「国民経済学」と関連用語の整理は本論5の後の補論にて。）
「疎外」を『広辞苑』（第五版）で引くと―。「①うとんじ、よそよそしくすること。②〔哲〕（alienation（イギリス）・Entfremdung（ドイツ））ヘーゲルでは、自己を否定して、自己にとってよそよそしい他者になること。マルクスはこれを継承して、人間が自己の作りだしたもの（生産物・制度など）によって支配される状況、さらに人間が生活のための仕事に充足を見出せず、人間関係が主として利害打算の関係と化し、人間性を喪失しつつある状況を表す語として用いた。」（①②は原文のもの）

①は日常語で、これだけでは別段、哲学・思想用語となるに値しない。「うとんじる」は裏面に「うとんじられる」を伴うが、**この表裏一体関係はいつの時代のどの社会にも見られるごくありふれた人間関係のかたち**である。マルクス自身、党派闘争の諸場面ではもとより学術著作の中でも、「うとんじる」どころか公然と揶揄・罵倒することが極めて多かった人である。当然、揶揄・罵倒された人たちも大勢いた。その際、**マルクスのほうが正しかったのか相手が正しかったのか**はケース・バイ・ケースである。

地味な哲学用語としての「疎外」なら確かにヘーゲルにもあったが、**ヘーゲルの疎外概念**には経済制度やブルジョア社会の批判につながる思想性はいささかもない。それでも疎外概念が人目を引くようになったのは、マルクス疎外論の発想源となったことによる。

▼1の補論

後のものが先立つものに脚光を浴びさせ先立つものの存在を蘇らせるという因果関連は、一つの歴史法則をなしている。ポピュラーな場面では、あるスポーツの新記録が達成された時、忘れられていた古い記録保持者のメモリーが読み出されるなど。先立つものがなければ後のものもないのは単純素朴な事実である。**これは後のものが先立つもののお陰をこうむっている側面**で、新しいものにだけ目を奪われてはいけない、後のものが独力で現在の地位を築いたと思うのは間違いである、などの戒めとなる。が、逆ベクトルの、後のものによる先立つものの蘇生効果にも、**先立つものが後のもののお陰をこうむる側面**にも留意して双方向関係の把握を心がけるなら、**歴史を見る眼**はより豊富になるであろう。

2 マルクス疎外論は、まず生産の成果つまり**生産物の疎外**から考察を始める。労働の生産物が労働者のものにはならないで、雇い主である資本家のものになる。労働者には疎遠なものと化する事態が「疎外」と呼ばれる。生産物が（商品として売れて↓その代金で生産手段が買われて）再び資本として、利潤獲得の手段として労働者に敵対的に立ち向かってくる。労働者自身も疎外の条件の再生産に加担していることになる（資本家と〝共謀〟しているわけではないが〝共同正犯〟ではある）。

労働者は生産の成果から疎外されているだけではない。生産行為・生産活動そのものに関しても、すなわち**労働の真っ最中にも疎外されている**。「自分の」労働が「自分の」ものとは実感できないで疎遠なものと化する。生産物が疎遠なものと化すること、すなわち「物の疎外」に対して、労働の疎外は「**自己疎外**」と呼ばれる。物は人間の外部に存在するが、人間の肉体的・精神的なエネルギーである生命は人間そのもの（自己）と不可分一体である。その生命の発現である労働が疎外される。ゆえに「自己」疎外なのである。

マルクス疎外論は自己疎外を基点に据えて構成されている。労働者が生産物から疎外されるのは自己疎外の、労働そのものが労働者自身のものではないことの一帰結、マルクスの言い方では「要約（レジュメ）」にほかならない。後ほど詳しく見るように、「労働は「本来」労働者のものである、それなのに現実にはそうなっていない、これはおかしい」というのが**マルクス疎外論の全体に流れる心情**である。

自己疎外は、さらに人間存在そのものに関しても深刻な諸結果を引き起こす。当時のマルクスはなおルートヴィヒ・**フォイエルバッハ**の思想圏にあり、人間を「類的存在（das Gattungswesen）」として捉えていた。存在（das Wesen）は本質という意味合いも持つ。**類的存在であることが人間の本質的な在り方である**。人間は他の動物とは違って、人に対してであれ物に対してであれ、**そのつどの個別的な相手・対象を類としての広がり（ユニヴァーサリティ、普遍性）において**、類の一員として意識することができる。そして人間関係においては、労働を通じて人―類に貢献したいと念願している。人間はこのような類的本質を具え持っている。

だが**疎外された労働は類的本質の実現を妨げる**。人間を類として意識する余裕を失わせ、労働を単なる個人生活の手段におとしめる。「**人間からの類の疎外**」である。これは**人間が私益追求本位のちっぽけな利己的存在と化する**ことだから、人間同士が互いに疎外しあう「**人間からの人間の疎外**」でもある。

3 マルクス疎外論は、以上のような四重の「疎外」規定から成っている。**生産物の疎外、労働の疎外、類的本質の疎外、人間の疎外**。このような疎外論をどう評価すべきか。とりあえず、思想としての評価と理論としての評価とに分けなければなるまい。どの点から見ても完璧に正しければ分ける必要はないけれども。**思想と理論の区別**は簡単ではないが、ここでは、対象全体の大まかな意味づけを主眼とする思考の産物を「思想」と呼び、対象の内部に分け入り諸要素の因果関連を厳密に分析して対象全体の存立構造を解明したものを「理論」と呼んでおく。手短には、**大まかな意味づけと内的連関の分析との違い**である。仮にこの区別に従うなら、**マルクス疎外論は思想としては正しかったが理論としては間違っていた**（このような「思想」と「理論」の区別については後の諸項でも幾つか類例が示されよう）。

ネガティヴなことを幾重にもこうむる存在としての賃金労働者。その**賃金労働者に関する実状描写**は、マルクスという人間の、のめり込む性癖も手伝って、時に言葉遣いが激越に過ぎるきらいはあったものの事実関係からかけ離れていたわけではない。対象全体の大まかな意味づけとしては正しい。そしてこの正しさは、ネガティヴなことの種類と程度に差はあれ**現代にも通じる**ものであろう。

しかし理論としては別である。多くのマルクス研究が指摘してきたように、**労働は「本来」労働者のものとする理解は間違っている**。労働は商品として買われた労働力の単なる使用価値（役立ち）だから、当然、買い手である資本家のものになる。パソコンの使用価値がパソコン商品の買い手であるA君なりB子さんなりのものになるのと全く同じである。それゆえ、資本家が労働者に労働をさせた成果である生産物は当然、資本家のものになる。労働という使用価値の活用度に比例して、より多量の生産物が、剰余生産物が、つまり剰余価値ないし利潤が得られる。その成果は労働力商品の売り手（労働者）のものではない。この理屈は、A君なりB子さんなりがパソコンを株式売買に**活用して売却益を得たからといって、このキャピタル・ゲインがパソコン販売店のものにはならないのと全く同じ**である。もっとも、株式売却益はパソコン活用度に比例するわけではないが。

労働とは区別して「労働力」の概念が打ち立てられ、そして労働力商品の価値（賃金で表わされる）と使用価値とが明確に概念区分されるのは「経済学批判」期のこと。『経済学・哲学草稿』段階では右に見た「本来」論にとどまっている。

では、**どうして「本来」あるべき姿に反して労働の疎外が生じているのか**。国民経済学的状態が**私有財産制**を基盤にしているからである。私有財産制のもとでは、無一物の者は**唯一の私有財産である労働（＝生命）**を時間ぎめで売って、すなわち資本家に雇われ対価として賃金を受け取って、生計手段を獲得するほかない。今では**労働は資本家の私有財産**になっている。資本家は、この労働ともう一つの私有財産である生産手段とを結合することで生産活動を行なうわけだから、生産活動の成果は当然、資本家の私有財産になる。このような私有財産関係から、もろもろの不条理も生じる。「本来」あるべき姿を取り戻すためには私有財産制を止揚（廃棄・克服）しなければならない。こうして**共産主義論**が主張される。以上がマルクス疎外論の骨子である。それなりに筋の通った立論ではある。

4　しかし**「本来」論を批判するだけではマルクス疎外論の批判としては十分ではない**。なぜマルクスは「本来」論の間違いに気づかなかったのか。というよりも、**そもそもなぜ、どのような論理に基づいて「本来」論を唱えるに至ったのか**。この点を明確にすることが極めて重要である。なぜなら、マルクスは生涯最高の経済理論的達成とされる『資本論』においても、したがって労働力商品の価値と使用価値とを明確に概念区分するようになって以降も疎外論的思考を引きずっており、その淵源が「本来」論にあるからである。『資本論』段階では、この「本来」論をベースにして搾取論が唱えられる。**初期マルクス=疎外論、後期マルクス=物象化論という単純な分け方はできない。「生命」と「労働」との混同。これがマルクス疎外論の根本欠陥をなす。**生命は誰にとっても自分のもの。このことは18世紀後半のアメリカ独立宣言やフランス人権宣言などの「人権」思想（⇩第12項）が広まる中で、おおむね経済制度や社会形態などの違いを超えて不動の真実として共通了解されてきた。もっとも、自分のものだから**自己決定権**を有するとは限らない。事故や犯罪、天災などによって無理やり生命を奪われることもあれば、患者の家族や医師の判断で生命維持装置が外されることもある。それ以前にそもそも生命の誕生や、誕生して以降は生存の前提となる食料等の入手調達からして自己の一存でどうこう決定できるものではない。自己決定権なるものを過大視すべきではない。「自己」も「個人」と同様、大本のところでは**決定する主体ではなく決定される客体**である（⇩第7項）。

ところがマルクスは、生命とは活動にほかならないとし、そして活動と労働とを等値することによって生命と労働とを同一視した。「活動（Tätigkeit）」は生命とも労働とも重なる輪郭不明瞭な言葉である。マルクスはしかし、語義範囲の広い「活動」を媒介項にして**生命イコール活動イコール労働という等値**を行なった。そしてこのことから、生命は労働者にとって自分のもの、ゆえに労働も労働者のもの、とする所有論を導き出した。

このような論法のどこがおかしいのか。生命は各人のもの、労働者のもの。これは確かである。しかし労働に関してはどうか。**労働は生産手段なしには労働ではありえない**。この点がポイントをなす。生命は、極端な話、心臓が動いていれば生命である。脳死論の是非はともかく、**生産手段などなくても生命は生命でありうる**。しかし労働はそうではない。働きかける対象（労働対象）や働きかける際の手段（労働手段）なしには、そもそも労働の概念が成り立たない。生産手段と出会うまでは労働は存在しないのだから、「自己疎外」されるような労働者自身の労働なるものがもともと存在しない。むしろ**労働の「自己疎外」が起きる時にはじめて労働そのものは存在しうる。労働の「自己疎外」を拒絶することは労働そのものの存在を否定することである**。

所有論の文脈では、生産手段も労働者のものである場合に限って労働は労働者自身のものとして存在しうる（この点は**今日の自営業**を見ても分かる。では労働者が全員自営業者になれば疎外問題などそもそも発生しないのではないか？　そうはゆかない。自営業者も生産手段や生活手段を商品として買い、生産物を商品として売ることではじめて成り立つ。売買をすべて自営業者同士だけで行なうことはできない。例えばホームベーカリーが仕入れる小麦粉、自作農が使用する農機具、軽トラなどの営業用車両……。これらは資本の生産物である。**自営業は資本制生産様式のすき間を埋める補完物にすぎない**⇒補論2）。その点、マルクスが国民経済学的状態を「共産主義」によって克服しようとしたのは、所有論としては正しかった。

労働は「本来」労働者のものとするマルクスの捉え方は**生命と労働との混同**から来ている。この混同が後年の搾取論（「本来」労働者のものである労働部分が剰余労働として、剰余価値として無償で取得されているとする）にも影を落としている。資本家は労働力の使用価値である労働を有効活用した成果として剰余労働を生み出し、これを剰余価値として取得しているとする剰余価値論。これは正しい。だが、**剰余労働したがって剰余価値を「無償で」「対価なしに」タダ取りしているとする搾取論は間違っていた**（⇩第28項1）。**搾取論は後期マルクスの疎外論である。**

さしあたり『経済学・哲学草稿』段階においては、「本来」論の基底にある**生命と労働との同一視が最大の難点**をなしていた。マルクス疎外論が理論としては間違っていたと断言するゆえんである。

疎外論の当否論議はとうに終わった話だが、**分析の不足**ないし欠落が時に大勢の人たちを巻き込んで深刻な負の結果をもたらすという教訓は今に生きている（⇩第5項）。後段でも見るように、**同様の過ちが至る所で繰り返されている。**

5 疎外論が理論的に間違っていたからといって、疎外概念までもが死んでしまったわけではない。それどころか現代においても**多種多様な疎外現象**が広汎に見られる。**労働現場**（⇩第4項4）においてだけではない。およそ個々人の働きが**組織の成果として**世に問われるときには、組織が大きくなるほど各人は「自分の」働きの意義を実感しにくくなり、虚しさ（疎外感）の度合いが強まる。高齢化との関連では、**高齢者**は家族からも「疎外」されて居場所がない。多発する**凶悪犯罪**の背景事情としては、両親は自分のことを何も分かってくれなかった（本人の一番大事なものが「疎外」されてきた）、世間はオレをのけ者扱い（「疎外」）してきた。欧米諸国では**イスラーム教徒**が「疎外」されている。等々、安直な用法も含めて「疎外」語の出番は多い。一部の精神疾患や**「引きこもり」**

などにしても、人間関係の中で自分は「疎んじられている」という思いと、おそらく当人もうすうすは自覚しているであろう自分の弱さ・力不足との複合として生じているのではなかろうか。

▼本項全体の補論

1 **国民経済学**とは、当時の先進国イギリスとフランスのポリティカル・エコノミー（エコノミ・ポリティック）のドイツ的表現である。したがって「国民経済学的状態」とは国民経済学が考察対象にしている経済制度を指す。当時のマルクスはまだ自前の用語による特徴づけをなしえなかったので、2歳下ながらすでに『国民経済学批判大綱』などの優れた著作を物していたフリードリヒ・**エンゲルス**に依拠したものと思われる。なお、両人はこの時点ではまだ〝刎頸（ふんけい）の交わり〟を結んでいない。

しかし1857年頃から始まる「経済学批判」期の理論的格闘の中で、この経済制度を特徴づける用語も次第にバージョンアップされ（ブルジョア的生産、資本に基づく生産、資本家的生産）、最終的には「**資本家的生産様式**（die kapitalistische Produktionsweise）」という独自の概念規定が与えられる。19世紀後半には主としてドイツとアメリカで株式会社が多数登場しており、マルクスにも株式会社論はあるとはいえ、マルクスが主な考察対象としたイギリスでは企業形態は資本家が賃金労働者を雇用する個人経営がなお一般的であった（⇩第27項）。それゆえ、**資本家が主導する生産様式**という意味で、この生産様式は文字どおり「資本家的生産様式」と解するのが正しい。とはいえ、個人資本家の役割が低下したその後の企業経営にも通用する表記としては「資本に基づく生産様式」または簡単に「**資本制生産様式**」とするのが適当である。あるいは、生産様式の原理と仕組みを際立たせるなら「**資本制システム**」となる。以下、マルクス的限定が明瞭な場合は「資本家的生産様式」と表記する。

2　マルクスは「**資本主義**（Kapitalismus）」という語を用いていない（用例は『資本論』第2部草稿中の1カ所のみ）。あくまでも資本家に主導される生産様式にこだわった。しかし今日一般には資本主義という語が多用される。この語も用い手によって語義内容が異なっている。生産様式へのマルクス的こだわりを尊重しつつ今日的に定義するなら、**資本主義とは、資本制生産様式を基軸とし他の生産様式**（農業・手工業・サービス業などの分野における自営業、〝社会主義的〟その他の共同体的生産など）**を周辺に配置した包括的経済体制**、となろう。とりわけ自営業は資本制生産様式のすき間を埋める補完的役割を果たしている。〝**純粋資本主義**〟なるものが現実の経済体制として存在したことはない。資本主義は現実には**異種な諸生産様式の混在形態**でしかありえない。

したがって、「資本主義」を経済体制の意味で用いるなら、「資本主義的生産様式」なるものは〝民主制と独裁制が共存している政治体制〟と言うがごときチンプンカンである。「資本主義的」が単に「資本家的」や「資本制」の言い換えなら「資本主義的生産様式」という表記でも何ら差し支えないが。この場合は「資本主義」は体制概念ではないことになる。

大事なのはしかし次の点である。経済体制としての資本主義においては資本制生産様式が商品交換を通じて他の生産様式を包摂しているのと同様、資本制生産様式それ自体も商品交換（労働力および生活手段の売買）を通じて**家族関係**（**家庭**）を包摂している。**資本制生産様式は異質なものにも支えられてはじめて存立しうる**のであり、**異質なものと相互依存関係にある**。

生産様式へのマルクス的こだわりとは、生産様式の種差（⇩第1項（3））への、歴史上の特殊性へのこだわりのこと。**いかなる生産様式も生まれては死んでゆく交替的なもの**、というのが「歴史上の特殊性」の含意であり、マルクス自身にとっては資本家生産的様式の「最期」を見届けたいとする念願を表わしていた。だが、このこだわりが今日何程のアクチュアリティを持つのかは改めて検討を要する（⇩第21項）。

3 一方「市場経済」という語は、生産様式の違いを捨象して単に**流通表面**（**市場**）**における共通の取引形態**を取り出したものにすぎない。市場で売り手と買い手の自由競争によって形成される価格を目安にして需給調節と資源配分が行なわれるとされる。その結果、新たな価格が形成され、同様のことが繰り返される。これが**市場メカニズム**と呼ばれる。供給元や資源配分先の生産形態など市場外のことは一切問われない。市場「経済」と称されているけれども、**経済の土台をなす生産過程を含むものではない**。ぼんやりとは、あらゆる形態の生産過程を包括するものとして了解されているようであるが。それゆえ何らかの生産様式を、同じことだが**一定の原理と仕組みを持つ経済システムを特徴づける言葉ではない**。

むしろ、生産様式あるいは経済システムの歴史上の特殊性には関心がないか、関心を抱きたくない人々によって好まれてきた言葉である。1989年の「ベルリンの壁」崩壊とそれに続く**ソ連・東欧**

社会主義体制の解体を機に、歴史上の特殊性への関心自体が現実味を失ったので、この語はいっそう盛んに用いられるようになった。

生産過程との関係がはっきりしないために論者によって語義内容が異なる点で「市場経済」もあいまい語の一つである（⇩第1項）。もし**市場メカニズムで本当に需給調節が可能なら**、市場の背後にある生産過程にとって最も深刻な問題である供給過剰も容易に解消するわけだ。そうであるなら、言葉遣いのあいまいさなど取るに足りない。しかし実際にはどうか。商品価格を下げても売れないものは売れない。供給過剰が是正されるのも現実には流通表面での市場メカニズムの働きによるのではない（⇩第19項1）。

言葉遣いの厳密さは学問においてさえ至上目的をなすのではない。**問題の所在と解決の方向を突き止める**上で必要な、論理の厳密さの一部をなすにすぎない。しかし市場メカニズムは一部の経済学者が喧伝するほどには有効な働きをしないので、これを説明原理とする「市場経済」のあいまいさを俎上に載せて論理の立て直しを図らねばならぬことになる。

「**グローバル経済**」も、このような意味での市場経済が単にグローバルに拡大したものにすぎない。しかし基軸をなしているのは資本制生産様式だから、グローバル経済なるものは——たとえ〝社会主義的〟生産形態を包括している場合でも——上に見た経済体制としての資本主義そのものなのである。

計画経済はほぼ全滅したが、**資本制経済**（資本制生産様式に基づく経済）はいわゆる先進国を中心に存続しており、のみならず世界中に浸透拡大する一方である。中国をはじめ「市場経済」を標榜している諸国・地域も――（かつて「資本主義」を敵視した、共産党の一党独裁制と折り合いがつかなくなる、「歴史上の特殊性」には関心がない、など）それぞれの事情があって資本制経済という言い方はしない場合でも――実質上は**資本―賃労働関係に基づく資本制経済への道をばく進中**なのである。したがって、資本制経済に特有のプラスとマイナス、利点と欠点が今後ますます顕在化するであろう。

4 生産様式の違いを超えて、どの国もGDP（国内総生産）の増大、いわゆる経済成長を目指している。**経済成長**はしかし、市場取引に参加する働き手の頭数が増えるだけでも可能である。GDPの内実をなす付加価値としてカウントされるのは、財・サービスの投入・産出が市場取引を通じて行なわれる場合に限られるからである。**単なる市場経済のもとでも大なり小なり経済成長を達成することはできる。**

だが、この種の経済成長はまだ**単なる生産力発展**を表わしているにすぎない。そこでは中国流〝資源がぶ飲み〟のような不効率にも無頓着である。実に、**効率化としての生産性向上こそが新たな飛躍を可能にする。**そのためには、好不調ないし好不況に応じて生産力発展とともに生産性向上をも実現する**資本蓄積メカニズムの定着**が必須要件をなす。これが、単なる市場経済を脱して明確に資本制経済の段階に移行したことのメルクマール（識別指標）となる。競争激化に伴う商品価格の引き下げを単なる値下げ合戦（体力消耗戦）によって行なうのではなく、**生産性向上による生産物価値そのものの低下**によって実現することが最大のポイントをなす。

次代の先進国と目されるBRICs（ブラジル、ロシア、インド、中国）も生産力は目覚ましい勢いで発展しつつあるとはいえ、生産性の向上に関してはまだ本格軌道に乗る段階には達していない。資本制経済の基軸をなす**資本蓄積メカニズムが定着してはじめて、経済発展の恩恵は一部富裕層にだけでなく、**後述する理屈で（⇩第17、22項（6））**国民全般にまで及ぶ**であろう。**貧しい国から富める国への道筋は2ステップある**わけだ。①市場経済への移行（市場取引に参加する働き手の増大）。②資本制経済への移行（生産性向上メカニズムの定着）。世界には飢餓・栄養不足人口が何億人もいるといった国連統計レベル上の問題は、本質的には**人道問題である以前に経済システム（経済の原理と仕組み）の問題**である。

5 後年のマルクスは国民経済学を**古典派経済学と俗流経済学**とに類別した（かつて『剰余価値学説史』と呼ばれていた1861—63年草稿で詳細な検討が行なわれている）。古典派経済学というのは、ウィリアム・ペティに始まりアダム・スミスとデイヴィド・リカードを最良の代表者とする諸学説の系譜を指す尊称で、「ブルジョア的生産関係の内的連関を探究している」点で学問的に正しいとされる（『資本論』第2版以降の第1章第4節）。これに対して俗流経済学は「外観上の関連」しか取り扱わない。**事柄の内部構造に深く切り込んでいるか、外面現象をもっともらしい理屈でつじつま合わせしているだけか**。この区別はマルクスにとって終始一貫、経済学説の**ホンモノとニセモノとを識別する指標**をなした。至極真っ当ながら案外平凡な識別指標で、世の中には経済学説に限らずホンモノとニセモノとがつねに入り交じっている以上、誰でも容易に見習うことができる。

もちろんマルクスは古典派流「内的連関」論をも乗り越えてゆく。そして独自に構築した理論体系が主著『資本論』のサブタイトルにもなっている「経済学批判」である。

3 何ごとも初めは難しい？——先学の成果や他分野の理論のつかい方

テーマ

1 マルクスは学問（Wissenschaft）について、さまざまな機会にさまざまな角度から論じている。ドイツ語のWissenschaftは英語のscienceに相当する語なので「科学」と邦訳されることも多い。しかし日本語の語感として「学問」と「科学」とでは小さくない開きがある。「学問」が、あくまでも**スキエンティア**（scientia、知）に関するギリシア以来の伝統を引く包括的性格のものであるのに対し、明治初期に造語された「科学」は、さまざまな学問**分**「**科**」の「**学**」という個別的性格のものであるからだ。

「科学」のモデルは何といっても**自然科学**である。自然科学には、**客観的に正しいというイメージ**が付着している。実際にはイメージどおりでないことも、ウソの言説も少なからずあるが。それにしても、自然科学にひきかえ**社会科学**はどうなんだ、社会科学に認識の客観性などあるのか、というさん臭さがつねに付きまとう。

モノを考察対象とする自然科学は、実験や観察・観測、検証、追試を重ねることで、そして最終的には**テクノロジー（実用技術）としての応用可否**を、ないし（気象変化・地震発生のような観察・観測しかできない現象の場合は）**予知・予測の当たり外れ**を確認することによって対象認識の客観性を確保しやすい。医学も個体としてのヒトをモノ視し**実際に治療を行なう**ことで対象認識の当否を確認する。が、ヒトをヒトとして、それゆえヒトとヒトとの関係を扱う精神「医学」は心理学と同じく自然科学ではない。もっとも、目的が達成されれば学科分類などどうでもよいことだが。

一方、宇宙創成論のたぐいは、モノを対象としていても対象認識の手段としては観察・観測しかなく、しかも予知・予測の当たり外れを確認することもできないから、限られた観察・観測結果から宇宙創生の謎を突き止めるには推理に頼らざるをえない。物理学・化学などのノーマルな自然科学にあっては、**着想段階でイマジネーションが働いたとしても証明段階でイマジネーションを交えることは御法度**である。しかし宇宙創生論にあっては〝証明〟そのものがイマジネーションに依拠している。観測技術がどんなに高度化しても昔ながらの自然哲学色を払拭しきれない。真正な証明はありえない点で、どこまで行っても推理とロマンに満ちた〝宇宙の考古学〟の域を出ない。

分類上は同じく「自然科学」でも顔ぶれは多彩であり、役立ちや存在意義もまちまちである。

2 これに対して**社会科学はヒトの世界を考察対象としている**。ヒトの世界は、共時的には（一定時点の断面図を見れば）モノ・カネ・ヒトをめぐる諸利害関係あるいは利害の絡まない諸関係の総体、要するに**人々の活動連関の総体**として成り立っており、また通時的には（時間の経過とともに）**絶えず変容する**。どの要素や側面に着目するかは論者によってまちまちである。たとえ同一の事柄が取り扱われる場合でも、**どのような観点あるいは立場から捉えるか**という差異は残る。対象認識の客観性の確保が困難なゆえんである。もっとも、このような「社会科学」理解それ自体からして社会科学者たちの共通理解ではない。

マルクスが社会や歴史つまりは諸個人の活動連関を考察対象とする際にも**一定の客観的法則**を把握しうると考えていたことは、「近代社会の経済的（経済の面から見た）運動法則」（『資本論』初版序文）「重力法則に似た第二の自然法則」（『資本論』第2版以降の第1章第4節）などの言い回しからもうかがえる。が、経済学分野で「科学」への憧憬が人一倍強かったのは、マルクスより一回りちょっと若くてカール・メンガーともども限界効用理論を体系化したとされるレオン・ワルラスとウィリアム・ジェヴォンズである（メンガーについては限界革命とは無縁とする見方もある）。

ワルラス（1834―1910年）は、とりわけ19世紀半ば以降の目覚ましいサイエンスの発展の波をもろに受けて、エコノミ・ポリティックを**諸サイエンスの一ブランチ**とすべく、「数学を知らない者はバカ」（主著『純粋経済学要論』第4版、1900年、序文）とする数学信奉者として数式を駆使し一般均衡理論（現代ミクロ理論の基礎）をサイエンスに高めようと試みた。「純粋」経済学という命名には、本来のサイエンスを手本にひたすら「観察と記述と説明」のみを行なうという志が込められている。こうしてワルラスは、同じく数理的サイエンスとしての経済学体系を構築しようとしたジェヴォンズらとともに**数理経済学の先駆者**となった。

しかし、数理化（数式とグラフの活用）によって部分的には説明力が増すとしても、**それで経済学がサイエンスになるわけではない**。そこにはヒトの世界を取り扱うという学問対象の独自性から来る根本的制約がある。**数式化を可能にするような仮定を立てた上で数学的演繹を行なうという循環論法**。これでは現実の経済を把握することはできまい。外見はサイエンスまがいでも実質はサイエンスには程遠い。その点、**現代の主流派経済学**もワルラス以来の単純な誤解を引きずっている（経済学は自然科学のようなサイエンスたりえないという点については前掲拙著『現代社会論の基本視座』参照）。

マルクスの学問論についてまとまった考察をすることは興味深いテーマの一つだが、ここではほんの一端を見るにとどめる。

本論

何ごとも初めは難しい、このことはどの学問にも当てはまる。それゆえ第1章の、ことに商品の分析を含んでいる節の理解は最大の困難を伴うだろう。

1 第1章は初版では「商品と貨幣」と題され、「1．商品」「2．交換過程」「3．貨幣または商品流通」の3節から成る。マルクス自身による第2版とエンゲルス編集の第3版および第4版とでは、章が篇に、節が章に改められ、そして新たな第1章が4つの節に、すなわち「1．商品の二要因：使用価値と価値（価値実体と価値の大きさ）」「2．商品に表現されている労働の二重性」「3．価値形態または交換価値」「4．商品のフェティシュ性格とその秘密」に区分された。したがって「商品の分析を含んでいる節」とは第2版以降では第1章のこと、つまりこれら4つの節を指す。

この章が難解なのは「初め」だからではない。マルクスの経済学批判体系の礎石をなす**労働価値論**が古典派経済学とは違った独自の手法で、また貨幣生成論が前例のない**価値形態論**として展開されているからであり、しかも**物象化論・フェティシズム論**までもが付加されているからである。取り扱い事項や用語、展開手法などの独自性は、**パラダイム（問題の立て方・解き方）**の独自性にほかならない。論述上の疑義があることが難解さに輪をかける。とりわけ「初め」からいきなり抽象的人間労働論によって価値実体を規定しようとしているが、これは所要の手続きを省略した拙速な論法ではないか、など。

このため、主張内容の当否についてはもとより論述それ自体の手順をめぐっても、マルクス派・反マルクス派が入り乱れて膨大な論争が繰り広げられてきた。その論争量たるや経済学史全体の何分の一かを占めるほどである。本項ではしかし理論内容や論述手順に立ち入ることは割愛し、初版序文からの右引用文に限って検討する。

（卑見では**労働価値論には根本欠陥がある**。その点については、今のところ紀要論文にとどまっているので閲覧困難かとは思うが、拙稿「協働価値論――不換中央銀行券の場合――」『経済研究』10

巻4号、静岡大学人文学部、2006年2月、を参看願いたい。同稿の後半は、今日の「お札」が通用力を持つのはどうしてなのかを**協働価値論**として——岩井克人氏の『貨幣論』（筑摩書房、1993年）などとも全く異なる把握枠組によって——述べているが、その前提として前半では労働価値論批判を行なっている。本書でもほんの断片的な考察はしてある。労働価値論については⇩第6項、不換中央銀行券については⇩第23、28項。）

2 ここでのマルクスはどの程度にヘーゲル流か。**ヘーゲルの『大論理学』**においては「**初め**（Anfang）」が重々しい役目を担わされている。**学の体系の原理**という役目を。初め（最初のもの）が原理として体系全体を根拠づける。しかし何を根拠に原理を名乗るのか。本当に原理であることは体系叙述が進展するとともに徐々に、そして体系叙述が終わりまで到達してはじめて十全に、根拠づけられる。体系叙述の過程は、初めが原理であることを根拠づける過程でもある。**初めと体系全体とは相互に根拠づけつつ根拠づけられるという関係にある**。初めが原理として射程に入れている体系全体は、当初はなお点線状をなしており、体系叙述の進展とともに少しずつ実線部分を増やしながら最後には完全に実線化する——このような視覚イメージになる。初めは終わりまで行き着かなければならないというベクトルでは、初めは終わりを前もって措定（射程内にあるものとして前提）しており、終わりが初めを十全に根拠づけるという逆ベクトルでは、終わりが初めを真に措定（そのとおり原理であったと確証）する。ヘーゲルにおける学の体系は、このような**円環構造**をなしている。

類例のない不思議な——好む（prefer）者には魅惑的な、そうでない者にはマユツバものの——体系ではある。しかし賛否が好み（preference）によって左右される学問は、狭義・広義の**哲学ではあっても理論ではない。**

マルクス『資本論』とヘーゲル『大論理学』との論理構造ないし体系構成上の類似・異同に関しては、ドイツやソ連などの大陸ヨーロッパ諸国でも日本でも盛んに論議が行なわれた（**経験論の国イギリス**ではこの種の体系論議は関心を引かず、むしろ健全な軽蔑の対象となってきた）。関連文献も無数にある。今そのことを回顧するつもりはないが、一言だけ触れておく。

マルクスの理論体系とヘーゲルの哲学体系は、そもそも考察対象を異にしているのだから論理構造の比較をすること自体が基本的にナンセンスであった。しかもその際、**ヘーゲル論理学の図式を規準にしてマルクスの理論を体系化し解釈し意味づけようとする本末転倒**が、そうとは自覚されることもなくまかり通ってきた。思えば、このようなナンセンスにナンセンスを塗り重ねるために膨大なエネルギーが費やされてきたわけだ。一定の自己反省も込めて、そう思う。**そのつどの現実具体的な考察対象に即した分析。これが真っ当な学問の基本である。**

事実として、「商品の分析を含んでいる節」にヘーゲル論理学色を看取することもできる。冒頭に置かれた商品形態がひとまず原理としての「初め」に相当すると見なしうる、普遍性・特殊性・個別性の三点セットを駆使した価値形態論もヘーゲル図式を下敷きにしている、等々。だが**考察対象を異にしている以上、どこかで必ず分岐が生じる**（もちろん、考察対象が同じ場合でもさまざまな分岐は生じる）。「初め」に出てくるタームではないが、むしろ「資本」のほうが原理の名にふさわしいとも言える。あるいは、労働価値論、価値形態論、物象化論・フェティシズム論が揃い踏みする「商品の分析を含んでいる節」全体を原理と見なしたほうが適当かもしれない。

しかしマルクス自身は、このような「初め（原理）」論議には興味も関心も示していない。この種の論議は後世の自称マルクス派のでっち上げで、**マルクス自身はヘーゲルの使えるところだけを使ったにすぎない。**

▼2の補論

ヘーゲル、マルクス、その他の誰に対してであれ、いかなる「古典」に対してであれ、そのつど**使える（役立つ、意義がある、有効である）ところだけを使い使えないところは捨てる選別の心がけ**が必要である。選別をしないと、誰それ研究・何々研究のために、使えないところにまで未練がましく無駄な時間と労力を費やしてしまうことにもなりかねない。実際、無くもがなの〃研究〃も少なくない。そして**選別するには選別の基準が、それゆえ研究の目的が明確でなければならない。**研究者ではない一般読者にとっても同様で、役立たずの「古典」も少なくないことに留意したい。

3 「初め」が難解なのは「どの学問にも当てはまる」ことではなく『資本論』だからである。このあたりのマルクスの言いようには独特の強引さが表れている。一般にはむしろ、「初め」は平易な話から始まる。難解でも平易でもよい、要は**論述が説明力を持っているかどうか**である。

学問分野ごとに、あるいは同じ学問分野でも理論の組み立て方はさまざまでありうる。体裁はどうであれ、体系などなしていなくても**分析を通じて所要の解明が行なわれていればそれでよい**のである。実際、読み手ないし受け手にとって**役立つのは体系全体などではなく**、たかだか、あれこれの**個別的な分析・解明だけ**なのだから。書き手ないし送り手が思い描いているトータルな像が読み手ないし受け手にそのまま伝わることはまず期待しがたい。前者にとっては当の作品こそがすべて（畢生のライフワーク）でも、後者にとってはそれは多くの文献の一つでしかないからだ。まさに**生産者と消費者との関係**そのものである。

　ましてや、理論の組み立て方（著作の章節構成）が**ヘーゲル流のトリアーデ（三分法）体系**である必要は全くない。トリアーデ体系はヘーゲルが『大論理学』なり『法哲学』なりの組み立てに必須と考えたから採用したまでのこと。そこでは――観念論にふさわしく――観念図式が先行し、これに合わせて対象全体の論理構造が（金太郎飴のごとく）トリアーデ図式の重層体系として統一的に編制されている（設計図どおりに建造物がつくられている）。それゆえ対象全体が三分法体系をなしているのは当然のことである。

　しかし一般には、個々の対象が三分法構造を持ち、したがって三分法図式で説明されうるとしても（⇒第5、8、14項）、それはそのつど個々の対象に関することであって、**対象全体が統一的な三分法体系をなしていることはありえない**。ありうるかに見えるのは、擬似ヘーゲル流の観念図式を先行させている場合に限られる。それでもヘーゲル流を真似れば説明力が増すと考えるのなら真似ればよい。しかし**説明力は分析力に依存している**という基本事実は動かない。

　考察対象の違いを無視するという欠陥は、他の学問領域にも見られる。理系の学問で成功した研究者の中には、当該学問の理屈が人間社会のことにも適用できると自負する人がいる。例：散逸構造論のイリア・プリゴジヌ（『混沌からの秩序』みすず書房）、生物学のジャック・モノー（『偶然と必然』みすず書房）、サル学の今西錦司（『人間社会の形成』ＮＨＫブックス）ら。しかし彼らの研究成果が人間社会論に斬新なヒントを与えることがあるとしても、**異なる分野**の事どもに関しては当然にも**適用力の限界**がある。異分野に越境するならするで、相手分野に固有の諸事情にも十分通じていなければならない。すると、これはもう単なる「適用」などではなく専門的な「分析」になる。

ついでながら、逆のケースはない。文系学問の研究成果を自然界にも適用できると思っている文系研究者はいない。この**非対称性**は興味深い。どうしてそうなのかは読者諸賢にお考えいただきたい。

▼本項全体の要約

そのつどの考察対象に即して、①**個々の要素に明確な概念規定を与え**、②**諸要素を飛躍のない因果関連でつなぐこと**が大事である。マルクスが「商品の分析」というときの「分析」は、この①②を指している。これをなしうれば学問としては合格である。マルクスはさらに、③**対象構造の全体像**を、すなわち資本家的生産様式論を提示しようとした。全体像の提示は、先学の模倣である場合を除けば一部の野心家が企てることだ。対象範囲が限定的であれば全体像の提示も可能だが、範囲が大きくなるほど**未だ分析されざる部分**を多かれ少なかれ含まざるをえないから、その分、ヤマカン（当てずっぽう）性をおびることになる。そして**分析不足**はしばしば強引な一般化を引き起こす（⇩第5項）。

4 経済発展の功罪をどう見るか――批判のあり方

『資本論』初版序文から

テーマ

グローバリズム、**アメリカン・スタンダード**、**市場原理主義**、**大競争**などの言葉で特徴づけられている世界経済の現状は、マルクスの時代の資本家的生産とは発展段階も位相も抱えている問題も異なっている。したがって、今日的な観点からの再把握が必要である。その点についてはマルクスの資本家的生産様式論を詳しく検討する中で示す（⇩第15～22項）。

マルクスは通念どおり資本家的生産様式の**最大の批判者**であったが、同時に通念に反して**最大の擁護者**でもあった。この両面性は、「資本家的生産様式の原理と仕組み（資本制システム）は大変よく出来ている（合理的である）が自己矛盾をはらんでいる（不合理でもある）」という両面把握から来る。マルクスは批判者としての面では資本家的生産様式の変革を志向したが、「**革命家**」たりえなかった。このため擁護者としての面が、資本制システムに基づく経済の発展を**プラス評価**している面が表立つ。

本項ではとりあえず、今日の**反資本主義論者・反グローバリスト**は資本制システムをどのように捉えているかを一瞥しながら「**批判**」**のあり方**について一考する。併せて、19世紀イギリスの苛酷な労働実態はもはや過去のものか、また現代の諸問題に対応するためには**現代の護民官**（**トリビューン**）が必要ではないかという点についても見ておく。

本論――資本家的生産様式の最大の批判者かつ擁護者

①わが国〔ドイツ〕で資本家的生産様式が十分に定着している場所、例えば工場らしい工場では、状態はイギリスよりもずっと悪い。工場法という平衡錘〔バランスをとるための対抗物〕が欠けているからである。他の活動領域では、われわれはどこでも、残りの大陸西ヨーロッパ全体と同様、資本家的生産の発展によってだけでなく発展の欠如によっても苦しめられている。近代的な苦難のほかに、数々の遺制がらみの苦難もわれわれにのしかかっている。後者の苦難は、古風な、死にぞこないの生産様式が、時世に合わない社会的な〔国家・政治領域とは別次元の〕、また政治的な諸関係を伴って生きながらえていることから生じている。……

②ドイツや残りの大陸西ヨーロッパの社会（social）統計は、イギリスのものと比べるとお粗末だ。それでもこの社会統計は、ヴェールの背後にメドゥーサの頭〔ギリシア神話に出てくる怪物の

恐ろしい素顔。身の毛もよだつ実情、の意〕を感知させるのに十二分なほどヴェールをまくり上げてくれる。もしわれわれの〔ドイツや残りの大陸西ヨーロッパの〕政府・議会が、イギリスで行なわれているように経済事情に関するあれこれの定期調査委員会を設置して、これらの委員会が、イギリスで行なわれているように真相究明のための全権を与えられ、この目的のために、イギリスの工場視察官や「公衆衛生」に関する医事報告者や、女性・子供の搾取、住宅・栄養状態、等々に関する調査委員たちのような、専門知識があって不偏不党で遠慮会釈のない人たちを見いだすことができるなら、われわれは、われわれ自身の実情を知って肝をつぶすことだろう。ペルセウス〔メドゥーサ退治に向かった男〕は怪物を追跡するために隠れずきんを必要とした。その隠れずきんを、われわれは何と、目と耳を覆うほど深く引き下ろしている。すると、〔見ザル聞かザルの流儀で〕怪物の存在を消し去ることもできるわけだ。

---

1 この『資本論』初版序文は1867年7月2日付。マルクスは当時ロンドンに在住。足跡のみを手短に振り返っておくと――。まず41年4月（18年5月5日生まれだから満22歳）にイェーナ大学より博士学位取得後、42年10月、ケルンで『ライン新聞』編集者に。43年3月、同新聞退社。アーノルト・ルーゲと『ドイツ・フランス年報〔独仏年誌〕』を刊行するため、同年10月パリに移住。45年2月、プロイセン〔ドイツ〕政府の圧力でパリ追放、ブリュッセルへ。48年3月ベルギーから追放、再度パリへ。49年5月、プロイセン政府から国外追放令、同年8月ロンドンに亡命。以後、没する（83年3月）までロンドン在住（この間、結婚、二男四女が生誕するも3人が幼児死）。

マルクスは「資本家的生産」(①)の発展について、プラス・マイナスいずれの評価をしていたのであろうか。**基本線は明らかにプラス評価**である。資本家的生産様式に先立つ生産様式のほうがベターだとは、つゆ考えていない。マルクスはおよそ「旧来の」ものに対するロマン主義者流の懐古情緒には若年の頃から厳しく対応していた。それどころか、右引用文の手前で、旧来の生産様式から資本家的生産様式への移行は「鉄の必然性」をもって貫かれる「自然法則」だとしている。この点についてはかねてより議論があるが、資本の世界市場形成動因(⇩第16項)に照らせば基本的に妥当するであろう。

マルクス後も**世界史の主流**はこの「法則」どおりに展開してきた。というよりも、資本制生産様式への移行時期が早い国ほどより早く主流の一翼を担ってきた。とはいえ、**この「法則」に現在のところは妥当しない国々も多数残存している**。「社会主義」ないし「共産主義」志向が資本制生産様式への移行を中断・停滞させたケースもある。

むろん、マルクスは資本家的生産の発展がもたらしたマイナス結果の数々、右引用文でいえば「近代的な苦難」(①)を摘発・批判・糾弾することにも多大なエネルギーを投入した。しかし資本家的生産様式の原理と仕組み、同じことだが資本制システムの解明を生涯のテーマとしたこと自体、この経済システムの比類なき、**魔力とも言うべき展開力・変革力に対する驚嘆**に駆動されていた(⇩第18項)。

2　資本家的生産様式の原理と仕組みの解明はプロレタリア革命のための前提作業、とするマルクス信奉者たちの見方は的外れと言わなければならない。なぜなら、「資本家的私有財産制の最期が来る。収奪者が収奪される」（『資本論』第1部第24章）というたぐいのアジテーションや綱領文書類はあっても、**革命戦略、変革の手順と方法については具体的かつ真剣に考察された形跡がない**からである。むずかしくてできなかったというのが真相であろうが、しかし資本家的生産様式論に関しては具体的かつ真剣な考察が死ぬまで継続されている。

マルクスは「革命」の前と後のこと、つまり資本家的社会の実情やポスト資本家的社会の予想図については多々語ったが、「革命」そのものについてはほとんど何も語っていない。若干の例外としては、『共産党宣言』における、他党派やブルジョアジーとは是々非々で協力しあうといった政治レベルの言説はあるが。しかし肝心の**資本家的生産様式をどのような手順と方法で変革してゆくのかについては一切言及がない。マルクスは革命論者ではあったが革命家ではなかった。**基本は書斎人であり時折アジテーターとして登場した、というのがマルクスの実像である。単なるアジテーターあるいは革命論者と革命家との間には大きな隔たりがある。革命家はそう多くはいない。

革命戦略、変革の具体的な手順と方法については後世の参考になることを何も言い遺していない。このことが、ロシア革命をはじめとするあれこれの社会主義革命やその他の革命志向を、革命志向者たちの手前勝手なこじつけ論理に基づく、ゆがんだ、それゆえ失敗を宿命づけられた革命や革命志向たらしめる下地となる。

とはいえ、たとえマルクスが何か参考になりそうなことを言い遺していたとしても、あくまで参

『資本論』初版序文から………64

考程度のものにとどまる。もともと**革命はそれぞれの国情ごとに内実を異にする一回性のもの**だからである。**マニュアルやお手本はない**。それゆえ――政治革命の場合は成り行きでそうなるということもあるが――生産様式の変革を伴う場合は、当該の国情に応じた設計図（革命綱領）を基本的には一から手づくりで作成した上で、実行可能な具体的戦略を策定しなければならない。これは大変な難事業である。第一、**誰が担うのか**？

3 マルクスは資本家的生産様式の不合理な側面（利潤追求を目的としているがゆえの苛酷な労働、無政府性から来る恐慌、等々）に関しては最大の批判者であった。しかし同時に、**この生産様式が生産力発展と生産性向上にかけては強力無比の生産様式であること、圧倒的な展開力・変革力を発揮しうる合理的な編成原理と展開機構を備え持つことをはじめて学問的に解明した点では資本家的生産様式の最大の擁護者であった**。この点は非マルクス・反マルクス陣営のいかなる擁護者も遠く及ばない。不思議なパラドクス！　これは「内的連関」を探究しているか「外観上の関連」しか取り扱っていないかという違い（⇓第2項補論5）に起因する。

そこで、**資本制経済のプラス面とマイナス面との折り合いをどうつけるか**が現実的課題となる。この両面は背中合わせ、メダルの両面をなすから切り離すことはできない。このことには十分留意したい。資本制経済の悪を糾弾する者たちも、所属国の経済発展度に比例して**資本制経済から恩恵を享受してきた**のだ。このことを忘却して、あるいは棚に上げてマイナス面にだけ拡大鏡を当てるやり方は学問的態度とは言えないし公平を欠く。説得力を持たないから、早晩、消え去る運命にあった。

今日においても、グローバリズムや環境破壊その他、資本制経済の発展がもたらしたマイナスの諸結果に対する批判者は大勢いる。過激な形では、例えばＷＴＯ（世界貿易機関）閣僚会議やサミット（先進国首脳会議）に殴り込みをかける連中など。彼らはしかし先進国の人たちであって、グローバリズムのために被害や迷惑をこうむっている貧困国・地域の人たちではない。**貧困者にはWTO会議などに出かけている余裕はない**。

では、彼ら**反グローバリスト**は、資本制経済の発展がもたらした恩恵の享受を拒絶する気はあるのだろうか。生産様式そのものに即して、生産様式の原理と仕組みをなす経済システムそのものに即してマイナス面の批判を徹底したいのなら、当然プラス面の享受も拒絶しなければならないはずだが、しかし、そこまで批判を徹底している批判者は見当たらない。

それとも、資本制生産様式、資本制システムは是認するが、グローバリズムには反対、ということなのか。こういう切り離しはむろん理屈に合わない。**資本制生産様式は必然的にグローバル化する**（⇩第16、17項）。批判者の姿勢がどうもはっきりしない。はっきりしているのは、**恩恵享受による飽食の腹ごなしとして批判行動という名のジョギングを行なっているにすぎない**、ということだけ。その他、いかなる激しい「資本主義」批判を行なう場合でも構図は同じである。**批判者も「資本主義」批判に精出すゆとりを持てるくらい「資本主義」発展の恩恵に浴している**。

批判者の思想と行動が他者欺瞞にも自己欺瞞にも陥らないようにするためには、何を批判したいのかをはっきりさせる必要がある。恩恵を享受しつつマイナス面を是正する、是正の観点からのみ批判する。これは一つの現実的な立場であろう。「**改善**」ないし「**改良**」**路線**である（⇩第22項（５））。

この場合には生産様式や経済システムそのものの批判は放棄される。経済システムそのものを批判することと経済システムがもたらす恩恵を享受することとは両立しないからである。

マイナス面の是正を、飽食者の独善主義ないし唯我独尊に陥ることなく実行可能なものとして推し進めるためには、そのつどのザッヘ（問題・事柄）に即した個別具体策を提示するのでなければならない（⇩第11項）。マルクスは右引用文では**工場法と調査委員会制度**の重要性を指摘している（②）。これは考え方という点では今風の**セーフティ・ネット**とも重なる。

4 工場法が「平衡錘（Gegengewicht）」（①）とされているのは天秤のイメージである。一方の皿には工場労働者の苛酷な長時間労働がのっている。これとちょうど平衡させる（バランスをとる）ことはできないまでも、せめて労働条件の劣悪さを多少なりとも軽減するために他方の皿に工場法という分銅をのせる。

苛酷な長時間労働とはいかなるものであったか。これについては『資本論』第1部第8章「労働日」以下の諸章で、19世紀中葉のイギリスの実態に即した詳細な記述と憤怒の論評が行なわれている。留意点は幾つもある。肉体的・精神的な障害や不具化どころか「過労死」も日常茶飯事であったこと、12時間労働を標準労働日として立法化するためにさえ多大な困難と曲折があったこと、苦難を強いられた「工場労働者」には成年男子だけでなく女性や12歳未満の子供たちも大勢含まれていたこと、等々。

発達した工場制度のもとでは機械が主役、人間（労働者）は付属物だから、機械の都合（稼働効率）

に合わせて人間労働の配分や労働の密度、勤務態様の編成もアレンジされる。**機械と労働者との主従関係は、工場制度である以上、国や時代は違っても変わりようがない**。違いは労働時間の長さや労働密度、賃金水準、労働環境である。そして大きな流れとしては、資本制経済の発展度に比例して労働条件の劣悪さが軽減されてきた。労働者の権利意識や労働運動の高まり、労働法制の整備などもさることながら、生産力の増大と生産性の向上とりわけ後者が軽減を可能にした。これもまた**「資本の論理」**に沿うものであったとはいえ（⇒第20項）、**資本制生産様式の優位さの一部**をなしている。

もちろん21世紀の今も、とりわけ**発展度の低い途上国**では、労働時間・労働密度・賃金水準・労働環境の4面にわたって19世紀イギリスの工場労働を想起させる労働実態がしばしば見られる。**多国籍企業**の主たる狙い目である**「労働コストの安さ」は進出の動機であるとともに進出の結果でもある**。

先進国においても、これら4面のうち労働密度に関しては同様のケースが見られる。生産効率の高さは生産設備の高性能にだけではなく労働効率の高さにも依存している。そして労働効率の高さは、主体的なモラール（士気、やる気）にだけではなく日本の自動車組立工場に代表例が見られるように**生産工程に組み込まれた強制力**（秒単位で部品を取り付けてゆく、など）にも依存している。実にこの——経営者側はきちんと数値化しているが労働者自身は「キツイ！」と実感していても数値化まではできない——**労働密度の濃さこそが、賃金コストの高い国でもこれを相殺して**、「強い国際競争力」の一源泉をなすのである。

『資本論』初版序文から………68

マルクスの労働疎外論には根本欠陥があったが、**労働現場での苛酷な労働実態**は今も続いている（⇩第2項）。苛酷さの中身が途上国では暴力的、先進国では洗練されたやり方という違いはあるが。

5 今日においても参考になるものとしては特に**調査委員会制度**が注目される。もちろん、マルクスの時代と現代とでは問題状況が大きく違っている。現代社会には固有の諸問題が、列挙すれば切りがないほど山積している。しかし問題への個別具体的な対応策は種々違ってくるとしても、**制度としての対応装置**は時代が違ってもそうそう違うわけではない。一般に政府は予算と権限を握っているが、第一に**対応意欲**、第二に対応策のための**専門知識・アイデア**などの点で大きな限界を抱えていることが多い。それゆえ、限界を補完する対応装置が必要である。調査委員会制度ないしこれに類した方式もその一つである。

マルクスは、例えば工場視察官レナード・**ホーナー**を、工場労働者たちの労働および生活実態を厳正に明らかにして工場立法のための基礎データを整えた点で「イギリスの労働者階級のために不滅の功績を遺した」と称えている。「公衆衛生」その他の諸問題に関しても、それぞれの調査委員たちは「専門知識があって〔事情通で〕不偏不党で遠慮会釈のない〔ほかのことは顧慮しない〕人たち」（②）とされている。マルクスの念頭には、古代ローマで貴族と平民の対立に際して平民保護のために尽力した護民官（トリビューン）のイメージがあったのかもしれない。視察官や調査委員と護民官とは、時空を超えて、ともに現実世界におけるペルセウスであった。現代においてはペルセウス単独ではさしたることはできないが、しかし**現代のペルセウス**が、多数のペルセウスが必要である。

このあたりのマルクスの論述は調査委員たちを美化しすぎの観もないではない。祖国ドイツをはじめとする大陸西ヨーロッパ諸国の国民向けには彼らの後進性を思い知らせる必要があったのだろう。**一種のショック療法**である。しかし、たとえ調査委員たちの資質・能力・姿勢に関しては誇張があるとしても、彼らに**付与された権限**は現実のものであった。イギリスの先進性の表れと言うべきか。ローマの護民官も元老院や執政官（コンスル）ら貴族側の決定を拒否する権限を与えられていた。

「全権（Machtvollkommenheit）」②といっても「真相究明のための」という限定は付いている。別に「全権」でなくてもよい。問題によっては、一定の権限が与えられるだけでも十分意義がある。政治家や官僚たちが全権を保持しているよりはまだしも有効な問題対応力が発揮されるであろう。なお、現代においてもオンブズマン（スウェーデン語で「護民官」）制度はあるが、行政に対する監視や苦情処理に限られている。

▼5の補論

日本の場合、例えば**水俣病**。チッソ水俣工場からの廃液で有毒化した魚介類が原因であることは、一部の研究者によって早くから指摘されていたが、主流は長らく原因不明説であった。本格的な「真相究明」の取り組みの遅れが被害の拡大をもたらした。もし**政府の感度**（上記「対応意欲」）が良好であれば、関係者たちを集めて調査委員会を早期に立ち上げることもできたはずである。関係者たちとはこの場合、有機水銀説を唱える研究者、その反対論者、チッソ工場の廃液担当者、漁協代表、患者代表、診察治療に当たっている医師、それに経済学者と通産省役人（なぜなら、当時、1950年代は高度成長期にさしかかっており、重化学工業の発展はわが国経済の至上命題で、チッソも化学工業の重要な一翼を担っていたからである）など。後から見れば、有機水銀が原因物質であると最初に断定した研究者は現代のペルセウスたりうるはずであった。

なるべく**幅広く関係者を招集する**ことが一つのポイントをなす。もし関係者たちの意見がまとまれば、政府はこれを尊重して施策に活かす。しかし利害も立場も異なる人たちの意見が一つにまとまることは難しかろう。それでも広く国民に問題状況全体を知らせることの意義は絶大である。政府は、せめてその程度の――権限の大きさに見合う――問題意識は持つべきだ。

現在進行中の問題として、例えば「**フリーター**」**問題**への対応策を考える場合はどうか。これは「真相究明」とは少し異なって政策立案次元の話になる。労働問題の専門家だけでなく、大学・高校の就職担当者、就職情報誌の編集者、企業の人事担当者、「フリーター」問題に詳しい評論家等も委員として選任し、「フリーター」当人たちも参考人として招く。官僚サイドは統計データはたくさん集めているだろうから、むろんそれとも適宜突きあわせながら対応策を練り上げてゆく。お座なりの「公聴会」などとは違って、委員たちには一定の（施策に反映させる）権限を与える。

委員選任の際は、いわゆる「学識経験者」を偏重することなく**現場の実態**に明るい人たちを重用する（両方とも兼ね備えている人がいればベストである）。これも一つのポイントをなす。そうすることで**「ペルセウス」機能**はよりよく発揮されるであろう。

ただ実際問題として、人選する側（官僚たち）に難点がいろいろある。現実問題に対する感度が鈍い、人間を主として学歴によって格付けしたがる習性があるので人選対象が狭く限られてくる、等々。ましてや委員として選任した人たちに権限を与えるのは、選任者の度量とメンタリティ（心的傾向、精神構造）からして抵抗感があろう。そこで大概は、安心できる、御しやすい人たちが諮問委員や審議会委員として選任される。となると、権限など与える必要はない。答申は一つの参考意見として、選任した側の裁量で処理すればよい。**官僚制の欠陥や弱点を補うはずのものが官僚制そのものによって阻害される**のである。もしこのような旧弊を打破しうるなら、格別ペルセウスの出番はなくてもよいのだが――。

5

弁証法は役立つか？——核兵器をなくすためには

『資本論』第2版あとがきから

テーマ

「弁証法」はかつては学生用語の一つとなるくらい普及していたが、今ではすっかりすたれた。しかしこの言葉で**意味されていることとまでもがすたれてしまったわけではない。死んだ部分と生きている部分との見極め**をつけておこう。

「弁証法」はドイツ語の Dialektik（英語では dialectic、フランス語では dialectique）の日本語訳だが、漢字だけからでは意味不明である。「弁」別して「証」明する方「法」という具合に言葉を補っても事情は変わらない。

幕末から明治時代にかけて数多くのヨーロッパ語が輸入されたが、どんなに苦労して漢字に置き換えたところで、それだけでは意味は通じない。**西周**（にし・あまね）の造語「哲学」もその一つで、

「哲」には「道理に明るい」という字義があるものの、フィロソフィーの原義である「ソフィア（知恵）」を「フィロス（愛する）」とは隔たりがある。西周も当初は、賢哲を希求するという意味で「希哲学」と訳していたそうだが。

余談ながら、漢字の組み合わせでドイツ語などのヨーロッパ語と同等（以上）の意味を表わそうとした廣松渉も、昭和・平成の人でありながらその面では〝幕末・明治初期の人〟だったと言えるかもしれない。

弁証法の原義とされる**古代ギリシアのディアレクティケー**は、対話術・問答法というほどの意味。弁証法はプラトン、アリストテレスをはじめ、ストア派、新プラトン派、中世スコラ哲学、カントらによるさまざまな展開と彫琢を経て、ヘーゲル哲学において最も洗練された形のものに仕上げられる。ヘーゲル弁証法は、わが国では簡便に「正・反・合」「定立（テーゼ）・反定立（アンチテーゼ）・綜合（ジンテーゼ）」と呼び慣わされてきたが、むろんこれだけでは**ヘーゲルが解明を意図した認識と存在に関するダイナミックな運動法則**を言い表わすことはできない。

本論――マルクスの弁証法は「唯物弁証法」と無関係

1 とりあえず話を対話術に限定し、なるべく今日においても活かすことができるよう、古代ギリシア流（といっても各種あるが）ではなくあえてヘーゲル流の見地から平易な解説をしておく。

ある判断・主張が提出された（**定立**）が、これとは違った判断・主張が対置された（**反定立**）とき、両者の対立をどう処理すればよいのか。**弁証法という思考法の特徴**は、この場合、一方を採って他方を捨てるという硬直的な処理（悟性的思考）をするのではなしに、**両者それぞれの良い点を生かそうとする**ところにある。

①ある考えが出される。これは当人にとってはもちろんポジティヴ（肯定的）な考えである。②これに対して相手が別のポジティヴな考えを出す。そこで**双方の考えの突き合わせ**が行なわれる。一方にとってのポジティヴな考えも、他方にとってはネガティヴ（否定的）なものとしか思えないかもしれない。しかし全否定してしまうのではなしに、それぞれの考えが持つ**肯定面と否定面とを弁別すること**が大切である。そしてもし双方がそれぞれの否定面を否定面として認め、かつその廃棄に同意し、かつ双方の肯定面が一致すれば、この肯定面を結論とすればよい。

しかし事はそう簡単には運ばない。一回きりの突き合わせでそこまで行き着くのは難しかろうから、突き合わせを何度か重ねる必要がある。その中で、互いに相手の考えに触発されて、各自にとっての肯定的なものの内実が大なり小なり変化するかもしれないし、別の考えが出されるかもしれない。**肯定―否定関係の流動化によって、それぞれにとっての肯定的なものが両者合わせて一つの方向に収斂《れん》し次第に結晶として煮詰まってくることが期待される**。③このようにして、双方の考えを共に生かすような解決策が模索される（期待どおりに事が運ばない場合は物別れに終わる）。

全体を通して見ると、双方の非の部分が廃棄され是の部分だけが融合一体化されること（**綜合**）によって、対立状態にあった時よりも一段と高次の認識地平が獲得される。このような手続きを自覚的にとることができれば、**対話術の有効性**はいっそう増すであろう。

もちろんここでは**暴力による決着**は暗黙裡に排除されている。また、一種の進歩信仰が暗黙裡に共有されている。対話を通じて問題状況は前進するはずだという信が――。その前提として相手に対する互いの信がある。この信が破れる時は決裂あるのみである。**対話術は二重の信を前提にして成り立つ**。

2 対話術としては、このようなモデルで事足りる。しかし**ヘーゲル弁証法**におけるごとく「真理の高まり」というファクターが入る時には話はこれだけでは終わらない。綜合が今度は一つの定立となり、これが新たな反定立を喚起して同様の行程が繰り返される中で、**より高次の真理に向かって進展してゆく**。この行程は、楽観的な見方に立って「ラセン状に高まる」と比喩表現されてきた。もっとも、行ったり来たりをジグザグ状に繰り返しながら次元が高まってゆく面に着目するなら、**登山鉄道のスイッチバック**をイメージしたほうが分かりやすいかもしれない。

楽観的な見方を排するなら、いったん綜合されたものが単なる定立と化することは、いったん到達された真理が真理ではなくなることである。**真理の没落**が生じるのは問題場面が切り替わるからであり、ないし問題状況が変化するからである。各場面・各状況ごとには真理の一定の高まりがあるとはいえ、**場面・状況の違いを超えて次第に真理の次元が高まることは期待しがたい**。現実にもそうはなっていない。その意味ではヘーゲル弁証法の役立ちは限定的である。「真理の高まり」というモチーフは括弧に入れて、単に**過程進行あるいは変化の捉え方**という点で参考にすればよいであろう。

3 順序が前後したが、過程進行の動力について見ておく。対話の場合も幾分かはそうであるが、**人間社会の物事は一般に矛盾（食い違い）ないし対立を動力にして展開する。**当事者たち自身がそのことに気づいているかどうかは別として。国益と国益の食い違い、与党と野党の対立などは見やすい例である。外部からは物事が波風も立てずに平穏円滑に運んでいるように見えるものも多い。が、そのような場合でも内部に分け入ると、さまざまな矛盾・対立をはらんでいるのが通例である。物事も分解すれば個々人の営みである以上、意見の食い違いや、さらには利害対立があるのは避けがたい。

矛盾・対立が小さい場合は、矛盾・対立が展開の動力をなすというよりもむしろ**矛盾・対立を超えた共同目的が物事の推進力をなす**ことが多い。しかし矛盾・対立が大きい場合は、それが展開の動力となって新たな運動が引き起こされる。ヘーゲルが想定している運動は矛盾・対立を動力とする運動であり、マルクスにおいても以下に見るように同様である。ただし、**運動は絶えずより高次のものをもたらすかどうかという点で両者の捉え方は分かれる**が。

---

①私の弁証法的方法は、ヘーゲルの弁証法的方法とは根本的に違っているだけでなく、それとは正反対のものである。ヘーゲルにとっては、思考過程——これをヘーゲルは理念と称して自立した主体に変身させせさえしている——が現実的なもののデミウルゴス〔世界創造者〕なのであり、現実的なものはただ思考過程が外に現れただけのものにすぎない。私の場合は逆に、理念的なものは、物質的なものが人間の頭の中で変換・翻訳されたものにほかならない。

②弁証法はヘーゲルの手中では神秘化されているとはいえ、ヘーゲルが弁証法の一般的運動法則をはじめて包括的かつ自覚的なしかたで叙述したという事実は少しも揺るがない。弁証法はヘーゲルの場合は頭で立って〔逆立ちして〕いる。神秘化されている合理的核心を明るみに出すためには、これをひっくり返さなければ〔正立させなければ〕ならない。

③弁証法は、現存するものの肯定的理解のうちに同時にまたその否定、必然的な没落の理解を含んでおり、生成した形あるもの一切を運動の流れの中で、それゆえまたそれを過ぎ去る面から捉え、何ものによっても威圧されず、本質的に批判的かつ革命的である。

最も手短には、**「現存するものは必ず没落する」**（③）という命題に要約することができる。没落するまでの途中経過が肯定・否定という言葉で説明されている。ただし、この命題はこれだけでは断言命題にすぎないので、少し言葉を補って命題の正当化（権利づけ）をしておく。

およそ現存するものは、それなりに**一定の根拠があって、かつ一定のプロセスを経て生成したも**のである。その結果として今ここに現存して（bestehen）いる。**核兵器やアメリカ社会に氾濫する**銃のように、反対論者から見れば**負のかたまりでしかないものも、一定の根拠と生成プロセスに裏打ちされている**点でポジティヴな（正の）意味を持っている。たとえ現存するものを否定する場合でも、**まずは肯定的に理解する必要がある**。

しかし現存するものを「流れの中で」（③）運動として捉えると、いつまでも正の意味を持続できるわけではない。遅かれ早かれネガティヴな（負の）面を現すであろう。なぜなら、第一に事実として、運動するとは変化することであるからだ。**問題場面や問題状況は絶えず変化する**。**その中で意味も変化する**。第二に権利上も、現存するものに一定の根拠と生成プロセスがあることを肯定することは、**現存するものを否定して別の根拠と生成プロセスを持つ別のものが現存しうること**を肯定することになるからだ。「肯定的理解がその否定の理解を含む」（③）というのは、これらのことを指している。

このような弁証法の教えからすれば、**現存する負のものを単に「なくせ」と主張するだけでは問題は解決しない**。核兵器を必要としない世界、銃を必要としない社会を、つまりは「別のもの」を新たに現存させることによってはじめて負のものを「なくす」ことができる。弁証法は「本質的に革命的」（③）であるが、しかしその本質を貫徹するためには、この場合、世界の、アメリカ社会の変革を要するのである。

弁証法は、人間社会と歴史の展開模様を反映して、なかなかに**厳しい論理**である。しかも二枚腰の粘りを身上としている。日本人の得意な**一本調子の情緒的発想の対極**にある。

4 精神的なものを基盤とするヘーゲルの観念弁証法とは違って、**マルクスの弁証法**は物質的なものを基盤としている。それゆえ、現存する物質的なものを肯定するか否定するか、あるいは没落の必然性を認めるかどうかは、**人間生活にもろに関わりを持ってくる**。穏健な対話やヘーゲル流の思考操作では済まない。

マルクス的弁証法に関しても次の2点に留意する必要がある。第一に、**運動は変化であるといって**

も変化の方向はケースごとにまちまちで、一義的に決まっているわけではない。現存するものを負の方向に導く変化（今よりも悪くなること）も多い。第二に、「生成・発展・没落（消滅）」という運動図式を持ち出すだけでは何も分からない。**いつの時点で没落するのか、現存するものが没落するのと入れ替わりにどのようなものが新たに生成してくるのか**、等々。

これら肝心な事どもの解明は、やはり**そのつどの個別具体的な対象分析**によるほかない。「ヘーゲル弁証法をひっくり返せ」（②）という文言も、**物質的なものの分析から始めよ**、の謂である。ヘーゲル弁証法は、理念の自己運動を叙述したものとしてヘーゲル哲学の世界ではそれなりに自己完結している。しかしこれを物質世界に適用しその「合理的核心」（②）を活かすには適用可能でなければならない。**物事は一般に絶えざる運動状態にある**というのは、おそらく不動の真理（一般法則）と言ってよいであろうから、このことを適用するくらいのことはできる。しかしそれ以上の適用は無理である。

マルクス自身は後年流布されたごとき、**「唯物弁証法」**は「自然、人間社会および思考の一般的な発展法則についての科学」であるなどとする絵空事に取り憑かれたことはない。このような意義づけは自称〝マルクス主義者〟たちの仕業である。そもそも**唯物論と称する以上は個別具体的な対象分析が、しかも一般図式として弁証法と称する以上はトータルな対象分析が不可欠**なはずだが、いわゆる「唯物弁証法」にはそれがない。観念弁証法にはそれなりの論拠があり、論理それ自体の出来栄えも上等である。もし「唯物弁証法」にもそれなりの論拠があるのなら、観念弁証法などに頼らずに独自路線を歩めばよかったのである。独自路線とは何か？　**個別具体的な対象分析をトータ**

ルに行なうことである。「唯物弁証法」を前面に押し立てるのは、それをなしえないことの勿体ぶった表白にすぎない。「唯物弁証法」は横柄にも観念弁証法をおとしめてきたが、論理は観念弁証法に依拠している。そして**対象分析の欠落を希望観測的な予想図式で糊塗した**。

マルクスがヘーゲル弁証法を称揚しているのは「一般的運動法則」(②)を叙述したという一点のみにおいてである。この点が認識の構えとして役立ったにしても、**マルクス独自の分析対象に関しては、分析作業を全部自分で行なわなければならなかった**。マルクスの理論的仕事はヘーゲル弁証法の「適用」の産物などではない。弁証法を持ち出すだけでは空理空論の域を出ないことをマルクスはよく自覚していた。ヘーゲル弁証法への言及は、若い頃多大な影響を受けた**ヘーゲルに対する遅れ馳せの義理立て**以上のものではない。

マルクス的弁証法の役立ちは次の2点に限られる。まず第一には「一般的運動法則」視点、すなわち、**すべてを流動状態にあるものとして、絶えず変化するものとして捉える視点**を自覚的に持つべきことを教える。したがって第二に、変化の方向を探る際に、**現存するものが持っているポジティヴな(正の)意味を理解した上でそれをネガティヴな(負の)ものとして克服するという構え**を、自覚的にとるべきことを教える。これら2点は本書においても随所に活かされている。しかしあくまでも捉え方の視点や認識の構えとしてであって、**そのつどごとの個別具体的な対象分析が先決要件をなす**ことに変わりはない。マルクス的弁証法とても、対象分析をより適切に方向づけるものとして役立つにとどまる。

かつてソ連をはじめ東欧諸国でも日本でも、「**弁証法的唯物論**」なるものが——弁証法は「何ものによっても威圧されない」(3)はずなのに――威圧的に振りかざされたことがあった。これは所詮、**対象分析の欠落をごまかす張り子のトラ**でしかなかった。

▼4の補論

右のことはすでに終わった話だが、**一般原理への憧憬**は時代が変わってもなくなることはない。野心家ほどこの誘惑に囚われやすい。幾つかの限られた個別分析から〝一般原理〟を導き出し、次にはこれをあらゆる個別に適用しようとする。しかし、あらゆる個別のうちの多くは未だ分析されていないであろうから、未分析の諸個別への一般的なものの適用は当然にも論理の飛躍を伴うことになる。**一般原理として飛躍なしの適用が可能なのは、分析済みの対象と同一性を持つ(同質または同類の)対象である場合に限られる**であろう。このような了解に立って、われわれも**「一般理論としての協働論」**の提示を目論んでいる(⇩第28項)。

II

『経済学批判要綱』序説から

6 生産は消費であり、消費は生産である

『経済学批判要綱』序説から

テーマ

「生産と消費」論の要点を整理しつつ、そこに含まれている2つの視点（「**生活手段を消費することで労働力は再生産される**」という視点と「**生産物は消費されることで現実的生産物に生成する**」という視点）がマルクス自身の経済学説、端的には**労働価値論、生産的（価値形成）労働論、商業労働論を自己否定に導く**ことを明らかにする。

生産と消費は内的連関にある。これが生産と消費に関するマルクスの基本認識である。生産と消費は双方にとって互いに必要不可欠であり、相手なしには自分も成り立たないものとして相互依存的・相互浸透的に連関しあっている。マルクスにおいて「**内的**」とは、ヘーゲルの場合と同様「**なくてはならない本質的な**」を意味することが多い（「外的な」はその反意語）。そこでマルクスは2

つの命題を立てた。

本論――労働価値論、生産的労働論、商業労働論の自己否定

1 **命題（1）「生産は直接に消費でもある」**。これは別に難しい点を含んでいない。生産は同時に消費でもあることが人と物の両面から捉えられる。①人は生産行為において自分の諸能力を支出し消耗させる（生殖行為が生命力の消費であるのと同じこと、と付け加えている。「生殖」は英語でもドイツ語でも reproduction, Reproduktion、つまり「再生産」である）。②生産手段の消費。原材料は多くの場合、元の姿形や性状をなくし消尽されてしまう。そうでない場合も含めて、変形加工される。生産設備や道具などの労働手段も使用されるうちに損耗する。経済学者は、これら生産のための消費を**生産的消費**と呼んでいる。

命題（2）「消費は直接に生産でもある」。こちらのほうは問題含みである。消費の一形態である食物の摂取によって、まず人間の肉体が生産される。もとより人間は肉体だけで出来ているわけではなく、知的・精神的な諸能力も併せ持つ**一個のトータルな有機体**である（トータル性にどこか欠陥のある人が病者・障害者とされる）。したがって、食物の摂取以外にも多種多様な消費が**人間有機体の生産**に寄与している。

どのような種類と形態の消費が人間生産に寄与するかは**生活様式**によって、すなわち、主要には**生**

産力発展度したがって**生活水準**を、副次的には**文化のあり方**や**自然的条件**を規定要因とする生活様式によって違っている。身体能力を高めるためのスポーツ、知的能力を高めるための教育ひとつをとっても、さまざまな物や労働力（人手）の消費を伴うから、**スポーツや教育の種類と形態が生活水準ないし生活様式の違いを反映している**ことは見やすい。サッカーはボール1個あれば、それゆえ最貧国・地域においてもできる（そのことがサッカーを「世界のスポーツ」にしている）が、プール施設や潤沢な水道水、コーチング・スタッフなどなしには競泳力を高めるのは難しい（それゆえ競泳種目が盛んな国は限られている）。教育施設や視聴覚機器、教育スタッフなどが充実していれば教育効果が上がる、等々。

生産的消費に対して、消費のための消費は**個人的消費**と呼ばれる。マルクスは個人的消費に関してもその生産的意味に着目する。とりわけ**労働力の再生産**に関心を寄せる。労働力は「人間が何らかの使用価値を生産する際に発揮する肉体的・精神的諸能力の総体」と定義される。労働力の再生産とは、きょうの労働で消耗した労働力を明日の労働に備えて回復すること、身心のコンディションを整えること。これは労働から解放された時間帯に、飲食であれ入浴・くつろぎ・睡眠であれ、さまざまな生活手段を消費することによって行なわれる。このことからマルクスは、労働力商品の価値を労働力の再生産に必要な生活手段の価値として、つまり**賃金を労働力の再生産費**として把握した。

労働力の再生産費といっても単純ではない。労働力の再生産は家族の協力も得て行なわれる、継続的な労働力確保のためには子供の養育費も必要である、という考え方に基づいて**家族手当**が支給される。また、労働者当人が技能を習得したり熟練度を高めたりするための養成費も「ほんのわずかだが」賃金に含まれている。ここまではマルクスも述べている（『資本論』第1部第4章）。

今日的な実際問題となると、いろいろある。家計支持者の賃金だけで子供の養育費（特に**教育費**）を賄えるのか、これとの関連で、**少子化対策**の一環として共働き女性に対するフリンジ・ベネフィッツ（賃金外給付）はどうあるべきか、上記「労働者当人の養成費」（例えば、お父さんが雇用確保のためにパソコン教室に通う際の諸経費）は賃金だけから捻出できるのか、など。**賃金論の複雑多様性は現代の世相を映す鏡**である。

生活手段の消費による労働力の再生産という捉え方は、生産様式の違いを超えて経済一般を把握する上で一つの基本視点をなす。だが、**「生活手段の消費→労働力の再生産」視点は経済理論上の新たな帰結をもたらす**。

▼労働価値論の自己否定

2 経済学説史上、マルクスは**労働価値論**の最大の代表者と目される。労働価値論は、詳細を省略していえば、商品価値の大きさを労働量によって規定する考え方である。言うまでもなく、商品生産を行なうには労働だけでなく原材料や生産設備・道具などの生産手段も必要である。しかし生産手段という**物的素材**も元々は労働が生み出した労働生産物にほかならないから商品価値の大きさは労働量に還元して捉えることができる、とされる。では、物的素材はどのような役割を果たすのかというと、商品の二要因である使用価値と価値のうち使用価値として、価値の素材的な担い手をなすとされる。マルクス労働価値論においては、商品の価値はもっぱら労働が形成し商品の使用価値は物的素材が担うという役割分担になっている。価値形成に関しては**労働一元論**なのである。はたしてこれは真実か？　真実だと信じる論者が今日においてもまだ大勢いる。

「生活手段の消費→労働力の再生産」視点からすると、むしろ労働力の使用価値（役立ち）である労働のほうこそ生活手段に、つまりは物的素材に還元されるという理屈になりはしないか？　食料をはじめとする生活手段なしには労働力も労働もない。これは明々白々である。その意味では、労働を物的素材に優先させる理由はない。**物的素材の価値を生み出すとされる労働も物的素材が生み出したもの**ということになれば、商品の価値もすべて物的素材が形成していることになる？　これは**素材一元論**と名づけることができるが、労働一元論と同様、真実ではない。物的素材は労働生産物であるというのも真実であるからだ。

ただし「**労働生産物**」については留意を要する点がある。「**労働生産物」といっても労働が単独ですべてを生み出すという意味ではない**。「労働のみの生産物」なるものはありえない。当然、労働を加える相手（労働対象物）が必要である。この労働対象物はそれ自体が労働生産物であることも、**天然資源**（マルクス用語では「自然素材」）であることもある。労働力再生産に第一に必要な食料、すなわち農産物や食肉、魚介類などにも両方のケースがある。

食料としての**農産物**については、古い採取経済の段階から農耕段階に移行した後は時代が降るにつれて、品種改良や新品種の開発、はては遺伝子組み換え等により種苗そのものも労働生産物である度合いが強まってきた。一方、**魚介類**は今日においても——養殖漁業を別とすれば——天然資源に依存している。**食肉**は、いわば両者の中間形態で、加工（労働）対象物となる牛・豚・鶏など自体も労働生産物である度合いを強めてきたとはいえ、野生動物としての元の姿がすっかり消えてしまったわけではない。

水も生命維持に、したがって労働力の再生産に不可欠だが、魚介類よりもいっそう端的に天然資源である。天然水が水源から取水され浄水場で水道水に加工される。まずこの点で水道水は労働生産物である。しかし「加工」といっても栽培や飼育や養殖とは異質で、元の姿をほぼそのまま残している。水道水も労働生産物であることは確かだが、限りなく天然水に近い（中東地域で行なわれている海水の淡水化になると、労働のウェイトは高まるが）。

「生活手段も労働生産物である」という言い方をする場合は、以上の点に留意する必要がある。「労働生産物」と呼びうる程度**（労働依存度）**、半面からいえば「天然の物的素材」の占めるウェイト**（自然依存度）**はケースごとにまちまちで、労働力の再生産に必要な物的素材には「天然の」ものも含まれているのである。

このことを踏まえて先の価値論に戻ると、**労働一元論と素材一元論とはそれぞれ一面ずつの正しさを分け持っている**、と見るのが正解である。商品価値は表面上は、原材料費、労働手段消費分、労働による価値創造分（原材料には具わっていなかった新たな使用価値を創造した功績分）から成ると言ってよい。しかし原材料や労働手段のベースをなすのは**労働には還元できない天然の物的素材**である。

天然資源プラス労働→労働生産物→労働生産物である生活手段の消費→労働力再生産→労働の発揮、という循環的な因果順序になる。労働だけでは何もなしえない。もちろん天然の物的素材だけでは何ものでもない。**商品価値は、労働が一切加えられていない天然の物的素材の価値と労働の価値付加分とから成る。**

「天然の物的素材の価値」という言い方に頑固な労働価値論者は目をむき、猛反発するであろう。反発点は2つ出されると予想される。①まず使用価値の面では、物的素材といっても天然のままのものではなく労働が加えられた限りで物的素材でありうる。労働なしには物的素材は無である。②したがって価値の面でも、天然の物的素材が原材料や機械・道具などの形をとって商品化するのは労働を通じてである。労働なしには「天然の物的素材の価値」なるものは無である。

①については、**労働とは何か**という原初の問いに立ち返る必要がある。そもそも労働対象物（働きかける相手）がなければ労働そのものが成り立たず、無である。しかも、労働対象物はすでに労働が加えられた労働生産物だけとは限らず、労働が一切加えられていない「天然の物的素材」であることも多い。労働なしには物的素材は無であると主張するのなら、同様に**物的素材なしには労働も無であること**を認めなければならない。どちらにしても、無は起点たりえない。

②については、**価値として有であることはいかにして確証されるか**がポイントをなす。物的素材も労働も、労働生産物が商品として売れるまでは価値形成要因としては無であり、**売れてはじめて有であることが事後的に確証される。**具体例を挙げながら手順を踏んで見てゆこう。

「天然の物的素材の価値」（これを手短に**素材価値**と呼ぶことにする）については、1次加工、2次加工という具合に物的素材の加工度が増すにつれて労働の積み上げ分も増すから、素材価値のウェイトは次第に低下する。が、最初の段階、例えば鉱物資源を採掘する段階では素材価値のウェイトは大きい。オーストラリアの鉱山会社が鉄鉱石を採掘して日本の鉄鋼メーカーに売るとしよう。鉄鉱石の売り値（売れ値）から労働手段消耗分や労働者の賃金等の人件費、借地の場合は地代（採掘権料）と、そして利益を差し引いたものが鉄鉱石の素材価値ということになる。この場合、製造業等の加工組立業とは違って原材料費はゼロだから引き算の対象にはならず、むしろ売上高から利益も差し引く**逆算によって素材価値が算出される**。**鉄鋼メーカーが対価を支払うに値すると評価するのは採掘労働ではなく鉄鉱石そのものである**。しかし鉄鉱石の売れ値には採掘労働による価値付加分も含まれている。

　鉄鋼メーカーは鉄鉱石からさまざまな鉄鋼製品、例えば薄鋼板を生産する。これが自動車メーカーでは車体として役立てられる。薄鋼板はもちろん労働なしには生産されない。しかし鉄鉱石や石炭、石灰石などの「天然の物的素材」なしには高炉での鉄鋼生産はありえない（電炉の原料となる鉄スクラップも川下でその恩恵をこうむっている）。今日では、薄鋼板なしには自動車生産もありえない。むろん他の自動車部品・資材も、さかのぼれば「天然の物的素材」に依存している。自動車組立その他の**表層（最終段階）や中層（中間段階）だけを見て労働価値論を組み立てても一面的な捉え方にしかならない**。頑固な労働価値論者は、「天然の物的素材」も労働のお陰で日の目を見た、ゆえに労働の生産物であると強弁するが、**どうしてそこまで労働一元論に固執する必要があるのか**。労働する側のことだけでなく**労働生産物を買う側の評価**も忘れるべきではない。

天然の物的素材が原材料や機械・道具などの形をとり、それが不変資本（原材料費および労働手段消費分）として商品価値の一部を成すことが確証されれば、つまり**商品が売れ（貨幣所有者に評価され）れば、天然の物的素材も価値を持つことが事後的に改めて確証されたことになる**（一般的にも価値形成は事前に——生産過程で——確証されるのではない）。なぜなら、貨幣所有者が対価を支払うに値すると評価するのは労働だけではなく、多くの場合、むしろ物的素材のほうだからである。

なるほど自動車の買い手が評価するのは薄鋼板ではない。ましてや鉄鉱石などではない。製品としての自動車そのものである。これも労働の生産物であるが労働のみの生産物ではない。自動車の売れ値には、さかのぼれば鉄鉱石の素材価値も含まれている。労働と物的素材のどちらが主たる評価対象をなしているかは、生産物の違いに応じてさまざまである。人手のかかるハイテク製品や精巧な工芸品などは労働（技能）のウェイトが高いが多くの機械制工業製品やレアメタルを多量に用いた製品は逆である、等々。ウェイトの大小はともかく、**物的素材も評価対象の一部をなしている**。そして物的素材も、さかのぼれば多くの場合「天然の物的素材」である。

「天然の物的素材の価値」にも正当な目を向けることは、**労働一元論のごとき人間中心主義**を打破する上でも必要な視点である。自然（動植物）は人間に支配利用され従属すべきものとする人間中心主義（anthropocentrism）の思想は**『旧約聖書』創世記で芽生えた**。実際には人類史の大半は、むしろ人間（ヒト）が物理的地学的自然によってはもとより生物学的に他の動物たちによっても支配され運命を翻弄される過程であった。しかし**農耕・牧畜**の始まりが大きな転機となった。人間は自然に対して一定の自信を持つようになった。そして**産業革命**を機に、飛躍的に大きな自信を持つようになった。**労働価値論は**、ペティの萌芽的考察を別とすれば、アダム・スミスの分業論による基礎づけ段階とリカードの過渡的段階を経て、**産業革命の本格的展開以降ますます顕著になった、人間の自己過信の産物である**。

ただし、右に見たことは主として、どの要因が商品の価値形成に参加する（teilnehmen, take part）かという価値形成要因の話で、価値の大きさは「売れ値」の話になる。生産過程で決定されるのは**可能的価値**の大きさにすぎない。**現実的価値**の大きさは流通過程で貨幣所有者（買い手）たちによって最終決定される。**そのつどの売れ値が商品価値の大きさである**。

価値論については、さらに精密な考察を要する（詳細については前掲拙稿「協働価値論」を参看願いたい）。しかしともあれ、マルクスの「**生活手段の消費→労働力の再生産」視点は労働一元論を自己否定に導く**点で、マルクス自身の**労働価値論を爆破する**地雷のごとき破壊力を秘めている。

▼生産的労働論もまた自己否定される

3 次に、マルクスは命題（1）と（2）を一つにして**生産と消費の「媒介的運動」**を説いている。ここでも、マルクスの立言を素直に解きほぐしてゆくとマルクス自身の経済学説とは相容れない重要論点が浮かび上がってくる。

消費対象物がなければ消費はない。そして生産がなければ消費対象物はない。このことが――消費は生産なしに直接無媒介に成り立つものではないという意味で――**生産は消費を媒介している**、と表現される。「媒介」とは、あるものと他のものとを関係づけること。今ここにいる一人の若者は、ひとまず直接的存在と言いうるとしても、両親との関係では媒介された存在である。消費もまた生産に媒介されている。**媒介視点**に立つことで事柄の把握は広がりを持ち、いっそう豊富になる。

ここまでは何の問題もない。当たり前のことを小むずかしく表現しているだけだ。しかし**消費もまた生産を媒介している**。この点は、見かけの平凡さに反して極めて重要な指摘である。と同時に、マルクスの――今度は――**生産的労働論を爆破する**地雷のごとき破壊力を秘めている。

まず今日の経済常識に照らして「消費が生産を媒介している」ことの重要性を再確認しておく。景気の良し悪しを占う指標の一つとして設備投資や住宅投資、在庫投資などと並んで個人消費の動向が重視される。マルクスの時代とは違って今日では**個人消費**が大きなウェイトを占め、いわゆる先進国においては国内総支出の6割前後にも達している。現代人には、「消費が生産を媒介している」ことのマクロ的意味は大変分かりやすい。ただ、マルクスは原理レベルの話をしている。

消費されない生産物は生産物ではない。生産物は消費主体に消費されることで最終的に仕上がる。着用されない衣類、人の住まない家、列車の走らないレールは、ただ可能的な（潜在力としての）生産物であるにすぎず、まだ現実的な（顕在力としての）生産物ではない。同じ理屈はどの生産物にも当てはまる。売れ残って廃棄される食品や処分される新聞・雑誌などは、現実的な生産物に生成することなしに消え去る。**生産物は消費されることではじめて現実的な生産物に生成する**。このような意味で、消費がなければ生産はない、消費が生産を媒介している。

商品経済においては生産と消費の間に売買プロセスが介在しているので、原理の話も単純ではない。どの時点で「消費」されたと認定するのか。買われたけれどもタンスやクロゼットに仕舞われたままの衣類、まだ読まれていないツンドク本、まだ食べられていない非常食、等々。上に見た原理に照らせば、これらの生産物はまだ「現実的な生産物に生成していない」ことになる。しかし商品経済においては売れるかどうかが死活を決するため、**売れた時点で「消費」領域に入ったと見なされる**のである。

例えば、飲食店で客が食べ残しをしても店側は気にしない（振りをする）。いろいろ葛藤はあっても――。代金を払ってもらえればそれでよい。しかし**一般家庭**は通常、商品経済とは異なる原則で運営されているので、誰かが食べ残しをすれば料理の作り手は不愉快な思いをするか怒るかするであろう。日常レベルでは「せっかく作ったのに」という話になるが、経済学レベルでは、食べ残し分は「現実的な生産物に生成していない」ことになる。**その分、作り手の働きは否定された**わけである。

食べ物に限らず、**消費が生産を仕上げる**。しかし商品経済の発展は「カネさえ払えば後は買い手の自由勝手」という風潮を蔓延させ、消費のあり方をゆがめてきた。ゆがみは家庭内にも波及し、「○○すべし」という**倫理のモード**も変えてきた。これもまた**経済発展が人間を変える**一例である。

消費が生産を媒介しているという原理の話を踏まえて、マルクスは、「消費は新しい生産欲求・生産衝動を創り出す」（消費が生産を刺激し生産意欲を高める）という方向に議論を進めてゆく。そのことも――とりわけ現代経済においては――大事な論点であるが、**生産物の「生成」プロセス**にもう少しこだわってもよかったのではないか？　そうすれば、以下に見るように経済学説の展開も違ってきたであろう。

▼流通論を再整理すると

4　生産と消費の間には、**運輸・保管・商業その他さまざまな流通活動**が介在している。生産現場で作られた生産物は、流通活動に媒介され消費場所にまで届けられてはじめて現実的な生産物に生成することができる。**これらの媒介活動なしには生産物は最終的に仕上がらない**。魚介類が漁港で直売されるようなケースでも、少なくとも商業活動は介在している。**生産物は多くの場合、生産場所から消費場所に至るまでの間に段階的に仕上がってゆく**。そこで問題になるのは、このような媒介プロセスを担う諸労働が価値形成労働という意味での「生産的労働」として認定されるかどうかという点である。**流通活動は生産的（価値形成的）意義を持つのか持たないのか？**

段階的に仕上がってゆくといっても、この間もちろん**生産物は物質的には変化しない**。一部の農産物、例えばアメリカ産のレモンやグレープフルーツを輸送船の中で完熟させる、コンクリートミキサー車は建築現場すなわち生産的消費場所に向かって走りながらセメントと砂利・水などを混ぜ合わせる、といったケースはあるにしても、少なくとも工業製品に関しては化学的性質や物理的機能、形状などは生産場所から消費場所への途中で変化しない。では、**物質的な変化をもたらさない労働は生産的労働ではないのか**というと、そうではない。物質的に変化しない、つまり目に見えないものの意味を問うわけだから、これは多分に**認識論の問題**である。

マルクスも**倉庫保管労働**や**運輸労働**を生産的労働として、価値形成労働として認めている（その理由づけについては『資本論』第2部に一応の説明がある）。しかし**商業労働**に関しては、これを生産的労働とは認めない。それどころかむしろ、商品を販売するための店舗、包装・品分け・陳列、簿記・通信、等々の販売活動に要する一切の費用は**「純粋な流通費」**として空費（無駄なコスト）であり、実現される剰余価値からのマイナス分でしかないと言う。なぜ「純粋な」流通費なのかといえば、商品経済に特有のものとして、単に商品を売るために、すなわち価値がその大きさは変わらないまま単に商品形態から貨幣形態に転化するのに要する費用、プラスの意味を何も持たない費用でしかないからだ——。

保管費・運輸費も含む流通費に関するマルクスの説明は、『資本論』第2部が未定稿に終わったせいもあって明晰とは言えないので念のため整理しておこう。

5 まず**倉庫保管**について。もし商品を倉庫に保管しないで野ざらし・雨ざらしにしておけば、あるいは屋内に積み上げておいただけで温度・湿度の適切な調節（空調）をしなければ、風化・損傷・腐蝕・腐敗などのため使用価値が減損し、その分、価値も失われる。それゆえ、このような**マイナスを防ぐための保管費用**は、純粋な流通費とは違ってプラスの意味を持つ。これは倉庫保管の物的側面だが、人的側面についても、保管労働は失われる恐れのあった使用価値および価値を元のまま維持する活動として、**消極的ながら使用価値および価値を形成する生産的労働と見なしうる**。もちろん、このような保管の意義は、保管が生産と消費とを媒介する必要不可欠な活動である場合に限られる。売れ残り品の保管等については別途の取り扱いを要する。が、保管の話は分かりやすい。厄介なのは運輸と商業である。

6

倉庫保管に対して**運輸は場所移動の営み**である。物であれ人であれ適切な場所に存在していなければ役に立たない。それゆえ、場所移動がもたらす**「有用（役立ち）効果」**が運輸論の基礎をなす。ただし――人の運輸に関してはさておき――物の運輸に関しては、生産的労働論の文脈では生産手段（生産財）と生活手段（消費財）とを区別する必要がある。

マルクスは運輸を「流通過程に延長された生産過程」だと言う。うまい言い方だが、感心してばかりもいられない。生産手段については、この言い方が文句なしに当てはまる。**生産手段が運輸されるのは後続する生産過程のために**である。例えば自動車部品を自動車組立工場まで運輸する。両者の生産者は別々で生産場所が空間的に離れていても一連の生産過程と見なしうる。運輸は生産過程の連続性を確保するために「追加的生産過程」として不可欠である。かつての自動車業界がそうだったように、部品の製造と組立を同一の生産者が同一の敷地内で行なってもよいわけである。この場合は全体が一連の生産過程をなすことは明白であり、固有の意味での運輸は不要である。

いかなる生産過程においても、その内部をこまかく見れば、物質的変化を何ら伴わない原料・補助材料や仕掛品、道具類などの場所移動は頻繁に行なわれている。ひと頃（昭和30年代頃まで）の八幡製鉄所の敷地内には運搬用鉄道の総延長が400キロメートルもあったという。それでも、鉄鋼業という**製造業の生産過程は運輸部門も含め全部まとめて物質的変化の過程と見なされる**。よって、この場合の運輸労働は生産的労働である。

では、生活手段の運輸についてはどうか。生産場所で生産された生産物、例えば衣類を消費場所まで運輸するとき、これを「流通過程に延長された生産過程」とか「追加的生産過程」と言うことはできまい。**物質的変化過程としての生産過程そのものはすでに完了している**（先に見たレモンやグレープフルーツの場合は運輸過程もまた生産過程の一部をなしているが、これは一般的なあり方ではない）。**だが、生産物としては完成していない**。生産過程は完了、生産物としては未完。**完了後の未完部分をどのように意味づけるか**が大事な点である。

しかしマルクスは生活手段の運輸についても正解を出している。「生産物は、運輸によって生産部面から消費部面への運動を完了したときにはじめて消費のために完成しているのである」。これは『資本論』第2部の一文だが、先に見た『要綱』序説の**「生成」論（「生産物は消費によってはじめて現実的な生産物に生成する」）**と同じである。

生活手段の運輸に関する生産的労働の論拠づけ方は、生産手段の運輸に関する生産的労働の論拠づけ方とは異なる。生産手段の場合は、そのつどの運輸が、ある生産過程と別の生産過程を、さらに別の生産過程をバトンでつないでゆく。諸過程はそのつど物質的変化の過程である。そして最終的には生産手段が生活手段の生産場所まで運輸されることで生産過程は完了する。つまり、その場所で生産手段としての生産物は最終的に仕上がる。これに対して生活手段の場合は、**生産過程が完了した後で**

運輸が行なわれる。生産場所で生産された生活手段は、運輸によって消費場所まで届けられてはじめて現実的な生産物に生成する。生活手段としての生産物は運輸なしには最終的に仕上がらない。よって、この場合の**運輸労働は、物質的変化過程の一部をなすものではないとはいえ生産的労働である**。

身近な**引っ越し運輸**についても見ておくと、引っ越しはすでに最終的に仕上がり済みの家財等を別の場所に運ぶ。別の場所が新しい消費場所になるわけで、そこに運ばれないことには生活手段として役立たない。**いったんは仕上がり済み（現実的生産物）だった家財等が、引っ越しによって仕上がり前の状態（可能的生産物）に逆戻りする**。それゆえ引っ越し運輸も、右に見たのと同じ理屈で意義づけられる。運輸会社が行なう**引っ越し労働も生産的労働**である。宅配便などによる**小荷物運輸**も、生産者からの直送であれ知人からの贈与（中元、歳暮、誕生祝い等）であれ、消費者の手に渡るために必要な活動である点で理屈は同じである。生産的（価値形成）労働が介在している以上、**運輸される荷物の価値は——荷物に物質的変化はなくても——運輸料金分だけ高まっている**。**目に見えるものしか見ない素朴な認識論**からすると、物それ自体としては地点AでもBでも同じなのに価値の大きさが異なるというのは理解も承服もできないことだろう。しかし、引っ越しはしたけれど移動したのは人だけで家財は新しい住居Bに運ばれていないという事態を想定してみよ。大変困るであろう。なぜ困るのか。**家財という生活手段が消費対象物として役立っていない**からだ。生活手段が生産場所で生産されただけで消費場所に運輸されていないのと同じ理屈である。物質的変化の有無に囚われた見方をしていると、**運輸料金を支払う根拠**も説明がつかなくなってしまう。

生活手段の運輸は何ら目に見える変形加工をもたらすものではない。生産手段の工場外または工場内における運輸のように変形加工過程の一部と見なされることすらない。それでも生産的（価値形成的）である。先述したように、これは多分に認識論――経済領域のことゆえ**経済認識論**――の問題である。

『**資本論**』**第2部**は第3部ともども未完の草稿に終わっていて、考察も未完である。このため、**生活手段の運輸**が生産的意義を持つとする点についても、その論拠が十分説得的に示されているとは言えない。今しがた要約したような生活手段の運輸論は、われわれが『要綱』序説の「生成」論と結び合わせて整理すればこうなる、というていのものである。

しかし後世のマルクス経済学者たちの中には、**目に見える変形加工をもたらさないような労働に価値形成的意義を認めることができない**人たちもいた。保管労働に関しては、これは目に見える変形加工をもたらすものではないがマイナスの変化を食い止めるものとして、つまりは物質的変化の範囲内にあることとして、彼らの素朴な認識論でも理解可能であった。

だが、生活手段の運輸は物質的変化過程の一部をなすものではない。それでも**運輸労働が生活手段の運輸も含めて一般的に価値形成的である**ことを言うためには、しかるべき論拠づけを必要とした。「商品経済に特有のもの」という理由で価値形成的意義が否定されていることは特有でないものが肯定されることだ、という安易な論法で「**運輸はあらゆる社会に共通に必要である**」**という論拠づけ**が行なわれることとなった。はたして、この論拠づけは正しいか？

あらゆる社会に共通に必要な営みだからこの営みに要する費用も労働も生産的（価値形成的）意義を持つ？　第一感としてマユツバもの、うさんくさそうだ。理由：①例えば**一般家庭での調理（クッキング）**はあらゆる社会に共通に必要な営みであり費用も労働も要するが、だからといって生産的（価値形成的）ではない。②逆に、費用や労働が生産的（価値形成的）であるのは別にあらゆる社会に共通に必要だから、ではない。**自動車**ひとつをとっても、これはあらゆる社会に共通に必要な生産物であるわけではない。それどころか**資本制生産様式そのもの**が、あらゆる社会に共通に必要なものではない。すると資本制生産様式のもとでは、そもそも価値形成が成り立たないことになる。**「あらゆる社会に共通に必要な」という点は、生産的（価値形成的）であるかどうかの判別規準ではありえない。**

7　以上、倉庫保管業と運輸業に関する限りはマルクスの生産的労働論は基本的に正しかった。枢要点は、**保管や運輸が何ら目に見える変形加工（物質的変化）を伴わなくても生産的（価値形成的）であることだ。**マルクスの認識論は、目に見えないものにも目に見えるものと同等の意義を認める視点を提示しえたくらい高級なものであった。だが商業論は、8で示すようにお粗末であった。**正しい運輸論を延長するだけで正しい商業論も得られた**であろうに――。

その点、後世のマルクス経済学者たちはどうであろうか。運輸論に関しては、**生産手段の運輸と生活手段の運輸との区別**をしなかったマルクスの不十分さをそのまま引き継いで、生産手段の運輸に関してのみ正しい論者もいれば、「あらゆる社会に共通に必要な」論を唱えるごとき全く間違った論者もいた。その点ではマルクスから退歩している。しかし商業論に関しては、マルクス当人も後世のマルクス経済学者たちも**みんな間違っていた**。

労働一元論としての**労働価値論の誤り**（⇩本項2）をはじめ、搾取論の誤り（⇩第2項4、28項1）、**運輸論の誤り**、**商業論の誤り**。ほかにもあるが、基本的な諸論点に関してこれだけ誤りが重なってはマルクス学派が説得力を失ったのも当然である。とりわけ、商業労働の軽視は**工場労働者の働きを過大視する偏向**をもたらし、また搾取論は**「オレたち労働者の犠牲の上に資本主義は成り立っている」とする虚妄**を生んで、**労働運動**や**社会変革運動**のレベルではかえって多大な犠牲も伴う負の諸結果を引き起こした。「理論」家の責任は重い。現代社会の基本構造を正確に把握するためには、資本家ないし企業経営者の働きを正当に評価することも含めて（⇩第24、28項）理論を立て直す必要がある。

▼商業労働論の誤り

8　マルクスは、**商業**に関しては倉庫保管や運輸との間に一線を引いて画然と区別した。商業労働は断じて生産的労働でありえないとする牢乎たる確信がマルクスにはあった。その際に持ち出されたのが、商業は商品経済に特有のもの、という理由づけであった。ここから経済学史上の一大誤謬が始まる。

論点は、分ければ2つ。（1）**商品経済に特有のものだから価値形成的でない、というのは本当か？**（2）**商業労働を価値形成労働と認めるのか否か？**

（現代的観点からは、これらの論点を提示・検討するだけではまことに不十分である。なぜなら、**現**

6

代の商業資本はマルクスの時代には想像もできなかった活動も行なっているからである。例えば大規模小売業者は惣菜・弁当づくりのような歴とした生産活動を組み込んだ業態をとっている。中でも**スーパーマーケットは自己資本の一部を厨房での物づくりに投下している。**もっとも「デパ地下」は、外見は似ていても単に各種の食品業者をテナントとして——契約関係によって——形式的に包摂しているにすぎないが。総じて**デパート資本は旧態依然として寄生的性格を残している。**スーパーマーケットの中には銀行業務を営んでいるものもある。**総合商社**になると、世界各地で各種の資源開発や中東で発電・海水淡水化事業なども手がけている。商業資本に関してはその他もろもろ……。産業分野を問わず経営多角化・業態多様化が盛んに行なわれている時代には、昔風の資本形式論（産業資本・商業資本・銀行資本）や産業分類（第1次、第2次、……）がそのまま当てはまらないのは明白である）。

もし生産物が商業活動なしでも最終的に仕上がる、つまり消費者の手に渡るのなら、商業労働は余分（不必要）な労働としてマイナスの意味しか持たない。この点は精密な吟味を要する。

第一に、マルクスも商業活動を必要悪として認めはする。しかしこの必要性は生産物が消費場所まで運輸された後の必要性、商業資本にとっての必要性である。**マルクスにとっては、商業資本が登場する時点ではすでに価値形成労働の話は終わっている。**それゆえその時点以降の流通諸経費は空費、つまり悪でしかない。

第二に、生産物が①**「消費場所まで運輸される」**ことと②**「消費者の手に渡る」**ことを区別す

る必要がある。マルクスの時代には、後の時代に比べて商品取扱量も商業活動のウェイトも小さかった。それゆえ、①と②の区別をする必要もなかった。商品の荷ほどき・仕分け・値札付け・陳列などは微々たる作業でしかなかった。しかし資本制経済が発展するにつれて商品取扱量もこれらの作業を含む商業活動のウェイトも増大し、**「商品経済に特有のもの」なしには経済そのものが成り立たなくなった。**

今日においても、マルクスの時代とさして違わない小零細商業は多数存在している。しかし商業の主たる担い手は大規模商業であり、消費者との関係では**大規模小売業**である。例えば生産物が生産者から――しばしば卸業者の手を経ずに――スーパーマーケットに届いただけでは「消費場所まで運輸された」だけで、まだ「消費者の手に渡った」ことにはならない。**可能的生産物はまだ現実的生産物に生成していない。荷ほどき・品目ごとの仕分け・同一品目の小分け・パック詰め・値札付け・陳列などの諸作業が必要である。**大規模小売業者が日々痛感し悪戦苦闘しているように、業容に比例してこれらの作業の大変さも増大する。人員とコストの面でも大きな割合を占めるようになる。荷ほどき後に出る大量のダンボール・発泡スチロールなどの**梱包材料の処分**だけでも大変な作業である。しかしこれらの作業なしには、生産場所で作られた生産物は最後の仕上げをなされないままである。それゆえ、**この生産物を作るために投下された労働も生産的労働としては認定されないまま**である。生産過程は価値形成過程として完了していない。

以上のことから、**「商業労働は、可能的生産物から現実的生産物への生成プロセスに必要な一段階を担っている限り価値形成労働である」**という結論が論理必然的に導かれる。商業労働の役割はマル

6

クスの時代にも現代においても本質的に変わりはない。生産者と消費者との仲介役である。ただ、役割の大きさが変わったことが役割そのものの見直しを可能にする。こうして**後のものが前のものにもあった同質性を新発見させる**。これは——新発見の契機をなすのは大きさの変化とは限らないが——一般的にもよくある発見図式である。不換中央銀行券の存立構造の解明が金・銀貨幣の存立構造に新たな光を当てる（⇩第23項）など。

付随して、商品としての生産物には直接タッチしない**事務部門のデスクワーク**などの諸労働も価値形成的意義を持つ。なぜなら、商品発注・仕入れ・簿記会計などの間接的な諸作業なしには、必要な商品が現にそこに存在することはできないからである。この点は商業資本に限ったことではなく、産業資本における原料・部品・資材調達などの場合も同様である。あるいはメーカーなどの**販売部門**も商業資本と同様の役割を果たしている。**物質的なものと非物質的なものとの外見上の違いに目を奪われることなく「内的連関」**（⇩第2項）**を把握すること**が大切である。

もとより、倉庫保管労働の場合と同様、商業労働がすべて価値形成的であるとは言えない。必要不可欠ではない**無駄な労働**や怠惰に属するものが含まれていることもあろう。しかしその点は物づくりを担当する産業資本などの場合も同様で、いずれにしても企業業績の悪化となって顕在化する、ないしは競争関係の中で淘汰排除されるであろう。

商業労働が価値形成労働であるということは、**剰余価値形成労働でもある**ということである。「商業資本は産業資本から生産物を価値以下で仕入れて価値どおりに売る」のではなく、**価値どおりに**

仕入れて独自に剰余労働したがって剰余価値を生み出すのである。およそ商品の売り手が価値以下で売ることはありえない。**そのつどの売り値（売れ値）が商品価値の大きさである。**（商品価値論については前掲拙稿「協働価値論」でも、また商業資本論の基本線については旧著『市場システムを超えて』中公新書、１９９６年、第五章、でも述べてあるので参照されたい。）

実は、マルクス自身『要綱』序説では、**商業労働もマニュファクチャー（工場制手工業）労働や農業労働と同じく**「富の源泉」「富を創造する活動」であると明確に認めている。そして諸労働の特定性を取り去って労働一般を「富を生む活動」であるとしたのは「アダム・スミスの巨大な進歩であった」と称えている。先に見た「可能的生産物から現実的生産物へ」という説き方と一貫した把握と言える。**この商業労働論がどうして『資本論』のような捉え方に変質・退歩したのか**。その点の検討は――『資本論』段階では工場労働者への思い入れや期待感が革命論との関連で強まったからなのか、という点も含めて――より立ち入ったマルクス研究の課題である。

7 人間はちっぽけな存在か、大きな存在か?——「生産」概念の力

『経済学批判要綱』序説から

テーマ

生産と消費の関係を、より具体的に、生産が**消費のあり方**を規定し消費が**生産のあり方**を規定するという観点から見ておこう。マルクスの言い方では、**生産は消費を「生産」し消費は生産を「生産」する。人間も「生産」されつつ「生産」する存在である。**「生産」概念の射程は広大であり、応用力は絶大である（「生産」概念については補論にて）。

本論

1 生産は消費サイドに3つのものをつくりだすと言う。①**消費の材料・対象物**、②**消費のしかた**、

③消費欲求。①は自明のこと。消費対象物がなければ消費はない。食べ物がなければ食べるという消費行為も成り立たない。

②消費のしかた。消費対象物は一定のしかたで消費されなければならない。パンを池の鯉のエサにする、パトカーをバリケード代わりにする、ペットボトルのミネラルウォーターを暑い時に頭からぶっかける、などのイレギュラーな役立て方もあるとはいえ、**役立て方はそれぞれの消費対象物ごとにおおよそ決まっている**。

しかし、例えば「肉を食べる」という本来の役立て方をする場合でも、調理された肉をフォークとナイフを使って食べるのは、生肉を手や牙を使って食べるのとは食べ方（**消費様式**）が違っている。同じく茶でも、ポットでいれたものはカップに注いで飲む、ペットボトル入りのものはじかに飲んでもよい、等々。提供されるそのつどの消費対象物ごとに消費様式もおおよそ決まっている。このことをマルクスは「**消費様式もまた生産によって生産される**」と表現している。食文化の違いも関連するかもしれないが、基本をなすのは、**消費対象物にはそれぞれに適した消費様式がある**ということだ。消費対象物とは生産物のこと。その生産物が消費様式を定める。そこからさらに「**生産は消費者〔一定の消費様式に従う主体〕をつくりだす**」という命題が導き出される。

②に関するマルクスの説明はここまでだが、もう少し言葉を補っておく。消費の場面では、まず消費者としての個人が存在しその個人が消費様式を自由意思で選択している、と普通は考えられている。調理された肉をナイフとフォークではなしに箸で食べてもよいわけだ。こうした小幅な選択の余地があるとはいえ、しかし消費様式は生産物の種類によって基本的に規定されている。帽子はかぶる、衣

服は着る、靴下は履く、等々。基本から外れるとコミカルな演技になる。**生産物という客体によって消費者という主体の消費様式が規定され、生産される**。消費様式が生産されることは、それぞれの消費対象物ごとにそれに適合する「消費者がつくりだされる（生産される）」ことにほかならない。**個人の主体性が先立つのではない**。

消費対象物を**消費対象サービス**（理美容、学校教育、医療、音楽演奏、演劇、スポーツ、等々）に置き換えても同じである。サービス提供は人と一体だから、サービス消費者は基本から外れるとコミカルな演技では済まない。サービス提供者に対する失礼・侮辱、時には業務妨害となる。同じく音楽演奏でも、野外のロックコンサートに参加するのとコンサートホールでクラシック曲を謹聴するのとでは、聴衆の身なりはもとより身体動作も心構えもまるきり違っている。**それぞれの消費対象サービスに適合する消費者がつくりだされる**。

要約すれば、**消費様式も消費者も一つの生産物**なのである。

人々は多種多様な消費対象物や消費対象サービスを消費しており、経済が発展するほどそれらの種類も増える。そのすべてについて右の理屈が当てはまる。衣食住全般の消費様式も消費者も生産物であるということは、**生活様式および生活主体が生産物であるということだ**。消費サイドの全体が「生産されるもの」という被規定性をおびる。

生活様式（ウェイ・オヴ・ライフ）と区別して、生活者個々人のこだわりを強調したライフスタイルという言い方をする場合でも、右の基本事実は動かない。**生産はライフスタイルをもつくりだす**。いかに自分流のライフスタイルにこだわろうと、大本のところでは生産サイドに規定されており、「生産されるもの」という被規定性をまぬかれない。**自分流も所詮はお釈迦様の手のひら上のものにすぎない**。

③消費欲求。これも①と同様、自明のこと。**消費対象物は欲求をつくりだす**。消費対象物、例えば携帯電話が存在していなければ欲求のしようもないが、存在していれば欲求を喚起する。対象物の存在を知ることで消費ドライヴ（衝動）がつくりだされる。消費対象物は生産されたものだから、結局、**生産が消費欲求をつくりだす**。経済学の普通の言葉で供給が需要をつくりだす、と言ってもよいが、ただ、**新たな欲求の生産はなにがしか人間存在を変容させる**という——経済学的思考を超える——点にも注意を払う必要がある。

関連して、次のような指摘も注目に値する。「芸術作品は、芸術的センスおよび美的鑑賞力を持つ大衆をつくりだす」。例えば、音楽を聴く耳は音楽を聴くことで養われる。聴かないことには音楽鑑賞力は養われない（この点については『経済学・哲学草稿』でもひとしきり論じられていた）。これを経済用語で言い表わせば、「消費対象（音楽）は、それを消費する（聴く）ことで、それにふさわしい消費能力（鑑賞力）を生産する」となる。そして**何であれ能力をつくりだすことは、そのような能力を持つ人間をつくりだすことにほかならない**。手短には、物が人をつくりだす。

生産場面では分業による専門特化も人間能力の発展に寄与するが、消費場面では、能力発展以前にそもそも能力の芽生えからして**消費がはじめて能力をつくりだす**のである。誰もがさまざまな消費を通じてさまざまな能力開発を行なってきた。むろん、消費されるものは対象物に限らず、音楽であれば演奏家の演奏力（労働力の一形態）も含まれる。**教育の見地からは、何はともあれ「やらせて（消費させて）みる」こと、しかも繰り返しやらせることが大切**で、消費コストを惜しんでいては能力開発などおぼつかないわけである。

2 消費が生産サイドでつくりだすものを手短に見ておこう。

先には、生産は消費対象物をつくりだすことによって消費欲求をつくりだす（①→③）という因果順序だったが、消費が生産サイドに反作用を及ぼす点では逆に、消費は生産欲求をつくりだすことによって消費対象物をつくりだす（③→①）。消費は、個人的消費であれ生産的消費であれ**新たな生産欲求**をつくりだす。新たな生産へのドライヴ（衝動）と言っても刺激と言ってもよい。要するに、生産サイドに新たな生産意欲を喚起する。こうして新たに消費対象物がつくりだされる。需要が供給をつくりだす側面である。これもまた平凡な議論の域を出ない。

ただ、経済学説史上の流れとして見ると、マルクスにあっては生産サイドが消費サイドをあれこれと規定する側面に重きが置かれていたのに対し、マルクスの没年（1883年）に生まれた**ケインズ**になると、逆に**消費サイドが生産サイドを規定する側面**に重きが置かれるという違いがある。もちろんマルクスの場合は、単なる経済学の狭い枠組を超えて、消費様式つまりは人間の活動様式や**人間の能力開発・発展**などのことにも論が及んでおり、この点は時代を超えて独自の視点であり続けている。これと好一対をなすものとしてケインズには、イギリス伝統のモラル・フィロソフィー（道徳哲学）の一環をなす豊かな「**人間本性（human nature）**」**論**があった。両者とも単なるせせこましい経済学者ではなかったことの一証左である。が、単なる経済学の狭い枠組に視野を限るなら、**マルクスは生産重視、ケインズは消費重視**という違いがある。

両者の違いは資本制経済の発展段階の違いに起因する。その違いが経済理論の組み立て方の違いをもたらした。マルクスの時代は**生産があってこそ消費もある生産優位の生産力発展段階**にあったのに対し、ケインズの時代はすでに、むしろ**消費があってこそ生産もある消費優位の生産力発展段階**に移行している。**生産と消費、あるいは供給と需要の規定―被規定関係の逆転は、消費力に比して生産力が、需要量に比して供給量が過剰状態になったことの反映**である。供給過剰は当然にも競争激化をもたらす。この傾向は21世紀の現在も、さらに激化の度を増しながら続いている。が、この種の話は現代世界経済論に属すること。ここで詳論することはできない。

▼本項全体の補論――「生産」概念の応用

補1　マルクスの「生産」概念は広狭さまざまな語義を持っている。かつて『剰余価値学説史』と呼ばれていた1861―63年草稿では、広義の一例として「哲学者は思想を、詩人は詩を、牧師は説教を、教授は概説書を生産する」と言われている（幸い！　本書は「概説書」ではない）。**犯罪者は犯罪を生産する**ことによって、刑法、刑法を講義する教授、講義録をまとめた書物商品、警察、刑事裁判所、判事、監獄、死刑執行人などを生産するほか、公衆の心に嫌悪・憎しみなどの感情を生産しつつ、話題提供というサービスも生産する、とされる。犯罪者たちは、合算すると実に巨大な生産者であり、個別に見ても犯罪が凶悪であるほど、いわゆる**経済効果**も大きい。とりわけ今日では、マスコミや評論家たちに、被害者サイドの悲しみや怒りをもネタにした仕事を提供（生産）する。

ただし、マルクスが「生産」概念を広くとる真意は、**社会的分業**の意義を説くことにある。すなわち、「〔生産された〕さまざまな職業部門はそれぞれ社会的（マクロ的）分業の一環を形成しつつ人間精神のさまざまな能力を発展させ、このことが新たな欲求を生み出すとともに欲求を充足する新たな方法を生み出す」。

この一文は3つの側面を一度に説こうとしているので整理しておく。①分業の進展による専門特化が経験の積み重ねを通じて**人間能力の発展**に寄与する。②人間能力の発展は**新たな欲求**を生み出す。③**新たな欲求を充足する新たな方法**が生み出される。①③は分業関連の、供給サイドの新展開だが、②は需要サイドの新展開である。人間の精神能力の発展は、もちろん専門特化にだけ依存しているのではない。さまざまな種類の**教育**も大いに貢献している。

いずれのルートによるのであれ、人間の精神能力が発展するにつれて、「今度はああしたい、こういうもの（財・サービス）が欲しい」という新たな欲求が芽生えてくる。すると、新たな欲求を充足するための新たな方法が開発される。**新たな欲求に応えるための新製品や新サービスの開発は、新たな分業によって最もよく達成される**であろう。分業の進展が新たな職業部門の「生産」として説明されているわけである。

広義の「生産」概念はいろいろな応用が利くと思われる。**人は病気になる（病気を生産する）**ことによって、病院・医院、医師・看護師・検査技師・事務職員、医療機器・医薬品・健康食品などの関連産業、医事行政、大学医学部・医科大学、「切らずに治す」本、等々を、さらには患者本人および家族の不幸を生産する。(**「生活習慣病」**なる名称は、1996年に橋本龍太郎内閣のもとで医療費抑制のために従来の「成人病」に代えて導入されたものだが、癌・脳卒中・心臓病・糖尿病・腎臓病などを、まさに人が自己責任で「生産」しているとする考え方に基づく。はたしてどこまで適切な名称か?)

病気がなければ医師その他の存在も関連した諸活動もない。もし病気が本当にすべて治ってしまえば、困る人たちが大勢出てくる。実際にはそうはならないから、また犯罪撲滅もありえない話だから関係者は安泰でいられる。**病人や犯罪者のお陰で職業と生活が成り立っている**。万事この調子で、**世の中の一切合財を**——病気や犯罪、その他もろもろの負の事態も含めて——**「生産」の体系として捉えることができる**。

補2　「生産」概念の広さを誇ることがここでの眼目なのではない。この概念を称揚するそのココロは、漠然たる一全体として表象されがちな「世の中」や、あれこれの複雑な物事を、**生産するものと生産されるものとの因果関連の集合として**透明に把握し直すことにある。

生産するものと生産されるものとの——最も抽象的には、原因としてのある要素と結果としての他の要素との——因果関連は、さしあたり点と点を結ぶ線で表わすことができよう。が、原因もまた他の原因の結果であり、結果もまた原因となって他の結果を生じさせる。ある結果の原因は一つとは限らず、複合的であることも多い。例えば、病因→病気→医師の存在という因果関係において、病因は単一（カロリー摂取量の過多→糖尿病）ではないかもしれない。医師の存在も病気の存在のみの結果ではないであろう。このように因果関連はほとんど無数にあるから、それらが互いに交錯し、からまりあって、全体としてはもつれた糸の巨大なかたまりのような様相を呈する。しかしその錯綜した複雑さにたじろぐには及ばない。**複雑さは因果関連の多種多様さから来る複雑さ**にすぎず、各個の因果関連それ自体の複雑さではない。

どんなに複雑な物事も――個別的要素の漠然たる集合として捉えるのは誤りだが――**ある要素と他の要素との線的な因果関連の集合として捉えることができる**。かたまり状をなすもつれた糸を一本一本ピンセットで選り分けるようにして解きほぐし各個の因果関連を明確にする、という作業を自覚的に行なうことによって、対象構造は見違えるほど透明になるであろう。全体を概観していきなり何事かを言おうとしても外面的言説にしかならない。**解きほぐされる糸の本数に比例して対象構造の解明度は増す**。

これら一連の手続きは別に専門家の独占物ではなく、誰にでもできること、いな、誰もが多かれ少なかれ行なっていることである。ただ一般には、「こういう事が起きるのはこのためだ」という具合に因果関連づけが単線的（短絡的）になりがちで、少し複雑な事になると十全には捉えきれないところがある。**ピンセット方式を自覚的に採ることで物事の把握度が格段に増す**ことは間違いない。**認識力**や**判断力**について哲学者たちはいろいろと難しい議論をしてきたけれども、むろんそのような「力」が実体として誰それの頭に内在しているわけではなく、むしろピンセット方式をどこまで持続できるかによって「力」の大小と質は左右されるのである。

補3　留意点が2つある。（1）生産の体系がますます大規模化するにつれて、**個々の人間存在は二重の意味でますますちっぽけ化する**。①アメリカ独立宣言（1776年）やフランス人権宣言（1789年）以降の人権論の高まりとともに「人間」として獲得したはずの大きな存在意義（⇒第12項）そのものが低下する。②「生産されるもの」という被規定性したがって他律性が強まる。「大きな存在意義」も、ひょっとして**虚構あるいは単に理念的なもの**にすぎなかったのかもしれない。現実的な裏づけを持ったことはあるだろうか。労働現場では、早くも1735年ジョン・ワイアットによる紡績機械の発明が機械制大工業時代の幕開けを予告して以降、人間存在の近代的ちっぽけさが顕在化する下地ができる。

広義の生産の体系は今日ではかつてなく大規模化している。このため個々人にとっては――ちっぽけな存在とは感じていない幸福な人は別として――**自分のアイデンティティ（自分であることの拠り所）をいかにして確保するか**が深刻な課題となる。世の中でさまざまな活動を通じて自分の存在意義を示す、そのためには世間から何らかの形で評価されること。職業や職業外の社会（他人に役立つ）活動に従事することがそのための本道であろう。しかしその場合でも**自分の存在意義を実感するのは難しい**ことだ。ではどうするか。①じっと耐え忍ぶ、②ちっぽけな存在であることを忘れるために何事か（趣味、賭け事、飲酒など）にのめり込む、③忘れるのではなしに何とか自分として持ちこたえようと信仰の道に入る、等々。が、これらとても――賭け事、飲酒のたぐいでさえ自問自答の葛藤がある以上は――それ相応の持続力を要する。

④最も手っ取り早い策は**有名なもの（物や事や人）と何らかの形で接点を持つこと**である。有名であることは——悪名高いケースは別として——ひとまず世間の評価を得ていることだから、これと接点を持つことで、とりあえず**自分も世間の一員という気になれる**。接点の持ち方は多様である。タレント誰それのファンである、あるサッカーチームのサポーターである、ベストセラー本を買う（読まなくてもよい）、等々。**ブランド品**を所持することもその端的な表れである。これはしかし「自分」の不在を物の存在で肩代わりさせようとしている点で、「自分はちっぽけな存在です」という悲惨な宣言にほかならない（拙著『浮遊する群衆』有斐閣選書、1991年、参照）。「有名なもの」を少し広くとるなら、流行を真似ることも同様の意味合いを持つ。情報化時代にはこの時代に特有のさまざまな真似方がある。

（2）個々人は被規定的（決定される）存在であるが、生産の体系を担っている点では規定的（決定する）存在である。被規定的存在の面ではちっぽけさが際立つが、規定的存在の面では——「諸個人」である限りで（⇩第1項（4））——その逆のものが際立つ。生産の体系は、これら両面を併せ持ちながら成り立っている。人間存在がちっぽけさから脱却しアイデンティティを回復する最も真っ当な方途は、**「諸個人」としての結合力を発揮して**——革命などという大それた事ではないにしても——何事かをなすことである。

8 物事は三段階の展開過程を辿る

――「成功して当然」という自然的認識の陥穽

テーマ

生産と消費の規定―被規定関係についてひとしきり論じた後、マルクスは分配の考察に移る。ただ、本項では分配論それ自体を取り上げるのではなしに、そこに含まれている方法論上の示唆に注目しておきたい。次の論述から、**「物事は三段階の展開過程を辿る」という視座**を取り出すことができる。

本論――日本の戦後復興過程を例にして

生産にはあれこれの条件と前提があり、それらが生産の諸契機をなしている。これらの条件・前提は、一番はじめには自然発生的なものとして現れるであろう。それらは生産のプロセスそのもの

——を経る中で自然発生的なものから歴史的なものに改変される。そしてある時期には生産の自然的前提として現れるとしても、別の時期には生産の歴史的結果だったのである。

形容詞3語、(1)「自然発生的」(2)「歴史的」(3)「自然的」の連関を考察しておこう。これらは、つねに3点セットをなして、ではないが他の箇所にも散見される。「自然発生的(naturwüchsig)」は英語ではspontaneous。フリードリヒ・ハイエクのキー語句spontaneous orderは通常「自生的秩序」と訳される。以下、(1)(2)(3)の順序で展開する物事は数多くあるという目星をつけつつも、ここではわが国における**戦後経済復興**を具体例として取り上げながら三段階論を定式化しておく。

1　(1)**自然発生的段階**。この第一段階を特徴づけるのは、あれこれの偶然である。好ましい偶然に恵まれることは俗に**〝たなぼた〟**と言われる。**偶然的な事情が恵まれた条件として、恵まれる側のあずかり知らぬところで勝手に、自然発生的に生じる**。むろん、偶然的な事情イコール幸運とは限らず、不運であることも多い。しかしいずれも単発的なもの。話を幸運に限ると、これを手元に呼び込んで持続的なものとして活かすことができるかどうかは**呼び込む側の力量**次第である。

力量は主体的なもので、自力と呼ぶことができる。これに対して運は当該主体の外部に生じたものが当該主体に及ぶ作用で、他力と呼ぶことができる。自力と他力との連関を問うことは、一個人の生涯という個別的次元でも歴史展開という全般的次元でも一大テーマをなす。この点については、

『経済学批判要綱』序説から………120

力量（**ヴィルトゥ**）**と運**（**フォルトゥナ**）をキーワードとする**マキアヴェリ**の政治学的考察（『君主論』）**を自力と他力との連関に関する原理的考察**と見なすことができる。これは――シンプルな原理であるがゆえに――政治学的領域を越えて広大な適用範囲を持つ。本書でも何度か言及している。

何はともあれ好ましい偶然が生じないことには手元に呼び込むこともできない。しかし、好ましい偶然に恵まれるかどうかは全くのあなた任せ、**他力本願**である。この第一段階では、自力の発揮に先立って他力が、事の成り行きを左右するくらい大きな役割を演じる。

例えば、日本の戦後復興過程で南北朝鮮の戦争（１９５０―53年）が果たした役割は極めて大きい。戦争そのものは人間の為すこと、人為の所産で、あれこれの自然現象とは異なる。しかし**朝鮮戦争**から恩恵を受けた側にとっては、**恩恵は豊作・豊漁などをもたらす自然現象と同じく自然発生的なものであった**。北進統一を唱えた李承晩の南と南進統一を目指した金日成の北の軍事衝突は、東西冷戦を背景にして起きた熱い戦争であった。日本にとっては好ましい偶然として作用したが、当事者たちにとっては避けられない必然であったろう。**偶然と必然はここでは二項対立をなすのではなく表裏一体をなす**。

この戦争は50年6月、北朝鮮軍が北緯38度線を越えて南進して始まった。韓国軍が釜山周辺に追い詰められると、支援のためアメリカ第8軍主体の国連軍が参戦、50年9月の仁川上陸作戦を機に形勢は逆転して、今度は北朝鮮軍が鴨緑江近辺まで押し戻された。そこで中国義勇軍が北支援のため参戦した（これは**第一次米中戦争**と見なしうる。願わくは第二次がなからんことを）。

戦争経過の詳細は省略するとして、東京に設置されていた国連軍総司令部からは大量の軍需物資が日本企業に発注され、日本は「朝鮮動乱ブーム」に沸いた。もちろんこのような直接効果だけでなく、特需の世界的波及による日本からの輸出増大という間接効果もあった。この**朝鮮特需が日本経済にとっては巨大なたなぼたとして、**（トヨタ自動車〔赤字にあえぎ大量首切りと相次ぐストライキに見舞われていたが、大型トラックをはじめとする軍用車両の大量受注で息を吹き返した〕の社史にもあるそうだが）「神風」として幸いし、**戦後経済復興を一挙に成し遂げただけでなく、その後の高度成長への足がかりともなった。**

人為の所産が他の人々に自然現象並みの作用を及ぼす。ある人々の行為が当人たちに幸または不幸をもたらし、他の人々にとっては幸運または不運として現れることがある。それゆえ、形式論理上の組み合わせは4つある。①ある人々の行為が当人たちに幸をもたらし、他の人々にとっても幸運として現れる。②ある人々の行為が当人たちには幸をもたらすが、他の人々にとっては不運として現れる。③ある人々の行為が当人たちには不幸をもたらすが、他の人々にとっては幸運として現れる。④ある人々の行為が当人たちに不幸をもたらし、他の人々にとっても不運として現れる。日本の戦後復興にとって朝鮮戦争が持った意味は③のケースである。**不幸と幸運の表裏一体、あるいは不幸を条件とする幸運。**

もちろん、「ある人々」の立場と「他の人々」の立場は置き換え可能、共軛的である。人間の行為が干天の慈雨または台風・地震などの自然現象と同等の、幸運または不運として現れるというあり方は、**人間社会が自己利害を中心にして動いていること**を端的に示すものと言えよう。自分（たち）の利害を中心にして世界配置図が描かれる。自分（たち）の外部で起きる出来事は自然現象と変わりはない。他人（たち）の幸・不幸がいっときのささやかな関心事になることがあるとしても、自己利害に関わりのない限り基本的には関心事ではない。一方、自然現象であっても、自己利害に関わりがある場合は切実な関心事となる。きょうの被災者もきのうまでは無関心者であった。きょうの無関心者もあすは被災者になるかもしれない。このような中心が無数にある。これは「中心」の本義と相容れないが、それでもこれが現実の姿である。

2　(2)　**歴史的**（geschichtlich）**段階**。この第二段階では、自然発生的な恵みや好条件がフルに利活用されつつ歴史的なものへと改変されてゆく。「歴史的なもの」とは、この場合、**人間によって作り出されたもの**のこと。「歴史」にもドイツ語では「ヒストーリエ」と「ゲシヒテ」とがある。ヒストーリエが起きた出来事の数珠つなぎ（物語）であるのに対し、ゲシヒテは起こしたという行為に力点がある。自然現象を別とすれば、**起きた出来事も元はといえば人間が起こした事**である。

朝鮮半島での戦いもむろん人間によって行なわれたことだが、「他の人々」（大多数の日本人）にとっては単なる外部の出来事でしかなかった。しかし日本経済は、**外部の出来事をたなぼたとして内部に呼び込み、これを一つの大きな動因にして内部努力による発展を推進してゆく**という道筋を辿った。**日本人はみんなモーレツに働いて**経済を発展軌道に乗せていった。富が富を呼び雪だるま式に富を増殖させることによって高度成長を築いていった。目覚ましい経済発展は、まさに**自力の成果**にほかならない。**自然発生的なものから人為的なものへ**。他力本願から自力本願へ。フォルトゥナ依存からヴィルトゥ本位へ。このような旋回が第二段階を特徴づける。

わが国の高度成長を可能にした条件は、もちろん朝鮮戦争だけではない。**日米安保条約**（→人材・技術・資源・資金などを経済発展のために集中できたこと。ソ連の軍事大国路線とは好対照をなした）、**1ドル＝360円**という固定相場制（輸出面でのメリット）などの半・内部要因のほかにも、アメリカが**巨大な輸出市場**として存在したこと、**原油価格**が安かったこと、またしても戦争（**ベトナム戦争**）が起きてくれたことなど、あれこれの自然発生的な外部要因も好条件として幸いした。これらの諸条件を利活用しつつ、国民の努力と創意工夫を積み重ね、自然発生的なものに歴史的なものを付加することによって、つまりは**他力と自力の合力として高度経済成長は達成された**。ところが、こうした**経済の成功が国民の自己認識を狂わせた**。

3 （3）**自然的**（natürlich）**段階**。この第三段階は、第一段階の自然発生的な恵みのことなどすっかり忘却され、かつ第二段階の歴史的なものも別様に意味づけられるところに成り立つ。ある現象、例えば経済的繁栄はそれを担った人たちの営為の所産でありながら、現象が起きた背景や下地が**当事者たちの営為を超えたもの**に求められる。自然現象のように人間はノータッチというわけではないけれども、人為現象が自然現象と同等の、人為を超えたものとして現れる。このような現れ方は

『経済学批判要綱』序説から………124

認識のあり方にほかならず、人為現象が「当然そうなるべくしてなる」ものとして受け止められる。

認識のあり方に論及しなければならないのは、第二段階が経過する中で**当事者たちの意識が変容してくる**からである。経済発展が好循環軌道に乗るにつれて、それをあたかも天体の運動のごとく自然的なものと見なす意識が芽生えてくる。同じような意識が大勢の人たちに共有されるようになれば、一時代のトレンドとして当該社会を独特の色に染める。こうして、**「日本的経営」を伝統的なイエ制度と結びつけて誇ったり、日本人の民族としての勤勉さを自賛したりする**大合唱が国民各層の間で沸き起こった。日本には元来成長体質があったのだとお墨付きを与える経済学者も現れた。

たなぼたのことなどとうに忘却されている。また、独自の経営方式や自力の発揮としてのモーレツな働きなども、**当事者たちの内部努力の所産あるいは内部努力そのもの**であるのに、それを自力や内部努力以前の**文化的・民族的なものの特質によって理屈づける**傾向が強まった。その分、「当然そうなるべくしてなった」という受け止め方が前面に出てきた。日本人は勤勉な民族だから云々という理由づけは、子供だましの言いぐさでしかなかった。民族性を言うのなら、もっと昔から、あるいはその後もずっと持続して高度成長を達成していなければ筋が通らない。日本文化についても同様である。**なぜ今そうなのかというそのつどの経済環境への視点**が欠落していた。総じて、歴史的なものから自然的なものへの変質が第三段階を特徴づける。

戦後間もない頃の絶望的なまでの自信喪失。戦勝国に「日本人は12歳」（マッカーサー）、日本語は主語なしでも成り立つ後れた言語、これは主体が確立していないからだ、公徳心がないから所構わずタン・ツバを吐く、……などと見下されさげすまれても「ハイ、ハイ」と受け入れるだけで反発する気力すら起こらなかった。ところが経済の成功が事態を一変させた。振り子は大きく逆に振れて、今度は見返し意識としての**自信過剰**。そこから来る——札束で相手の頰をはたくたぐいの——**傲慢さが他力への感謝と自力への謙虚さを共に失わせた**。日本人および日本国であるというだけで高度成長がいつまでも続くかのように勘違いした。

このプロセスは、**緊張感が薄れ気がゆるむプロセス**にほかならない。こうして、たなぼたや好条件が消え失せ（例えば1970年代の石油ショック、円切り上げと変動相場制への移行）、持続する自助努力も怠るようになった時、成長路線は行き詰まった。以後、好不況の小幅な波はあるものの長期傾向としては減衰過程を辿ることになる。その意味で、**「自然的」段階に入ることは赤信号がともること**なのである。

4 他力なしに自力だけで経済的繁栄を達成するのは、どこの国の場合でも所詮無理である。コロンブスやヴァスコ・ダ・ガマらの**大航海時代以降の繁栄国**、ポルトガル、スペイン、オランダ、イギリス、フランス、アメリカ、西ドイツもみなしかり。見やすいところでスペインの場合は中南米にポトシ銀山をはじめ豊富な金銀が存在したことなど、それぞれなりのたなぼたに恵まれた。**たなぼたはいつかは消滅する**。したがって、新たなたなぼたに恵まれない限り繁栄を持続するのは困難である。

昨今のＢＲＩＣｓ（ブラジル、ロシア、インド、中国）にも——豊富な天然資源および労働力、

『経済学批判要綱』序説から………126

大きな潜在的市場などの内部要因のほかに——先進国発のたなぼた（高賃金による競争力の相対的低下、旺盛な対内投資、高度な技術の導入など）がある。しかし繁栄のためのカギを握るのは、**国民の意識のあり方と活力**である。

いつの時代にも繁栄国の人たちはみんな活力に満ちていた。日本が繁栄の絶頂期にあった頃、日本人はアメリカ人を「怠け者」呼ばわりしたが、後から見ると恥ずかしい話だ。今度は日本人がアジアの人たちから「怠け者」呼ばわりされるようになった。**人々の活力が最大の自力要因をなす**。しかし繁栄を享受する中でやがて活力は減退してゆく。繁栄を担った諸世代の活力はいつまでも続かない。傲慢さに加えて老いのせいもある。そして何より、**後続世代は活力の発揮なしにもっぱら繁栄の恩恵を享受することに慣れている**。こうして**活力の減退が繁栄の終わりを決定づける**。

第三段階への転化は必然の過程で、これを阻止することはできない。が、せめて第二段階からの落ち込みをなるべく軽度にとどめようとするなら、活力の減退を防止する手段方策を、まさに**第二段階の真っ最中に**講じなければならない。一国の指導層は、繁栄賛歌の音頭をとるのではなしに**繁栄の後に来るもの**を冷静に見通す必要がある。物事の三段階展開を心得ていれば、そのために役立つであろう。

わが国に高度経済成長が再来することはありえない。願望がいくら強くても、そのための諸条件がなければどうにもならない。もっとも、経済成長の持続的達成が本当に必要なのかどうかについては議論の余地がある。旧世代ほど「夢よ、もう一度」と思いがちだが、**新世代の価値観**は必ずしも旧世代と同じではない。「豊かさよりも幸せを」という選択肢もある（前掲拙著『市場システムを超えて』）。食うや食わずの経済発展段階あるいは経済状況のもとでは「豊かさ」よりも「幸せ」を優先することはまず無理であろうが、幸い現代日本においては価値観の転換が可能である。多くの人が日々痛感しているように、**「豊か」でも「不幸せ」**という局面が多すぎる。

「少子化が進む中で高齢化社会を従来どおりの生活水準で支えてゆくのは無理だ」と支え手世代が考えるのなら、**生活水準の低下**を求めてゆくほかあるまい。「低下」といっても、まだまだ豊かな――**無駄と浪費も多い**――生活実態・生活水準なのだから。事実として、**先進国では成長は基本的にもう終わっている**。かつての「成長率」通念（年4％以上）を下回る数値にも嬉々としているさまがそのことを端的に物語る。

しかしこれから高度経済発展を遂げようとしている国々には、先進国の経験は大きな教訓となるはずである。中国・インド・ベトナム・タイなどのアジア諸国にとっては、「**ルック・イースト**（日本に見習え）」というマハティールの言は今も生きている。ただし今度はネガティヴな意味で、反面教師として。

▼本項全体の補論

ここでは一例として戦後日本経済のことを手短に取り上げただけで、「どうして文明は衰退するのか」といった大仰なテーマは考慮に入れていない。しかし**活力の減退**など大仰なテーマにも共通する部分は含まれているであろう。そして右のごとき三段階展開は他の中小の物事にも当てはまるはずである。企業や政党など組織の場合であれ、人気商売をはじめとする個人の場合であれ、**盛衰の色模様を持つものは大概この展開図式に収まる。**「弁証法」の項（第5項）では**外部要因と内部要因との力動的関係**が度外視されていたが、本項ではこの関係が強調されている（本項に関連した考察は前掲拙著『市場システムを超えて』第三章でも詳しく行なわれている）。

8

9 高次のものを知れば低次のものも分かる――「歴史の発展」とは何か?

『経済学批判要綱』序説から

テーマ

歴史の見方について考察する。歴史の見方についてマルクスはどのように考えていたのか。**古い時代を見るときには新しい時代の眼で見る必要があること、そして新しい時代を見るときには自己批判が必要であること**を説いている。ともに重要な論点である。

本論

(1) ①ブルジョア社会は、歴史上、最も発展した、最も多様性に富む生産組織である。②それゆえ、ブルジョア社会の諸関係を言い表わしている諸カテゴリーは、ブルジョア社会の仕組みの理解を可能にするだけでなく、同時に、あらゆる滅亡した社会形態の仕組みと生産諸関係に対する洞察を可能にする。③ブルジョア社会は滅亡した社会諸形態のもろもろの断片と要素で構築されていること、そのうちの一部はまだ克服されないまま遺物としてブルジョア社会に残存していること、単なる前兆にすぎなかったものが十分に仕上がった重要意義を持つものにまで発展していること、等々が洞察の手がかりとなるのである。④人間の解剖はサルの解剖のためのカギとなる。⑤ただし、より低次の動物種に潜んでいるより高次のものへの前兆が前兆として理解されうるのは、より高次のもの自体がすでに知られている場合に限られる。⑥こうしてブルジョア経済は古典古代その他の経済へのカギを提供する。

---

1 「カテゴリー」（②）は通例「範疇」と邦訳される。ギリシア語の「カテゴリア」を西周（⇩第5項）がこのように訳した。アリストテレスをはじめカント、ヘーゲルらによって難しい議論がいろいろ行なわれてきたが、ごく一般的には**「同一の特性を持つものを一括して表わす語」**というほどの意味である。**人間の思考に本質的な分類作用**（分けて考えること）に基づいている。したがって、分類思考が行なわれる際は日常的場面でも――例えば「有権者の投票行動は大別3つのカテゴリーに分類される」「ジョー・ディマジオは不世出の大打者のカテゴリーに入る」というふうに――用いられるが、学問的場面では、その語なしには正確な対象説明ができないという必須性と厳密性をおびる。右引用文では「ブルジョア社会の諸関係を言い表わしている諸カテゴリー」（②）が具体的に何を指すのかは示されていないが、商品・貨幣・資本をはじめ多数ある。次項でも幾つか取り上げられる。

本項では社会形態の違いを超えたカテゴリーの**共通性**が、また次項では共通カテゴリーの内容面での**差異性**が強調される。

引用文の趣旨は④に象徴的に示されている。これはよく知られた命題である。ヒトが「より高次のもの」を、サルが「より低次のもの」を代表する。マルクス・エンゲルス著作には、サルが重要な立論場面で少なくとも二度登場する。もう一度は「サルがヒトに進化する際の労働の役割」という論脈においてである。そのようなタイトルのエンゲルス論文もある。そこではサルからヒトへというベクトルで労働の役割が論じられているのに対し、④は逆にヒトからサルへというベクトルを持つ。**「進化」の見地からはヒトにとってサルは近しい存在であるが、「解剖」の見地からはサルにとってヒトは近しい存在である。**

歴史を見るときには、**ブルジョア社会（資本家が主役を演じている社会）**が「より高次のもの」、滅亡した社会諸形態が「より低次のもの」という位置関係になる。前者を理解すれば後者も洞察できる、と言うのである。それが可能なのは、ブルジョア社会がそれ以前の諸社会にはなかった新しいものを多々生み出し、その限りでは両者は断絶しているにもかかわらず、あれこれの面で**連続性を保っている**からである。連続性は端的に、社会の諸関係を言い表わす**諸カテゴリーの共通性**に表れる。社会科学分野の事辞典には、社会形態の違いを超えた共通カテゴリーも多数収録されている。

とりわけ注目したいのは、「単なる前兆にすぎなかったものが十分に仕上がった重要意義を持つものにまで発展している」（③）という点である。この点は、諸社会の比較分析を行なう場合の**歴史研**

『経済学批判要綱』序説から.........132

究にとって大いに示唆に富む。古い社会のこと（例えば「分業」）を研究する際に古い社会だけを見ていても十全な研究はできない。単なる前兆として、つぼみのごとく未開花であったものを十分に開花した姿に照らすことによって、**最も発展した形態を規準にしてはじめて、未発展なものを正確に理解することができる**。もちろんそのためには、「より高次のもの（開花した姿）自体がすでに知られている」⑤ことが必要である。平俗には「**大は小を兼ねる**」というところか。

ただし、古い社会にはあったが後の社会にはないもの、つまり**共通カテゴリーでは括れないもの**も数多くある。例えば古墳は現代にも共通する「墓」カテゴリーで説明できるとしても、古墳の表土や周辺に列べられた**埴輪**は後の社会にはない。このため、その意味づけをめぐっては――当時の文献資料が不足している以上――諸説が分かれることになる。

このような〝不可知の〟ものも含めて、**以前の社会の物事一切が現代の解読格子を通して意味解釈される**。現代の観点が無自覚裡に混じることも多い。このような新旧の混在は――新が旧を一方的に定義づけ裁断する形になろうとも――避けがたいことである。そうであるなら、もっと自覚的に**歴史研究方法論**を整えておいたほうが研究成果はあがる。

▼1の要約

後の社会の「より高次のもの」を知ることが前の社会の「より低次のもの」を知るためのカギとなる。むろん、逆は真ではない。「より低次のもの」を知ることが「より高次のもの」をよりよく知る上で参考にはなっても、けっしてカギにはならない。サル社会の研究成果を人間社会に「適用」しようとするのは逆立ちしている。「適用」可能であるかに見えるのは、**サル社会の研究があらかじめ人間社会のカテゴリーを用いて（密輸入して）行なわれているから**である（⇒第3項）。

（2）⑦いわゆる歴史の発展なるものは、一般に次のようなことに基づいている。最後の形態が過去の諸形態を自分自身へ至る諸段階と見なすこと、そして最後の形態が自分自身の批判をなしうるのは稀にであり、しかも全く限られた諸条件のもとでしかないために……過去の諸形態をつねに一面的に捉えること、に基づいている。⑧キリスト教という宗教は、自己批判をある程度、いわば可能的になし終えた時にはじめて、それ以前の神話の客観的理解に役立つことができるようになった。⑨同様にブルジョア経済学は、ブルジョア社会の自己批判が始まった時にはじめて、封建社会、古代社会、東洋社会を理解するようになった。

2 今度は話の局面が変わって、**「歴史の発展」とは何か**、という根本問題に考察が深められる。そして後の形態はなかなか自己批判をしないこと、その意味で傲慢であること、**自己批判をなしえた時にはじめて過去の形態を客観的に理解しうる**ことが指摘されている。自己批判によって自分自身の短所も明らかになる。このことを踏まえて各形態の長所・短所を公平に比較考量する道が開ける。

⑦は、明らかに**ヘーゲルの歴史認識**を強く念頭に置いている。例えばヘーゲル『歴史哲学』では、こう言われる。

「東洋人はまだ、精神が、ないし人間そのものが本来自由であることを知らない。知らないがゆえに自由ではないのである。彼らはただ一人の者が自由であることを知っているにすぎない。だが……この一人の者は専制者であって自由人ではない。自由の意識はギリシア人の中にはじめて現れた。ゆえにギリシア人は自由であった。しかしギリシア人は、またローマ人も、ただ少数の者が自由であることを知っていたにとどまり、人間が人間として自由であることは知らなかった。……ゲルマン諸国民に至ってはじめて、キリスト教のお陰で、人間が人間として〔万人が〕自由であり、精神の自由が人間の最も固有の本性をなすという意識に達した。」（ズーアカンプ版著作集、第12巻）

この発展図式も、「最後の形態が過去の諸形態を自分自身へ至る諸段階と見なす」⑦一例と言えよう。このような歴史認識の奇妙さ、ないしまやかしは明白であろう。ヘーゲルにおいては、ヘーゲルの時代こそが歴史発展の最終段階として位置づけられている。しかし第一に、これは単純な事実に反する。ヘーゲル（1831年没）後も歴史は——歴史「発展」と言いうるかどうかは別にして——まだまだ続く。したがって、ヘーゲル後もすべての事象がさまざまな変化・変容を経験することになる。**「最後の形態」も次々と「過去の形態」に成り下がってゆく**。

第二に、自由は万人のものとする意識の覚醒が「キリスト教のお陰」であるとする捉え方。これは例えば**アメリカ独立宣言**（1776年）に見られる自然権思想とも符合する。そこでは「人間は生まれながらにして自由・平等である」ことが**造物主**（the Creator）の名において根拠づけられている。しかし「キリスト教のお陰」で万人は自由という意識に達するのなら、**キリスト教が隆盛を極めた中世ヨーロッパ**においてもすでにそうでなければならなかったはずである。それに、キリスト教とは無縁の国・地域では、いつまで経ってもそのような意識とは無縁のままであろう。さらに、格別「ゲルマン諸国民」だけを称揚する理由はない。

「世界史とは自由の意識の進歩を意味する」という把握は世界史の崇高な理念の一つを取り出しているとはいえ、**哲学者でない普通の人たちにとっては現実的な展開こそが大事**である。はたして理念どおりに進歩してきているのかどうか。それだけではない。国・地域によっては**人権・デモクラシー**さらには**自由の理念**などよりも**経済発展**のほうが優先価値をなしている。

▼2の補論

ヘーゲルが自由の意識の進歩を含む歴史発展の最終総括者を自負自任したことは、見当違いの単純ミスであった。しかしこのような単純ミスを犯したのはヘーゲルだけではない。ヘーゲル歴史哲学の発展図式だけでなく、理論の体裁をとっている歴史発展段階論にも**現在こそが最高の発展段階だとする現在主義**は数多くある。比較的新しいところでは、W・W・ロストウ『経済成長の諸段階』(1960年)、ダニエル・ベル『ポスト工業社会の到来』(1973年)、アルヴィン・トフラー『第三の波』(1980年)など。その点では、ヘーゲル好きはもとよりヘーゲル嫌いも、**みんなヘーゲル主義者**である。ちなみに、右の3著作がメイド・イン・アメリカであるのは偶然ではなく、アメリカが占めていた世界史的位置の一反映である。

3 マルクスがここで指摘しているのは、**「歴史の発展」なるものはそのつど最後の形態の自己認識、平明にいえば自画自賛にすぎない**ということだ。**過去の形態は〝死人に口なし〟で一切発言できな**

い**。例えばルネサンスないし近代の立場から「暗い中世」と一刀両断されても、中世は反論する機会がない。過去の形態は、ただ遺物・遺跡・遺制・記録文書・作品などを通じておのれを示すことしかできない。歴史の全体を通覧して各形態ごとの発展度を判定する**ジャッジ**や**レフェリー**のごとき客観的第三者や公平な観察者がいないからには、**過去の意味づけもそのつど最後の形態の専決事項に属する**。専決内容が正しいかどうかは全く別問題である。

世界中が一斉に足並みを揃えて諸段階を経るわけではない。歴史時間上は等しく最後の時代に属していながら、**国・地域によって発展段階はまちまち**である。したがって、現在の意味づけ方も国・地域によって違っている。先に、「歴史の発展」論の問題点は**最後の形態がめったに自己批判しない**点に存することを見た。過去の形態から批判されることがないだけに、好き放題傲慢でいられるのである。**これと同様のことが同時代の諸国・地域間でも生じる**。最後の形態と自負する国が、それ以前の形態にある国・地域に対して好き放題傲慢に振る舞う。この場合、後者は〝死人〟ではないから前者を批判することができる。のみならず、横暴に対しては抵抗もする。批判や抵抗が実を結ぶかどうかは別として。

自己批判とは自己の全体像を認識することである（⇩第11項2）。自己認識の一環として、最後の形態とされたブルジョア社会なりキリスト教なりが「**最も発展している**」**といっても最も優れているとは限らない**こと、のみならず最後の形態にもあれこれの欠点や不十分なところがあることが認識される。**ネガティヴな面をも自覚することで過去の諸形態に対する理解も深まる**。

自己認識の欠落は劣っていることの証左となる。ところが、最後の形態は**クリティック・フリー**

（批判免除）の特権を有していると思いがちである。**経済力・軍事力などのパワーが特権意識の拠り所をなす**。そうして世界史大の過ちも仕出かしてきた。16世紀以降に限っても、西ヨーロッパ諸国による世界征服・植民地政策は、**キリスト教徒こそ最も優れた人間という信念**を精神的支柱としてきた。このような誤信が異教徒に対するハードな残虐行為となり、あるいはソフトな「福音」の宣教ともなった。近年のアメリカもまた自己批判の欠如をあらわにしている。**「テロとの戦い」は現代版「福音」の宣教**にほかならない。

最後の形態がおのれの至らなさも含めて謙虚に自己批判することができれば、過ちを犯す度合いは大幅に低減するであろうに——。だが、元来人間は事柄の全体像を認識するのが苦手である（⇩第11項）。自己の全体像となるとなおさらである。しかも「歴史の発展」論を生み出さずにはおかない人間の歴史認識ひいては**人間の傲慢さそのものに対する自己批判**となると、その遂行はまず不可能である。それでも、最後の形態が重大な欠陥を露呈したり傲慢な行動が大失敗に終わったりした時には、最後の形態も謙虚になることがある。しかしその場限りである。そもそも傲慢さが謙虚さに折れること自体が自己矛盾なのであり、宗教的回心でもなければ無理である。

▼3の補論

自己批判の困難さは、歴史以外の諸領域にも広く当てはまる。例えば**大人**はさまざまな年齢層の子供たちに比して、さしあたり「最も発展した形態」と言いうる。そのことはしかし、何もかも優れていることを意味しない。短所・欠点も多々抱えている。自己批判、すなわち自己の全体像の認識が必要で、それなしには子供たちを公平客観的に理解することはできない。立場の違いを問わず、短所・欠点も公明正大に開示することなしには真っ当な**しつけや教育**は成り立たない。親や教師としての権威を振りかざすのは最悪である。場合によっては、**反論の言葉を持ち合わせていない者は直接行動に訴えるしかない。**

10 国家は国富増進のための手段か？

『経済学批判要綱』序説から

テーマ

前項では、現代社会と過去の諸社会とを比較対照する際にカテゴリーの共通性が大きな拠り所となることが説かれた。本項では、**同じカテゴリーでも意味内容が異なる**点に留意する必要性が説かれる。しかしその眼目はもちろんカテゴリー論そのものではなく、標記題目のごとき個別具体的な諸論点の考察である。

本論

一 （1）①いかなる社会形態においても、ある特定の生産が他のあらゆる生産に、したがってまた当の生産諸関係が他のあらゆる生産諸関係に、序列と影響力を割り振っている。……②例えば遊牧民族の場合（単なる狩猟民族や漁労民族は本当の発展が始まる点の外部にある）。彼らのもとで、ある形態の農耕が、散在農耕が起こってくる。土地所有はこれによって規定されている。共同的な土地所有である。……③古典古代や封建制におけるごとく定住農耕が優勢である諸民族の場合は――この定住するということだけでも高級な段階である――工業や工業組織、また工業に対応する〔用具類などの〕所有の諸形態さえも、多かれ少なかれ土地所有的性格をおびている。古代ローマ人にあっては工業等も丸ごと定住農耕に依存している、中世には都市や都市の諸関係までもが農村組織を模倣している、という具合である。中世には資本それ自体が――純粋な貨幣資本ではない限り――伝統的な手工業用具等々として、このような土地所有的性格をおびていた。④ブルジョア社会では逆である。農業はますます単なる一産業部門でしかなくなり、丸ごと資本に支配されている。地代も同様である。⑤土地所有が支配している〔社会〕形態においてはどこでも、自然との関連がなお優勢である。資本が支配している諸形態においては、社会的に〔人間の力によって〕、歴史的に〔人為的に〕つくりだされた要素が優勢である。

1　「社会」の定義については第1項（4）で見たし、第12項でも見る。

その社会形態ごとの支配的な生産に着目すること。これが社会認識の大前提となる。散在農耕（②）、定住農耕（③）、資本による生産（④）、等々。大きな流れとしては、**「自然との関連が優勢な」諸段階から**「社会的に、歴史的につくりだされた要素が優勢な」、したがって**人為の所産が優勢な段階へ**、という展開過程になる（⑤）。一大転換点をなしているのは産業革命期であろう。これ以降、資本による生産の中でも**機械制大工業**が最高の「序列」を占め最大の「影響力」（①）をふるうようになる。マルクスの考察は19世紀のブルジョア社会どまりだが、歴史はむろんその後もさまざまな展開と変遷を経る。「社会的に、歴史的につくりだされた要素が優勢な」段階自体を諸段階に区分しなければならないであろう。例えば**ベル**（⇓第9項）は「工業」段階から「ポスト工業」段階へという区分をした。**物づくり中心からサービス中心へ**。

その後30年以上を経た今日、この傾向はますます強まっているように見える。たしかに、流通、金融、情報通信、知識、その他もろもろの「サービス」の比重はいっそう増大している。しかし**「他のあらゆる生産に序列と影響力を割り振る」規定力**となると、どうか。それぞれの活動形態が相互依存関係に、規定―被規定関係にある場合は、規定力の大小は**消去法**によって簡単に確かめることができる。すなわち、ある活動形態が仮に消え去ったとすれば他の活動形態はどの程度マイナスの影響を受けるか、その支障度が規定力の大きさということになる。その点、**依然として農業と工業（製造業）が相対的に大きな規定力を持っている**。情報通信も知識も、その他のいかなる「サービス」も物づくりの成果に依存しており、それなしには成り立たない。むろん逆も幾分かは真であるとはいえ、農業と工業の規定力は大きい。

引用文（1）は、規定的な生産形態への着目を促していると同時に、**同一のカテゴリーでも社会形態が異なれば意味が異なる**ことを説いている。一口に「土地所有」といっても、その内実はさまざまである。そこで次には差異性の観点から考察が行なわれる。

(2)⑥古代世界では商業民族――フェニキア〔地中海東部、シリア沿岸地方の古代名〕人、カルタゴ〔紀元前9世紀にフェニキア人が北アフリカのチュニス近郊に建設した植民都市〕人――が純粋な姿で〔他の経済活動との規定―被規定関係なしに〕現れる。その純粋性(抽象的規定性)は、まさに農業民族が優勢であったこと自体によって〔商業がマイナーな活動形態でしかなかったために〕生じたものである。資本がまだ諸社会の支配的な要素になっていないところでは、商業資本または貨幣資本としての資本がまさにこのような抽象性〔一面性〕において現れる。ロンバルディア〔イタリア北部地方、ミラノが中心〕人、ユダヤ人は、農業を営む中世の諸社会に対して同様の位置を占めている。

⑦同一のカテゴリーでも社会段階が異なれば異なった位置づけになる、ということの別例として、ブルジョア社会の最後の諸形態の一つである株式会社(jointstock-companies)を挙げておく。株式会社はブルジョア社会の初期〔16―17世紀〕においても現れるが、そこでは特権と独占権を与えられた大商事会社であった。

⑧国富の概念そのものは、ただ国家のためにだけ富は創造され国家の力はこの富に比例する、というふうに17世紀の経済学者たちにはそれとなく感じられている――このような観念は部分的にはなお18世紀の経済学者たちにも引き継がれる。ありていに言えば富そのものおよび富の生産が近代国家の目的なのであり、かつ近代国家はもっぱら富の生産のための手段と見なされるほかないので

ある。右のごとき〔富の創造は国家のためのものという〕観念は、そのことにまだ無自覚な取り違えであった。

2 **商業**⑥、**株式会社**⑦、**国富**⑧なども、社会段階の違いを超えた一般的なカテゴリーでありながら、時代と社会の違いに応じてそれぞれごとの特殊な意味を持ち特殊な色彩をおびるのである。このような**一般性と特殊性との区別と連関を明らかにすること**は、過去の時代と社会の考察にとって必要であるだけでなく、まさに現代という時代と現代社会の特殊性を考察する上でも必要な心構えであろう。（なお、「株式会社」は種々変遷を経てきているので、その定義も一筋縄ではゆかない。エリザベスI世治下の1555年、主としてロシアとの貿易に従事するモスクワ会社がジョイント・ストック・カンパニーとして設立されたが、これを「株式会社」と見なすことには異説もある。1600年に設立されたイギリス東インド会社は出資形式に関しては明確に株式会社であったが、依然として女王の特許状に基づき「特権と独占権」を与えられていた。）

「商業」「株式会社」という字面（シニフィアン）は昔も今も同じでも、語義内容（シニフィエ）はさまざまに違っている。これは見やすい。では「国富（Nationalreichthum）」についてはどうか。

3 「国富」とは抽象的一般的には「一国の純資産」と言えようが、その内実は国や社会段階の違いに応じて違っている。ここでの問題は、国富は国家との関係では目的か手段かということだ。マルクスの答えははっきりしている。**「富の生産」が近代国家一般の目的をなしており、国家はそのため**

の手段である（⑧）。ただ、手段として国家がどのような役割を果たすかは、これまた国や社会段階の違いに応じて違っている。

「17世紀の経済学」（⑧）とは重商主義学説のこと。そこでは国富増進は国家のために行なわれると「それとなく感じられている」が、これは透徹した論理を欠く漠然とした勘違いである。実際には**重商主義**は、国家を国富増進のための手段として動員しようとする政策体系であった。重商主義は重金（金・銀追求）主義の一種だから、ここに国富とは特に金・銀を指している。スペインは中南米で豊富な金・銀鉱山に恵まれたがイギリスにはそれがない。代わりに案出されたのが重商主義である。重「商」主義といっても実質は物づくり重視の重「工」主義である。マルクスの言う**「貨幣資本の循環」（貨幣から出発してより多額の貨幣で終わる営みの繰り返し）の中に国家主導の生産過程を組み込んでいる**、という図式になる。

日本国家は「富国強兵」をスローガンに掲げた近代の始まり以来、**一貫して重商主義タイプ**であり、国富増進のための手段に徹してきた。20世紀後半に至ってもこのようなあり方を貫いてきた先進国は類例がない。各種の**産業政策**などによる国家主導型の経済運営が行なわれてきた。「国富」の内実はもはや17世紀のような金・銀追求ではなく、主として輸出振興によるGNP（国民総生産）の増大であった。経済運営面での基本ポリシーが**教育制度**などの諸制度にも多大な影響を及ぼしたことは言うまでもない。

国家「主導」については慎重な吟味を要する。まず第一に、これは**国家が「手段」と化すこととしての「主導」**である。主導することと手段と化すこととは何ら矛盾しない。**主導するとは政治家や官**

僚が強大な権限を行使すること、手段と化すこととは国富増進のお役に立つこと。それで目的が達成されれば、彼らは何の不満もないわけである。

第二に、戦時中を除けば経済統制が行なわれたわけではないから、個別資本（企業）は基本的に**自由意思**で経営された。国家が企業経営の面でも主役を演じることはありえない。また、**財政支出**の大小が第一義的な手段なのではないから、財政支出が小さいからといって国家「主導」を否定する論拠にはならない。**カネを出さなくても口は出せる。**このあたり、アメリカ発の**「日本株式会社（Japan,Inc.）」論**もそれに対する反論も、国家が「手段」と化す面を見落としていたようだ。

そういう些細なことよりも大事なのは、**国家がもっぱら国富増進のために尽くせば世界的視野に立った政治・外交ポリシーがおろそかになる**ことだ。

▼3の補論

近代日本国家は国富増進という呪縛からの自由を経験したことがない。**国家として自律的に**世界大の主導力を発揮するという意志の薄弱な国であり続けてきた。国際交渉力も国際感覚も未熟だから、世界目標はもとより世界戦略も出てこないのは当然である（「２０５０年までに世界全体のCO_2排出量を半減する」といったユニークだが実効性の乏しい、各国指導者も総論のみには賛成する思い付きしか出てこない）。アメリカが「自由」「デモクラシー」などの普遍的理念を掲げて世界目標と世界戦略を立ててきたのとは好対照をなす。アメリカがイラク戦争を仕掛けた（２００３年３月）動機を、もっぱら石油利権の獲得に見るのが日本での（少なくとも当初の）有力論調であった。しかしこれは——確かにブッシュ政権には単なる利権屋もいるとはいえ——日本流の**経済主義的国家像**の一投影であろう。**アメリカは、他国には真似のできない普遍的理念を掲げてドン・キホーテ的行動に出ることもある**。

ただし、アメリカ流は例外である。国際政治にたけた**イギリス**や**フランス**も普遍的理念を掲げて世界をリードしようとしたことはない。つねに自己利害中心に行動してきた。それでも、そのための世界戦略は保持してきた。その点で自律的国家であった。アメリカが掲げる普遍的理念はもともと建国の理念であり、**アメリカという国のＤＮＡ**と言うべきものであって、それなしにはそもそも国が成り立たない。それゆえその後も国民統合の理念であり続けてきた。このようなあり方は、すでにそこに「国がある」のではなく**「国は作られる」**ものという特異性から来る。

建国の理念がその後も数十年間、普遍的理念として世界に向けて発信された点では**「共産主義」時代のソ連と中国**もアメリカと似ている。ただそこでは「共産主義」は国のＤＮＡではなかったから、時代状況が変化する中で適性を失い途絶えてしまった。しかし国として普遍的理念を唱えたことがあるという事実は消えない。

日本が**理念なき国**であり続けてきたこと自体は恥ずべきことではない。むしろ恥ずべきは**国家としての自律性**に欠けることだ。靖国参拝や歴史教科書など日本自身のことが他国から——まるで自国のことのように——問題にされるのも、結局は日本が自律性のない（押せば引き下がる、引っ張れば付き従う）国と見られていることに起因する。

国際政治・外交の面で自律性を示すとはどのようなことか。もし日本が**「平和」を希求する国**であるのなら、その見地から貢献しうることはいろいろある。例えば「テロとの戦い」でアメリカと共同歩調をとることを一時中断して、「テロ」**サイドの代表に国連の場で――むろん身の安全を保証して――意見表明させる**よう加盟各国に働きかける。ブッシュ大統領らの主義主張はさんざん聞かされてきたが、彼ら「**テロリスト」たちの主義主張**については、いったいどれだけの人がどれだけ知っているというのか。意見を聞いた上で何か傾聴に値する点（例えば極貧、劣悪な教育環境など）があれば局面打開の手がかりが得られるであろう。もし「やはりこれではダメだ」ということになれば「テロとの戦い」にいっそう本腰を入れるほかあるまい。ともかく、**姿が見えないだけでなく主義主張も見えない「敵」との戦いは終わりなき戦いになる**であろう。

右のごとき提案は日本国として手に余るのであれば、「国富」追求一辺倒から、せめて「**国益」追求に重点を移す**だけでも多少は広い視野に立った取り組みができるであろう。「国益」を追求するには、経済的利益のみの追求に一意専心するのとは違って、政治・軍事・文化・民族・宗教など諸事諸般のことにも目配りする必要があるからだ。

蛇足ながら、右のごとき文脈で国の在り方を類型区分するなら次の4つに分かれる。（1）国富も豊か、国家も自律的。（2）**国富は豊かだが、国家は非自律的**。（3）国富は貧しいが、国家は自律的。（4）国富も貧しく、国家も非自律的。それぞれの類型に属する国は、どこどこであろうか。アメリカは（1）、日本は（2）。「共産主義」時代のソ連と中国は（3）、現在は（1）である。ゆえに**現在のロシアと中国は東西冷戦時代とは異なる位相でアメリカとひとまず対等に渡りあえる**。ただし、（3）の時代のように世界大の理念を掲げているかどうかは疑問だが。

III

『経済学批判要綱』本論から

11 問題の立て方・解き方——貨幣論を手がかりにして

『経済学批判要綱』本論から

テーマ

世の中には大中小のさまざまな問題がある。世の中がますます複雑多様化するにつれて、従来はなかった新たな諸問題も発生している。そして問題があるからには、もちろん解決を要するわけだが、何事であれ問題を解決するのは容易ではない。問題を解決するためにどのような手続きが必要か。その点、マルクスは参考になりそうなことは述べている。それを取りあえず手がかりにしながら**「問題解決の正しい方法」**について考えてみよう。

『要綱』の本論冒頭で、フランスの政論家ルイ‐アルフレッド・ダリモンの『銀行改革について』が検討されている。ダリモン(1819—1902年)はプルードン主義〔無政府主義的社会主義〈労働者たちの自主的連帯による政府不要の社会づくりを主張〉〕者として、**貨幣が人間生活および**

社会存立の基礎をなす労働に優位している点でブルジョア社会の諸悪の根源であるとする観点から「**貨幣をなくせ**」との主張を繰り広げた。とりわけ貨幣が資本として機能するようになると、労働者の命運さえも木の葉のように翻弄されてしまう。その意味では、貨幣廃止論者もロバート・オーウェンらのユートピア社会主義者と同様、志は必ずしも間違っていなかった。が、肝心の理論が全く間違っていた。その点は**疎外論のマルクスも似たようなもの**である（⇩第2項）。

しかし志がどんなに高くても、それだけでは単なる主観的願望、ないしポテンツ（勢位）が強い場合は情念発露にとどまる。およそこの種のパッションは無責任に開かれっ放しで、**理論のように、ここまでは明らかにした（その先は未解明）という責任ある閉じがない**。世の東西を問わず、一般大衆には閉じのないパッション、別名アジテーションのほうがアピールしやすい。人々を行動に駆り立て人間歴史のさまざまな曲折をつくりだす上で力を持ったのは、**理論ではなくアジテーション**である。

貨幣廃止論を最も整備された形で展開したのはイギリスのオーウェン主義者ジョン・グレイ（1798―1850年）である。**労働時間を貨幣の直接の度量単位と見なす（労働量を貨幣額と等値する）グレイの労働貨幣論**は、基本的な考え方という点では**今日の地域通貨論の源流**をなしている。もっとも、地域通貨論者たちは、スタンプ・マネー（日付貨幣とも言う。受け取った日に所定の印紙を貼るかスタンプを押捺し、日数が経つほど貨幣価値が減少する）の考案者シルヴィオ・**ゲゼル**（1862―1930年）の名を――ケインズが主著『一般理論』で言及したためか――挙げることはあっても、グレイにまでさかのぼった考察はしていないようだが。

実際、**地域通貨論**の考え方は、介護ないし福祉分野においてであれ他の分野においてであれ、個人の働きをそのままストレートに社会的な（他人のために役立つ）ものとして評価し、かつそのつど一定量で表示しうるとする点でグレイの労働貨幣論そのものなのである。それゆえグレイの議論を参照していれば、これをマルクスが『経済学批判』（1859年）で完膚なきまでに批判し尽くしていることも知るであろうから、少なくとも経済理論の見地からは地域通貨論など取るに足りない〝ままごと理論〟であることを自覚しえたことだろう。地域通貨は場合によっては〝ニッチ（すき間）通貨〟でありうるかもしれない。実際、LETS（地域交換取引制度）のように一定の普及実績を誇るものもある。しかし法定通貨のように通貨そのものに対する全国民的な「信用」ではなく、限られた人々同士の「信頼」を成立基盤にしている以上その広がりには限界があり、基本的に仲良し同士の**〝ままごと通貨〟**の域を出ない。大人の〝ままごと〟である分、通用範囲も広いというだけのことだ。

ここでダリモンに言及するのは、とうの昔に終わっている議論をむし返すためではない。マルクスのダリモン批判が「問題解決の正しい方法」の構築に何らかの寄与をしているかどうかを点検するためにすぎない。

本　論

一（1）①金・銀も、他の商品と同じく商品である。が、金・銀は他の商品と同じ商品ではない。

一般的交換用具として特権を付与された商品であり、まさにこの特権によって他の商品を低い地位におとしめる。ダリモンの分析は、金・銀と他の商品との対立関係からこのような帰結を引き出すだけで終わっている。②金・銀の特権を廃止せよ、他のあらゆる商品の地位に引き下げよ。これがダリモンの最終判決である。そうすれば諸君は金貨幣・銀貨幣に、あるいは金・銀と兌換可能な銀行券に特有の害悪を廃絶するだけではなく、一切の害悪を廃絶することになるのだ。③あるいはむしろ、あらゆる商品を、今は金・銀だけが排他的に有している独占的地位に引き上げよ。教皇は存続させよ、しかし万人を教皇にせよ。どの商品をも貨幣にし、貨幣に特有の諸性質を商品に具え持たせることによって、貨幣を廃止せよ。

1　貨幣は諸悪（「一切の害悪」②）の根源をなしているから貨幣を廃止せよ。これがダリモンの主張である。が、**貨幣を廃止する（貨幣を商品の地位に引き下げる）ことと商品を貨幣の地位に引き上げることとは意味内容が違っている**。貨幣を廃止しただけでは世の中には商品しか存在しないことになり、物々交換の社会に逆戻りしてしまう。ダリモンとて物々交換制度で商品交換関係ひいては経済運営がうまく行くとは考えていない。しかし金貨幣・銀貨幣の特権は廃止しなければならない。ではどうすればよいか。すべてを特権者にすれば一件落着するわけだ。それゆえ、あらゆる商品を貨幣にせよ、というのが主張の真意である。

ダリモンの主張は貨幣廃止論ではない。単なる貨幣特権廃止論である。だが特権を廃止することは、あらゆる商品を貨幣にする、万人を教皇にすることにほかならない。このことの非現実性は一目瞭然である。世の中、貨幣だらけ、教皇だらけ。ここには商品は存在しないから、交換関係はもっぱら貨幣と貨幣の交換関係ということになる。生産物は生産過程でつくられるやいなや貨幣として社会的に（他人に役立つものとして）承認され評価されるから、「売れない」とか「売れ残る」という商品経済に特有の事態は起きようがない。そもそも、生産物が直ちに貨幣として認められるのなら、改めて貨幣との交換を求める必要もないわけだ。しかしそれで生産者の生産と生活は立ち行くのであろうか。**貨幣の特権を廃止すると、かえって生産物ないし商品のほうが困ってしまうのではないか？**　貨幣特権廃止論はこのような自己矛盾に陥る。

商品と貨幣しか登場しない流通表面だけを見ていても事柄の実相は把握できない。ブルジョア社会の**生産体制そのものにまで深めた考察**を要する。そこでマルクスは以下のように考察を深める。

（2）④ここでまさに次のような疑問が生じる。すなわち、当の問題がそれ自身の不条理を語っていないか、したがって、当の課題が設定している諸条件のうちにすでに解決の不可能性が存するのではないか、という疑問である。⑤答えは問いの批判のうちにのみありうることが多いし、問いそのものが否定されることによってのみ答えが得られることも多い。⑥真の問いはこうである。ブルジョア的交換システムそのものが一つの特有な交換用具を必要とするのではないのか？　このシステムが、すべての価値物に対する一つの特殊な等価物を必然的につくりだすのではないのか？　このような交換用具あるいは等価物のうち、ある形態のものは他のものよりも使い勝手がよく、身におびている不便・不都合がより小さいかもしれない。しかし、一つの特殊な交換用

具、特殊でありながら一般的な等価物の現存から生じる不便・不都合は、たとえ形態が異なろうと、どの形態においても同じように現れ出てくるにちがいあるまい。⑦以上のような疑問そのものをダリモンが熱狂のあまり飛び越えてゆくのは当然である。貨幣を廃止せよ！　そして貨幣を廃止するな！　金・銀が貨幣としての排他性のゆえに持っている排他的な特権を廃止せよ、だがあらゆる商品を貨幣にせよ、すなわち、排他性から切り離されてしまえばもはや現存しなくなる性質を、あらゆる商品に共通に与えよ。

2　ダリモンの（貨幣廃止論ではなく）貨幣特権廃止論については復論を要すまい。**核兵器**やアメリカ社会に氾濫する**銃**を**単に「なくせ」と叫ぶだけでは何も解決しない**（⇩第5項3）。これと問題構造は同じである。どのような**根拠と生成プロセス**に基づいて貨幣の特権が存立しているのかを問わなければならない。問題の立て方・解き方に関するマルクスの所論に目を移そう。

a　金・銀の特権を問題視した**ダリモンの問題の立て方は間違っている**。それゆえ、この特権をなくすことを課題として設定しても解決は不可能である。そこでマルクスの積極論が展開される。

b　「答えは問いの批判のうちにある」⑤。これはどういう意味か。**「批判」のマルクス的意味は、そのつどの事柄の存立構造を十全に明らかにすること**である。事柄の部分的欠陥を非難・糾弾することではない。存立構造のトータルな把握にまさる批判はない。批判するとは分析し解明すること、と言い換えることができる。このような批判を行なうことによって、答えが直ちに得られることはないとしても答えの道筋は見えてくる。

場合によっては「問いそのものが否定されることによってのみ答えが得られる」⑤。問いの立て方が間違っていては答えを見つけることなどおぼつかないから、**問いを立て直す必要がある**。これは問いの中身の批判ではなく、それ以前に問い方の否定である。そこで次の論点に移る。

c　ダリモンは金・銀の特権にのみ目を奪われて**システムを問うこと**をしない。「ブルジョア的交換システム」⑥――これこそが肝心かなめの事柄である。もちろん、交換システムは生産システムと不可分一体をなす。生産が商品生産として行なわれているところでは**商品生産システムにふさわしい商品交換システムが形成される**。

3　商品交換システムが形成されて**金・銀が貨幣として特権者の座に就いた経緯**を、マルクスの他の著作（『経済学批判』「第2章　貨幣または単純流通」や『資本論』第2版以降の「第2章　交換過程」など）も踏まえながら、ごく手短に振り返っておく。

まず、商品生産が生産全体のわずかな一部を占めているにすぎない段階では、商品生産といってもその目的は、生産者が自分たちの生産物と交換して他人の生産物を獲得し**自分たち自身のための使用価値物として役立てること**に限定される。商品同士が直接に向き合う**物々交換**（直接的生産物交換）では、どの商品もが直接に交換手段であり、相手にとっては等価物である。しかし互いに相手の欲する使用価値物を出会わせるのは容易なことではないから、交換可能性には大きな限界がある。物々交換段階では共同体内部での自給自足がベースをなしているから限界があっても差し支えない。ここでは**商品は是が非でも交換されるべきものとして駆動されていない**から、「商品（die

Ware)」というよりも単なる「物品（die Artikel)」と呼ぶほうが適当である。

生産力が多少なりとも増大するにつれて、交換に出される物品の数量も増大する。単なる物品ではなしに、是が非でも交換されなければならない商品としての規定性が強まる。**「是が非でも」を駆動力にして、**交換の成功と失敗を重ねるなかで、他のいろいろな商品の等価物となる**第三の商品（一般的等価物）**が登場する。いな、登場させないでは済まない。さまざまな商品が替わるがわる一時的にこのような一般的等価物の地位を占めるが、やがては家畜など必需度の高い特定種類の商品が排他的に一般的等価物の地位に就く。**貨幣の誕生**である。

そして最終的には、むしろ必需度の低い貴金属（金・銀）が、しかしその**自然属性**のゆえに貨幣の座に就く（必需度が高いと流通の途中で使用価値物として役立てられたりして貨幣機能を果たせなくなる）。家畜その他の商品とは違って、①全体が均質、②小さな分量で大きな交換価値を持つ（経済的比重が大きい）、③ポータブル（持ち運びが容易）、④任意の諸部分に分割可能また再結合も可能、⑤酸化・腐蝕しないなど耐久性に富む、等々の自然属性のゆえに。

これら一連の展開を駆動しているのは**生産力発展**である。生産力発展が**生産当事者たちの意識を変容させる**面についても見ておこう。

生産物を商品として交換に出す目的は当初は他の使用価値物を獲得することであったが、生産量の増大に伴い、**交換目的**が、商品価値を実現して**貨幣を獲得すること**へと変容してゆく。貨幣は一般的等価物として、いかなる商品（使用価値物）の獲得をも可能にするからである。こうなると、交換場面でのあり方が生産場面に反射して、今度は**生産そのものの目的**が貨幣を獲得するためのものへと変容してゆく（例えば商品作物への傾斜）。さらに商品生産が浸透拡大し商品経済が発達するにつれて、商品生産の目的が**より多くの貨幣を獲得すること**へと変容してゆく。これは**貨幣を資本として運用すること**にほかならない。

もとより「資本」については、生産物を地点Aで買って地点Bで売る商人資本ないし**商業資本**の活動が、先に（⇩第10項2）フェニキア人やカルタゴ人らについても見たように、生産力発展が低位の段階から盛んに行なわれてきた。のみならず、マルクス風にいえば商業は「大洪水〔ノアの方舟〕以前から」ある。が、より多くの貨幣を獲得するための資本形態としては、資本がみずからの活動の中に**剰余価値の生産過程を組み込んでいる**ものが最も合理的であろう。この抽象的合理性が一定の歴史的諸条件のもとで現実具体性を獲得した時、生産過程を組み込んだ貨幣増殖形式としての**産業資本**が成立する。産業資本は、より多くの貨幣を獲得するために生産力をますます発展させようとする。こうして「ブルジョア社会」の中心的担い手となるのである。これら一連の過程は**貨幣の優位性**がますます強まる過程にほかならない。そしてダリモンやグレイらの議論を誘発した。

ブルジョア社会は、商品生産ないし商品経済が最高度に発展した段階にある。もちろん、ダリモンやマルクスの時代以降も止まるところを知らず発展し続けている。貨幣材料に関しても、**貴金属から紙へ**、同じく紙でも**貴金属の裏づけを持つ兌換銀行券から不換中央銀行券**へと変容してきた。さらには、不換中央銀行券の単に利便性の高い代替手段として**プラスチック・マネーや電子マネーも**登場するようになった。

▼ここまでの要約

商品生産システムに必要だから商品交換システムが形成され、商品交換システムに必要だから特定の商品（金・銀）が貨幣として特権者の座に就いた。**特権はシステムそのものの所産**にほかならない。それゆえ、特権をなくせと主張することは、特権を生み出すシステムそのものをなくせと主張することにほかならない。ところがダリモンは事柄の皮相しか見なかった。**システム全体に視野が及ばぬダリモン流**は、われわれの身近にもさまざまな形で見られる。

▼3の補論――「実体」離れについて

貨幣の存在形態が「実体」のある貴金属から次第に離脱し、〝単なる〟紙が〈日常生活の神〉として君臨するようになるにつれて、**人々の経済的価値観も「実体」離れする**。価値を明確に「関係」概念として把握するところまでは行かないにしても、そのような捉え方が促進されてきたことは確かである。なぜなら、材料としては単なる紙にすぎないものが価値物として通用しているという現実は、**お札の通用力が何かしら人々の諸関係によって支えられているようだという観念**を人々に抱かせるからである。

お札には価値（通用力）が内在している、一万円札には一万円の値打ちが属性として具わっているとする錯視（取り違え）が基調をなしているとはいえ、内在しているはずのものが絶えず上下変動する（国家存亡の危機時にはほとんどゼロにまで低下する）という現実を前にしては、否応なく**内在視**

の訂正を迫られる。鶏卵1個の重さが50グラムになったりゼロになったりすることはありえない。それゆえ、お札の価値が物の重さとは存立構造を異にしていることは誰にでも分かる。一般には、**お札の価値の「内在」視・「属性」視と「関係」としての把握とは共存している。**国民経済が安定的な局面では前者が表立ち、不安定な局面では後者が表立つ。

株式・債券をはじめとする**有価証券**（価値のある紙）の役割増大は、**「実体」離れ・「関係」優位の流れ**を一段と加速する。株券のペーパーレス化（電子化）や電子マネーの登場と隆盛などもその延長上にある。経済事象としては「簡素化」や「効率化」、「利便性」の増進として語られる変容も、必ず人々の経済認識の変容を伴っている。**経済事象の変容が経済認識の変容をもたらす**側面と、逆**に経済認識の変容が経済事象の変容をもたらす**側面とがある。両側面が相互力動的に作用しあって経済秩序全体を変容させてきた。

人間生活全体に占める経済のウェイトが増すにつれて、経済認識の変容（大きい流れとしては「実体」離れ・「関係」優位）は経済領域を越えて広く物の見方・考え方全般にも影響を及ぼしてきたにちがいない。**金本位制の停止を大きな転機にして、人々の物の見方・考え方は〝関係主義的な〟ものに変容してきた**と考えられる。

人間存在論の観点からは、「実体」離れは確かな拠り所の喪失であり、「関係」優位は絶えざる変動に左右される度合いの増大である。両々相俟って、**人間存在の不安定化を引き起こす**一因となってきた。

4 以上は、「補論」を別としてマルクスのダリモン批判に多少言葉を補った平易な解説である。が、本当の問題はその先にある。マルクスは、何であれ問題に取り組む際にキーとなる点を2つ指摘した。第一のキー：問いの立て方、第二のキー：問いの批判。**正しい問いを立て問いの存立構造を分析し解明せよ**。この構えは万事に共通する。しかし「答え方」となると大変むずかしい。マルクスが出している答えも、ダリモン流の貨幣特権廃止論を超えている点では正解であるが、遺憾ながらそれ以上のものではない。「ブルジョア的生産システムに根本問題がある」という問いの立て方および問いの批判はひとまず正しかったとしても、このシステムを超えるための答えは出していない。となると、問いそのものを立て直す必要があるかもしれない（⇩第21項）。

一般に「問題解決の正しい方法」としては3要件が揃っていなければならない。①**問題の実状把握**。これは右に見たこと、「正しい問いを立てて問いの存立構造を分析し解明すること」の言い換えである。ある問題に取り組むこと自体、解決を要する何らかの問題点が予知されていることを意味するが、①ではあくまでも問題構造の客観的把握が眼目をなす。②この作業を通じて問題点が明示され、問題点が克服されたと仮定した場合の**改善像ないし変革像**が描出される。③問題解決の**具体的な方向づけ、あるいは実行可能な具体策の提示**。

上に見た限りでは、マルクスの作業はたかだか①どまりである。②については、むろん「革命論者」（⇩第4項）として多々論じているが。では、**マルクス自身も貨幣そのものを廃止したいと願望していたのであろうか**。しかし貨幣を廃止するためには商品生産システムそのものを廃止しなければならない。ブルジョア社会を経済的に変革しなければならない。**貨幣したがって商品形態そのものを廃止**

しても運営してゆける経済システムに変革しなければならない。マルクスとて、そのような新しい経済システムを「理論」として明示的に説いたことは生涯なかった。共産主義「思想」はあったが（「思想」と「理論」の区別については⇩第2項）。それゆえマルクスは、現実的には（実行可能な具体策を提示するという点では）もとより理論的にも貨幣廃止論者ではありえなかった。このこと自体はマルクスだけの欠点をなすものではない。観念的な貨幣廃止論者は掃いて捨てるほどいたが、**理論的かつ現実的な貨幣廃止論者はマルクス以前にも以後にも一人としていなかったし、今もいない**のだから。

②**改善像・変革像の描出**。これはたやすい作業だ。現にある問題点を指摘したり、少し次元は高まるが問題点が除去ないし克服された、ある「べき」望ましい姿を描いたりすることは誰にでも容易にできる。単なる言いっ放しの評論あるいは机上論にすぎないからだ。人々は通常このような「べき」像をデッサンするだけで満足している。日本人――とりわけ政治家――の愛用語「**ヴィジョン**」「**骨太方針**」なるものも大概このたぐいである。

③**実行可能な具体策を提示すること**。もしこれができれば、問題解決の作業手順はひとまず目の前に現れたことになる。後は――小幅な修正を行ないながらも――手順どおりに実行してゆけばよい。

しかし世の中の問題は、大中小を問わずなかなか解決しないことが多い。①②③のいずれかに、ないし複数の要件にまたがって欠陥があるから解決しないのである。③**が最大の難関**をなすが、実は①**が気づかれにくい難関**をなしていることに留意したい。

『経済学批判要綱』本論から.........162

▼4の補論――ケーススタディとしての「原発廃止論」

補1　身近な一例を挙げると、「**原発をなくそう**（なくす「べき」である）」という課題を設定する場合、その前提となる「問題の実状把握」としてはどのような作業が必要か。原発事故やトラブル隠し、虚偽報告などの数々を列挙するだけでは一面的把握にとどまる。原発は廃棄コストも含めれば結局は高くつく、といった議論も実状把握のわずかな一部でしかない。あるいは地震発生との関連で**原発の危険性**（放射性物質の漏れ）を指摘しても**原発廃止論としての説得力は持たない**。安全確保の要求なのか原発廃止の要求なのか。

廃止論者は「善が悪を裁く」という偏狭一面的な独善主義に陥っている。**直接間接に電力を消費している以上、反原発論者も原発の恩恵を（日本の場合は3割がた）こうむっている**事実に目をつぶっているからだ。「間接的」消費は自覚されにくいが、反原発集会に出かけるために電車に乗るのも、行き帰りに明るいコンビニに寄って買い物――特にアルミ缶入りの飲み物――をするのも電力消費の一部をなす。**原発がなぜ増大してきたのか**。これが第一の問いでなければならない。

原子核反応を人為的に制御したエネルギーは、原子爆弾、原子力潜水艦、核弾頭などの兵器を中心に利用されてきた。原子力発電も1954年にはソ連で実用化されている。では、技術的に利用可能になった原発を実際に増大させた要因は何か。第一は、言うまでもなく経済活動の活発化と国民生活全般の向上に伴う**電力需要の増大**である。

第二は、**電力供給面での原発の相対的優位性**である。発電設備容量の電源別比率は国ごとにまちまちである（例えばフランスは原発が8割弱、フィリピンは地熱発電が14％強、など）。わが国では火力・原子力・水力がこの順に発電設備容量の3本柱をなしている。それぞれ一長一短である。**どの面に着目するかによって評価は違ってくる。水力発電**に関しては、建設費が高い、その代わり保守費は安い、山間部に建設されることが多いので大消費地までは長距離送電になりがちである、などの点は昔から言われていたことだが、ある時期以降は生態系の破壊が難点とされるようになった。**火力発電**に関しては、発電容量が水力発電のような自然条件の制約を受けない、短距離送電が可能である、などの反面、大気を汚染する、燃料資源の調達および価格が国際情勢に左右されやすい、などの難点がある。**原子力発電**は、ひとまずこれらの難点をクリアしている。原発推進派の片棒を担ぐなら、使用済み燃料を再処理することで燃料資源を安定確保しやすい。原発が促進されるようになったのは、世界的にも1970年代の石油ショックを機に石油代替エネルギーとしてである。**最大の難点は、やはり安全性である。**

電力需要の増大にどう対処するかが基本問題である。これを脇に置いたまま原発は危険だから「なくせ」と主張しても、ダリモン流（皮相な発想）にしかならない。

第二の問いは、**風力や太陽光などの自然エネルギーを利用した発電の現実的可能性**はどの程度のものか、ということ。自然エネルギーも含むいわゆる再生可能なエネルギーの開発促進は、反原発の観点からだけでなく**地球環境の保全**という脈絡でも重要なテーマをなすが、問題は発電容量（供給能力）である。例えば**風力発電**が最も進んでいるのは、一国の総発電容量に占める割合という点ではデンマークで、２００４年末時点ですでに15％を占めるが、風力発電容量の絶対値は３１２万kWにすぎない。日本の風力発電容量は同時点で94万kW、２０１０年の政府目標は３００万kWとなっている。この目標値は、デンマークにおける04年の達成値にほぼ匹敵する。

だが、３００万kWの目標が達成されたと仮定して、これを日本の――２０１０年の実績はまだ分からないので――04年の総発電容量１億９８００万kW（総発電量は1兆１０００億kWh）と比較すると、その何パーセントを占めるであろうか。わずか1.5％にすぎない。言い換えると、この比率をデンマーク並みに15％まで引き上げるためには、風力発電容量を04年ベースで２９７０万kWにまで高めなければならない。この数値をデンマークの04年達成値３１２万kWで割ると――風力発電設備1基当たりの発電容量（出力規模）は数百kW台から３万kW程度のものまであるが、この違いを無視して単純計算するなら（日本はドイツのほかデンマークからも風力発電設備を輸入しているから、これは非現実的な計算ではない）――デンマークの9.5倍もの基数が必要になる。２０１０年の目標値を３００万kWに引き上げたくらいでは、とても追いつかない。しかもデンマークは２０３０年には総発電量の３分の１を風力発電で賄おうとしている。日本がお手本とするのはまず不可能な数値群である。

日本のような発電大国とデンマークのような発電小国（総発電量は約５００億kWh、日本の約５％）を単純に比較するのはそもそも無理がある。この種の**単純な比較論法**（「デンマークに倣って日本も！」）は現実的な諸事情を無視した飛躍論法になりがちなので注意したい。

発電大国で、しかも風力発電にも熱心に取り組んでいる**ドイツ**と比較してみよう。ドイツの総発電量は日本の半分強だが、アメリカ、中国、日本、ロシア、インドに次ぐ世界第6位の発電大国である。

ドイツは風力発電容量が世界一で、２００４年末には１６６３万kW（世界の35％）、デンマークの５倍以上に達した。これは発電大国の実績として日本の将来にとっても有望な数値のように見えるが、お手本とするのは困難であろう。なぜなら、ドイツの風力発電容量は同時期の日本の実績94万kWの18倍弱もあり、そして日本の総発電量がドイツ（約６０００万kWh）の2倍弱であることも考え合わせると、日本が風力発電依存度をドイツ並みに高めるためにはドイツの30数倍もの基数を要するからである。やはり「ドイツに倣って日本も！」という比較論法には実行可能性という点で疑問符が付く。

一方、**太陽光発電**はどうか。日本の発電設備は04年には１１０万kWを上回り、世界一の〝太陽光発電大国〟である。しかし国内の総発電能力に占める割合は１％未満にとどまっている（以上、電力関係のデータは経済産業省編『エネルギー白書　２００６年版』ほかを参照）。

「地球にやさしい」エネルギー論議をする際にも、他のいかなる問題に取り組む場合と同様、**実証データ（数値）**を踏まえないと観念論議に終わる。

自然エネルギーの場合は、**自然条件**が大いに関係してくる。太陽光・地熱（地下の高温蒸気）・風力などが年間を通して**安定確保**できるかどうかによって発電設備の立地条件が左右される。例えば太陽光発電は、日本では――お天気続きであれば――可能でも太陽光が微弱な北欧では無理である。その代わり北欧西海岸では、恒常風（ほぼ年中、一定方向に吹く強い風）に恵まれているから風力発電が盛んなのだろう。自然エネルギーの利用は、自然条件に左右される場合はそもそも**電力の安定供給**という点で本質的に難点がある。

「問題の実状把握」というからには、各国の電力需要の実状および今後の推移、原発その他の発電方式への依存度および可能性、原発に対する国民世論、等々をはじめ、議論をもっと精密に行なう必要がある。いかなる発電方式によるのであれ、**設備コストの比較や財源調達**のことも考慮に入れなければならない。

国際エネルギー機関（ＩＥＡ）の予測では、風力のほかにバイオマス・地熱・太陽光なども含む再生可能エネルギーによる発電が、２０３０年には世界の総発電量の4.4％を占めるとのこと。今から20数年後にようやくこの数字である。一方、世界の原発依存度はすでに現在でも16％程度で、今後増大すると予想される。

世界原子力協会（ＷＮＡ）の調べでは、06年5月現在、世界の原発は４４１基だが、さらに約１８０基が建設中または計画されている。エネルギー確保に躍起の、つまり安全性など二の次三の次の中国・インドといった、反原発論など馬耳東風の新興経済発展国は別として、これまで原発否定論が強かったアメリカ（１９７９年のスリーマイル島原発事故以来）やＥＵ（１９８６年のチェルノブイリ原発事故以来）においても**原発容認論が強まる傾向**にあり、注目のドイツも例外ではない。どうしてそうなのか。言うまでもなく**昨今の原油高**と大いに関係がある。

ＥＵ諸国では、原油高とこれに連動した天然ガス高への対応策として、まだしも安い石炭火力発電への依存度を高めた結果、今度は**CO_2排出量の増大**という難問を抱え込むことになった。CO_2排出割当量の超過分は排出権取引によって調達せざるをえない。ＥＵでは排出権市場が発達している。しかし**排**

出権という商品の供給に比して需要が増大すれば価格は上がる。価格動向にはむろん波があるが、**CO_2排出権価格がトン当たり40ユーロを上回る**ようなら、巨額の投資をしても原発建設のほうが安上がりといわれる（英 *Financial Times* 紙）。安全性よりもコストを優先させれば、そういう話になる。

原油価格の高騰は、コストのかかる油田・ガス田の新開発やオイルサンドの利用などをも可能にし**可採埋蔵量**（確認埋蔵量のうち、技術的・経済的に採掘可能な埋蔵量）**を増大させる**、という点にも注意する必要がある。「天然資源には限りがある」のは確かなことで無限ではありえない。ただ「確認埋蔵量」というのは探査済みの「確認」量のことである。地球上には未探査の場所も少なからず残されているであろう。したがって、探査コストをかけても引き合うのであれば、確認埋蔵量が増える可能性もある。もっとも、増えても原発推進の抑止力としてはほとんど無力であろうが。

総じて、ありのままの実状を——**固定的にではなく「絶えざる流動状態」の相で**（⇩第5項）——把握することが、いかなる問題に取り組む際にも基本前提をなす。

原発問題の出発点にあるのは電力需要の増大である。日本の場合、原発依存度は3割弱なので、もし産業用・家庭用その他の一切合財を含めて電力消費量を3割カットできれば、原発をすべて運転停止してもよいという理屈になる。**「原発をなくす」最も確実な方法**は、もちろん反原発論者も含む**全国民の生活水準を3割落とすこと**である。反原発運動に本気で取り組むつもりなら**「生活水準3割カット運動」**を推進するのが本筋ではなかろうか。もちろん、このようなカット策は実行可能な具体策ではないだろう。しかし、**生活水準のダウンサイジング**という方向は追求しないで原発の危険性や再生可能エネルギーの増大を声高に叫んでも、「痛みを伴う」方策を最初から回避し、つまりは**自分も含む人間たちの欲望が問題の根底にある**という事実をパスしている点で、他者欺瞞であるとともに自己欺瞞でもあるごまかしの議論にしかならない。人間の欲望が根底にある点は、地球温暖化ガスをめぐる問題の場合も同様である。

補2　実行可能な具体策としては、「原発をなくす」ことではなく**「原発の安全性を高める」ことくらいしかない**と思われる。わが国でもすでに各種の安全確保策はとられているが、事故やトラブル隠し、虚偽報告などの不祥事は相変わらず多発している。**安全確保策は十分に機能していない**。もし放射性物質が大量に漏れた場合、その重大さは欠陥車や耐震偽装などの比ではない。重大事故を未然に防ぐためには、予見しうる重大さに比例した罰則（場合によっては厳罰）を科すなどの**規制強化を安全確保策に盛り込むこと**が必要である。**反原発運動**も、欺瞞やごまかしは清算して、このような方向に方針を転換したほうが実効的であろう。

実際問題としては困難な諸点もある。事故を起こした原発に対して運転再開条件を厳格にすると、**運転停止期間が長引いて電力供給量の低下を招く**。電力他社の融通能力にも限界があるため、問題ありとして水利権を失った水力発電所や廃止寸前だった火力発電所の再稼働で低下分を補わなければならないなど、別の問題が浮上する。電力会社が「需給調整契約」に基づいて顧客に電力の使用削減を要請するとしても、顧客は生産ラインを長期にわたって休止することはできない。

もっと本質的な問題もある。わが国の場合、原発関連の不祥事が多発する根本原因は、電力会社が依然として**地域独占体制で手厚く保護されていて、他の業界のように激しい競争戦にさらされていない**ところに存する。電力自由化が細々と行なわれたくらいでは（国内電力市場における新規参入事業者のシェアは２００６年度で１・６％）企業体質（関係者たちの意識）が改まることはない。世間を欺いたなどの理由で消費者が一夜にしてA社を見放してしまう、見放してもB社、C社など代わりは幾らでもある他の業界とは違って、消費者が業者を選択する余地のない**電力業界にはそもそも「企業倫理」や「社会的責任」意識が芽生える土壌がない**。芽生え育つような厳しい経済環境にはない。むしろ、電力の安定供給が「社会的責任」と考えられている。それはそれで立派な責任遂行で消費者としても感謝するが、しかし安全確保の問題は残る。地域独占体制をにわかに改めることはできないが（本当は**郵政民営化**などではなくこれが**「構造改革」を要する重要問題の一つで**ある）、せめて規制強化によって意識改革の道筋をつけることが必要であろう。当事者たちの**意識のあり方も構造や制度のあり方に規定される**のであり、改革可能なのである。

▼本項全体の要約

ダリモン流の貨幣特権廃止論は——ダリモンの名を知っている者にとってさえ——とうの昔に終わった話である。だが、①**根本問題を直視しない**、あるいは②**何が根本問題なのかが見えない**、③**問題構造のトータルな把握（諸要素が多方面に因果関連でつながっていることの把握）が苦手である**、という点で人間たちの認識水準は昔も今も変わっていない（「問題解決の正しい方法」の詳細については、前掲拙著『現代社会論の基本視座』を参照されたい）。

『経済学批判要綱』本論から

12 「人間である」とは？

テーマ

事物は一般に、ある関係の中に置かれた時と別の関係の中に置かれた時とでは全く異なる規定性をおびる（意味合いを持つ）。別の関係の中とは、ある関係の外のこと。**関係の「中」と「外」とはどのような連関にあるのだろうか？** このことを**特に「人間」の場合について**考察しよう。

なお、「社会」の最も精確なマルクス的定義が、まさにここで行なわれている。

本論――「社会」の中の「人間」

一 ①経済学者といい社会主義者といい、彼らが社会を経済的諸条件と関わらせて考察するときの、そのやり方ほど誤っているものはない。例えばプルードンはバスティアに反対して次のように言う。「社会の見地からは資本と生産物との区別など存在しない。この区別は諸個人の立場から見た全く主観的なものである」。つまり、まさに社会的なものを主観的と称しているのだ。そして主観的抽象を社会と称している。②生産物と資本との区別は、まさに、資本としては生産物が一定の規定性をおびた・ある歴史上特殊な社会形態に属する・関連を表現している、という区別なのである。いわゆる社会の見地からの考察なるものは、まさに社会的関連（ブルジョア社会の関連）の表現である諸区別を見逃すことにほかならない。

③社会は諸個人から成り立っているのではなく、諸個人が相互に成り立たせあう諸関連・諸関係の総和を表わしている。まるで、社会の見地からは奴隷や市民は存在しない、両者とも人間だ、とでも言いたげな人がいる。そうではなくてむしろ、彼らが人間であるのは社会の外で、なのである。④奴隷である・市民であるのは、人間A・Bの社会的規定、社会的関連である。人間Aは、人間そのものとしては奴隷ではない。奴隷であるのは、社会の中で、社会を介してである。⑤プルードン氏がここで資本と生産物について語るときの真意は、社会の見地からは資本家と労働者の区別など存在しないということである。だが、この区別は、まさしく社会の見地からのみ存在する区別なのである（何度か出てくる「社会的」は、ここでは「ある歴史段階に特有の」の意）。

1　マルクスにとって「社会」とは──「相互に成り立たせあう」ことは相互に依存しあうことだから──「諸個人の相互依存諸関係の総和」（③）と定義される。単に「諸個人から成り立っている」

③のではない。**プルードン**の言う「社会」は内容空無な「主観的抽象」①にすぎない。単にシニフィアン（「ラ・ソシエテ」という音声）があるのみでシニフィエ（意味内容）なし。酔っぱらいのわめきやたわごとと同様、何を言っているのか分からない。「社会の見地」に立ちたいのなら、まず「社会」を明確に定義する必要がある。**「諸個人の相互依存諸関係」視座**に立つことによって、生産物と資本との、資本家と労働者との区別もなしうる。

ここで取り上げようとするのは、「人間であるのは社会の外で」③、「奴隷であるのは社会の中で」④という文言である。「社会の中で」とは、ある特定の諸関係の中では、の謂であり、「社会の外で」とは、ある特定の諸関係の外では、の謂である。奴隷であれ人間であれ――孤島や山奥で諸関係なしに1人で生きる場合は別として――**つねに他者（たち）との諸関係の中で生きるほかない**（大都会の真っ只中でも時折〝独居老人〟が遺体で見つかるのは、他者との関係が切れたからである）。それゆえ、ある特定の諸関係の外では、というのは別の諸関係の中では、と言い換えることができる。**「外」と「中」とは相補一対をなしている**ので、どちらか一方だけを見ても一面的な捉え方しかできない。

「人間Aは、人間そのものとしては奴隷ではない」④という言い方が成り立つのは、人間Aを奴隷たらしめる諸関係とは別の諸関係が想定されているからである。たとえ人間を奴隷たらしめる諸関係が社会全体をおおっている**奴隷制社会**であっても、奴隷は「人間そのもの」たりうる。なぜなら、人間Aは主人との関係の「中」では奴隷という規定性をおびるが、その「外」つまり**A自身の家族関係**の「中」では――妻に対する夫、子に対する父親という別の規定性をおびるとはいえ――奴隷としての規定性からは脱却しているからである（主人を資本家ないし企業経営者、奴隷を賃金労働者ないし**サラリーマン・ＯＬ**と置き換えても関係構造は同じである）。

「社会の見地に立つ」とは、このように**「諸関係」交替視点**に立つことである。この視点は**廣松渉流の役割理論**とも密接に連関するが、ここでは問題を限定すると、そのつどいかなる「諸関係」視点に立っているのかを明確に識別することが肝要である。これができていないと、プルードンのように没概念的なたわごとに陥ってしまう。だが、このような欠陥はプルードンだけのものではない。現にわれわれの身の回りでも「オレたちも人間だ」「アタシも人間よ」「人間として」「〇〇である前に人間であれ」などの**「人間」語が飛び交っている**。これをどう解すべきか。

明示的には**アメリカ独立宣言**（１７７６年）および**フランス人権宣言**（１７８９年）以降、自然権ないし基本的人権の思想が広まる過程で「人権」はもとより「人間」という語も別格の高みに押し上げられ、タテマエ上は神通力を持つようになった。この過程で**「人間」の観念**が——ソクラテス以来の諸考察があるものの（エルンスト・カッシーラー『人間論（*An Essay on Man*, 1944）』）、普遍妥当性を持つとされた点では——真に成立するのである。それはそれで〝人類史の進歩〟を示す一表徴と言ってよい。ヘーゲルの「自由」賛歌（⇩第９項）もこのような「人間」賛歌と、あるいは「人間みな兄弟」と歌い上げたベートーヴェンの第九交響曲・合唱（原詩シラー）とも——同時代のものとして——響き合う。

2　しかし「人間」語を取って置きの切り札のごとく持ち出す人たちは、**この諸関係とあの諸関係**

との識別ができていない場合が多い。というよりも、そもそも「諸関係」交替視点がない。「人間」語をオールマイティ視する。「人間」という言葉が何やら大事そうなものだということを習い覚えた人たちの口から、関係文脈を無視して唐突に「人間」語が発せられる。しかし例えば、**苛酷な労働に耐えかねた労働者が「オレたちも人間だ」と叫んでも無効である**。雇用者と被雇用者との当該関係の「中」で労働条件の改善等を目指すのが本筋であろう。**人間としての大事さは雇用関係の「外」で、雇用関係とは別の関係の「中」で確保するしかない**。

「労働の人間化」なる標語にしても、労働者を過度に物扱いするとかえって労働効率が落ちるので労働者の自発性や創意工夫を重んじたほうが得策、という趣旨である。そもそも労働現場で〝人間としての豊かさ〟を求めようとするのは木に登って魚を捕ろうとするようなものだ。

あるいは、「〇〇（例えば野球選手）である前に一人の人間であれ」と説教する場合、これは何を意味しているのか。善悪判断をきちんと行なう、礼儀作法をわきまえている、他人に対して思いやりがある……。「一人の人間である」ことの内容は、**人倫**（人としてなすべきこと）が広義の文化の違いによって種々異なる以上あいまいさをまぬかれない。が、いずれにしても、**「一人の人間である」ことはいついかなる時にも保持すべき心がけではない。ある関係の「中」と「外」の区別が必要である**。野球選手は相手チームとの関係の「中」では選手としての役割に徹すればよい。盗み（スチール）も隠し球も、相手打者に打たせないような投球をするなどの意地悪も奨励ないし許容される。むろん、それらも一定のルール内での話であるが、しかしルールから「外」れない限り「一人の人間である」必要はない。当該関係の「外」（別の関係の「中」）では人倫に沿うよう振る舞えばよいのである。**説**

教者自身も、時たま思い出したように「一人の人間である」ことを取り戻しているにすぎない。

プルードンのような有力思想家の発言なら、マルクスが真剣に批判的検討を加えるようなことも行なわれる。そして無効宣告が下される。しかし日常レベルでは、**無効発言であるはずのものも一定の効力を持つことがある**。なぜか？「人間」語を突きつけられた側も同様に確たる概念装置を持ち合わせていないため、相手の「諸関係」混同や「諸関係」視点の欠落に反論できず、それでも「人間」という語が何やら大事そうなものだという観念は共有していて、ついひるんでしまうからである。一定の効力は論理の成果ではなく単なる〝**ひるみ効果**〟による。

この種の「人間」論をいくら重ねても、現実的な関係の改善はもとより認識水準の向上も望めない。「諸関係」交替視点に立ち、**「人間」語が通用する場面と通用しない場面とを識別すること**によって、温情的にあいまいに処理されてきた事どもを明瞭に整理区分することができるであろう。「人間味がある」「情に厚い」ことはいつ何どきでも美徳なのではない。問題の所在をぼやかしてしまうこともある。かえって人間尊重に逆行し、人間をスポイルする（ダメにしてしまう）こともある。やはりここでもアルフレッド・**マーシャル**（ケインズの師匠）の言、「冷い頭脳と温かい心」が有力な指針となる。

3　マルクスの場合、『経済学・哲学草稿』を中心とする初期には「人間」がポジティヴな意味を持つキーワードとして多用されていたが、『ドイツ・イデオロギー』以降は「諸個人の関係」視座が前面に押し出され**「人間」はポジティヴな意味では用いられなくなる**（⇒第1項（4））。「経済学批判」

期に労働過程を人間と自然との物質代謝として捉える場合も、「人間」は初期のように情熱を込めたポジティヴな意味においてではなく、「人間も自然力の一部である」という具合に淡々とした中立的意味で用いられている（『資本論』第1部第5章）。例外的にポジティヴ語法が行なわれているのは、ポスト資本家的社会を「自由の国」論（『資本論』第3部第48章）の観点から展望する文脈においてである。もっとも、そこでの「人間」論は前後の論述とは何のつながりもない唐突なものでしかないが。

資本家的生産様式論においては、『資本論』初版序文にもあるように人間（der Mensch）はつねに「諸関係」視点から「経済学的諸カテゴリーの擬人表現」として「**人**（die Person）」として、資本家や労働者、土地所有者、商品所有者、貨幣所有者などとして把握される。このことは、人間をそのつど**一定の役割存在**として把握することを意味している。役割存在はむろん経済以外の諸領域にも多種多様な形で見られる。一人の人間は、○○会社の社員、○○中学の同窓会員、○○地区の町内会役員、○○家の夫・父親、妻・母親、等々、**定形組織**のメンバーであるほか、バス・電鉄の乗客、スーパーマーケットやコンビニの買い物客、ラーメン屋や居酒屋の客、サッカー試合の観客、雑踏の一員、等々、**無定形組織**にも多数かかわりをもっており、一個の多面体である（定形組織と無定形組織との区別については⇩第28項2）。

人間を役割存在として、人（ペルゾーン）として把握しなければならないのは「社会」の見地に、「諸関係」視点に立つ場合の話で、もとより人間をすっかり人に還元できるわけではない。**そのつど一定の仮面（ペルソナ→ペルゾーン）をかぶった人間が人**である。仮面なしの人間としては欲望、好き嫌い、愛憎、喜び悲しみなどの感情を丸出しにしても構わないが（幼児が――感情の種類はまだ少ないとはいえ――その代表例である）、人としては感情を仮面の背後に押し隠してそのつど一定の役割を演じなければならない。**役割存在としての人と役割フリーの（特定の役割を免除されている）人間**。誰しもあれこれの仮面を着けたり外したりしながら、時には人間そのものとして生きている。このような使い分けを律しているのが**社会規範**である。

役割フリーの人間は社会の違いを超えて生き続けている。このため古今東西さまざまな**人間論・人間本性論**が展開されてきた。その点、マルクスが「フォイエルバッハ・テーゼ」（1845年）で「人間の本質とは社会的〔多くの人の〕諸関係のアンサンブル（総体）である」と宣言したのは両義的である。『ドイツ・イデオロギー』（1845―46年）以降の「諸個人の関係」視座を切り拓いたのは一大前進であったが、**こんな宣言だけでは「人間の本質」についてほとんど何も言ったことにならないのに**人間論・人間本性論を放棄してしまった点では一大退歩であった（前掲拙著『現代社会論の基本視座』参照）。

▼本項全体の要約

①「社会の見地から」とは「諸関係」視点に立つことである。②人間をそのつど一定の関係に即して、そのつど一定の仮面をかぶった「人」として捉える必要がある。関係文脈を無視して「人間」語を振り回しても無効である。③しかし人間をすっかり人に還元できるわけではないので、人間論・人間本性論は必要である。

▼補論――なぜ人を殺してはいけないのか？

補1　人間はいついかなる時にも尊重されるべき存在であるという「べき」論は、人間の歴史に照らしても現代社会ないし現代世界の現実に照らしても事実に反する。実際、人間が尊重されていない事例は戦争や民族・宗教紛争の諸場面をはじめ無数にある。卑近な例としては、人間は一定の関係（例えば家族関係や友人関係）の「中」では尊重されるとしても、別の関係（例えば殺人犯との関係）の「中」では尊重されない。もっとも、昨今の日本では家族関係の「中」でも尊重されない事件が多発しているが。

「なぜ人〈他人〉を殺してはいけないのか？」という問い方は、殺してはいけない（殺すべきでない）という非現実的な「べき」論に立っている点で**問い方自体が間違っている**（⇩第11項。「なぜ人を殺すのか？」と問うほうが現実的である）。人間は「かけがえのない存在」として尊重されている関係の「中」でのみ「かけがえのない存在」である。人々が殺しあっている世界の現実を前にしては、**「殺してはいけない」という説法は無力である**。戦争・紛争に関しては、それぞれの事情に応じて当事者たちには〝殺しの論理（理由づけ）〟がある。ガザの難民キャンプで育った子供たちに「平和とデモクラシーを愛する市民になれ」と説いても無効である。彼らがジハード（聖戦）の戦士を志願しなくても済む環境をつくりだすことが先決である。何であれ、**タブラ・ラサ（白紙状態）から出発して「べき」論を説いても砂上の楼閣にしかならない**（「公正（正義）」についても同様である⇩第25項）。

身近なことに限るなら、**人間が実際に尊重されるような「諸関係」を家庭や学校、地域社会などに**

たくさんつくりだしてゆくこと、そのような生活環境を実際につくってゆくことが人間尊重のためのまだしも有効な啓蒙策となる。**言葉によるしつけや教育**（「徳育」？）だけではほとんど無効である。年長世代ほどしつけや教育の大切さを強調しがちであるが、それが強固な信念たりうるのは、**子供時分の生活環境がおおむね実際にそうであった**という体験に裏打ちされているからにほかならない。

ただ、「なぜ人を殺してはいけないのか？」という問い方をひとまず真摯に受け止めて答え方を探るなら、「**キミは誰かを殺してもよい。だが、キミが誰かに殺されても文句を言うな。殺されたくなければ殺すな**」というのがおそらく正解であろう。このあたりの問題に関しては、すでに何世紀も前にトマス・**ホッブズ**が社会契約論の文脈で「万人の万人に対する闘争」論として考察済みであるが（『リヴァイアサン』１６５１年）。

補2　私自身は右の理屈——誰かに殺されても文句を言えない連中が現にいるという事実——に基づいて**死刑廃止論**に反対である。廃止論の一つ、人が人を殺すのは罪悪であり人道にもとるという主張は子供だましの言いぐさで、では殺人犯の行為はどうなんだという反論を直ちに引き起こす。単なる「べき」論が厳然たる事実より優越するとでも言うのであろうか？　国家が人を殺（あや）めることに異を唱える論者もいるが、これまた論拠を欠く。第一に、戦争では国家が敵地や侵略地で（他国民はもとより）自国の戦闘員を多数戦死させるだけでなく、自国内においても敵の攻撃によって一般市民を多数死に至らしめる。これは**国家殺人**でなくて何であろう。死刑廃止よりも戦争廃絶が先決である。第二に、**誰かに殺されてもやむをえない人を生かしておくことは筋が通らない**が、しかし私人が他人を殺めることは「正当防衛」（刑法第三六条）の場合以外は禁じられているので、それなら禁じる権限を有する**国家が私人の代理として死刑執行の権限を行使するしかない**。

のみならず、明確な証拠がある（冤罪や誤判の可能性がない）場合は、**もっと積極的に死刑判決を下してよい**と思う。そして死刑判決が確定した以上は、法務当局は**国民の記憶が薄れないうちに速やかに死刑を執行し**（刑事訴訟法第四七五条では「判決確定の日から六箇月以内」）、そのことを広く国民に公表すべきであろう。そうすれば、凶悪犯罪の予防に多少とも役立つ。忘れた頃にこっそりと処刑したのでは、みすみす貴重な啓蒙のチャンスを逃していることになる。**速やかな死刑執行とその公表**が、抑止効果を高める上で重要である。現行のような執行実態ではほとんど抑止効果を持たない。

もし速やかな死刑執行とその公表をためらうようなら、裁判所が下した**死刑判決に確信が持てぬということ**であろうから、死刑など求刑すべきではなかった。死刑執行には検察官も立ち会うことになっている（同第四七七条）。検察側はこれを嫌うのかもしれないが、しかし居丈高に死刑を求刑し死刑判決を〝勝ち取って〟おきながら後のことは知らぬ、というのでは、またしても**「無責任体系」**（丸山眞男）の上塗りをしていることになる。

13 仲介者が支配権を握る

『経済学批判要綱』本論から

テーマ

およそ対立のあるところ、**対立を調停する**必要がある。いかにして調停するか。それが**仲介者による支配権掌握の論理**として説明される。さしあたりは経済領域の話が中心だが、宗教領域にも言及されているように、マルクスとしては政治その他の諸領域も含めて一般的に妥当する論理を提示しようとしたものと思われる。

普通は、力のある者が支配権を握ると思われているが、事実はそう単純ではない。むしろ、仲介者の立場に立つほうが支配権を握りやすい。大きな力を持つように見える者も、**仲介の契機**なしには支配者として現実力を発揮することはできない。持てる潜在力は大だが仲介者ではない者と、持てる潜在力は小だが仲介者である者とでは、支配権の掌握に関しては後者が勝る。

本論

①重要なことを述べておこう。富の中の富であるブルジョア的富が最高の力を発揮するのは、つねに、媒介者としての・交換価値そのものと使用価値そのものという両極の媒介としての・位置にある時の交換価値においてである。②この中間項はつねに、完成した経済的関係として現れるが、そうであるのは、この関係が諸対立を取りまとめるものであるからだ。こうしてこの中間項は、最終的にはつねに、両極そのものよりも一方的に高次の力として現れる。③その理由について見ておくと――。運動あるいは関係は、最初は両極を媒介するものとして現れるが、弁証法的に、この関係が自分自身との媒介として主体として現れ両極はこの主体の契機をなすにすぎない、というところまで進展する。すなわち、主体は両極の自立的前提を止揚〔廃棄・克服〕し、まさにこの止揚を通じて自分を唯一の自立的なものとして定立する。

④そういうわけで、宗教領域では神と人間との仲介者――両者間の単なる流通手段――であるキリストが両者の統一つまり神人となり、神よりも重きをなす。さらに聖人がキリストよりも重きをなす。さらに司祭が聖人よりも重きをなす。⑤経済領域で、両極に対して一方的にさえ〔キリスト等に相当する〕トータルな表現となるのは、つねに、中間項の位置にある時の交換価値である。例えば、単純流通における貨幣、生産と流通との媒介者としての資本そのもの。

1　なかなかに厄介な一節である。厄介なのは拙訳のせいではないと確信するが、難儀に思われる向きは読み飛ばして下さってもよい。確かに「重要なこと」(①)が抽象的な言葉で一般定式化されている(③)。重要なこととは、**媒介者・中間項・仲介者が決定権・支配権を握る論理**である。①から順々に解きほぐしてゆこう。

①ブルジョア的富が「富の中の富〔富そのもの〕」とされているのは資本を念頭に置いたもの。現に手元にある富がいくら大きくても、それは有限量なので最高の富とは言えない。自分を増大する、自己増殖する富、**資本としての富こそが無限量たりうるので最高の富である**。それゆえ「媒介者としての交換価値」とは、交換価値そのものとしての貨幣と、貨幣への転化・実現を目指しているがさしあたりは使用価値そのものとしての限定性をおびている商品との、**対立関係にある**双方の交換(貨幣—商品および商品—貨幣)を繰り返す中で自己増殖する資本のことである。対立は、とりわけ商品—貨幣(売り)の過程で際立つ。この理屈は商業資本(商品を買って→売る)にも産業資本(商品を買って→別の商品につくり変えて→売る)にも当てはまる。

②「対立の取りまとめ」が第一のキー語句である。「取りまとめ」を「調停」と言い換えてもよい。対立には大小さまざまなものがある。⑤の末尾でも示唆されているように、小は単純な(資本のように自己増殖を目的とはしない)流通における商品と商品との対立。すなわち、ある商品と他の商品とは、商品所有者双方の欲求がマッチしなければ交換不能なものとして対立する。**貨幣**が間に入り仲介役となることで対立が調停され商品交換が成立する(⇩第11項3)。

一方、大きい方の一例としては**生産と流通との対立**がある。すなわち、生産を担当する産業資本と流通領域における消費者大衆とは、生産者の意向と消費者のニーズとがマッチしなければ対立する。対立の調停努力を生産者がみずから行なってもよいが、消費者の事情にも通じている**商業資本**が媒介者となることで対立はよりスムーズに調停されるであろう。その場合は商業資本が対立の取りまとめ役となる。

媒介者・中間項・仲介者は対立者双方のカオを立て（存在意義を担保し）つつ対立を終結させる点で「完成した経済的関係」であり、と同時に、当事者のどちらよりも「一方的に高次の力」を持つ。

▼1の補論

商業資本が果たす大きな**生産的（価値形成的）役割**についてはは第6項でも見たが、ここでは別の観点から補っておく。生産者の力が強い時は、商業資本や消費者を生産者の意向に従わせる**川上から川下へという流れ**が形成される。しかし生産量が増大するにつれて商業資本の商品取扱量と役割も増大し、商業資本の発言力が強まる。と同時に、消費サイドでも「**より多量の（more）ものからより良質の（better）ものへ**」、さらには「**差異のある（different）ものへ**」という選択が可能になる。

商業資本が**大規模小売業者**として巨大化するようになると**川下から川上へという逆流**が始まる。逆流の背景事情をなしているのは、生産力発展したがって生産量の増大による**売り手（生産者）市場から買い手（消費者）市場へ**の変化である（この変化過程で「消費者は王様」というフレーズも生まれる）。消費者ニーズを一番よく知っているのは小売業者だから、消費者の声を結集して生産サイドにあれこれ注文をつけることも可能になる。**製販同盟やＰＢ（プライベートブランド）商品**はその一形態である。近年のわが国では、家電量販店などの大規模小売業者がメーカー側に販売要員の提供まで も要求するようになっている。いずれにしても、こうして商業資本は新たな次元で媒介者となる。つまり、支配権を握る。

③中間項による**支配権掌握の論理が一般定式化**される。①②では最終結果だけが取り出されていたが、ここでは途中経過にも言及される。この論理は経済領域では単純だが、政治領域などでは少々込み入ったものになる。言葉を補った説明をしておこう。

まず、運動と関係とが「あるいは」で結ばれている意味は、関係を運動として、運動を関係の運動として把握しなければならないということ。この視点は**マルクスの思考法の一枢要点**をなす。マルクスが物事を運動するものとして、絶えざる流動状態において捉えていることは「弁証法」の項(第5項)でも見た。と同時に、物事を関係として捉えていることも随所で見た。両者を一本化して、マルクスの思考法を**「運動する関係」視座**と名づけることもできよう。分解するなら、**物事をまず共時的に(ある時点での断面図に着目して)関係として捉える。次に時間のファクターを加えて関係を通時的に(変化する相で)運動として捉え返す**。およそ物事の存立構造はこのような**静と動の両面**を併せ持っている。共時態と通時態とを自覚的に一本化しうれば、「運動する関係」視座は多方面に適用可能な方法論となる。

「運動あるいは関係は、最初は両極を媒介するものとして」、すなわち、それぞれに自立性を保ちながら対立する両極を前提にしてのみ存在しうる媒介者として現れる。**両極が主、媒介者は従**の位置にある。ここでの「媒介」はまだ消極的である。

媒介者が登場したからといって、直ちに対立が解消するわけではない。対立のあるところ否応なしに、両極の――強弱はさまざまだが――自己主張のやりとりが続く。媒介者は、自分がその場を仕切りたいという密かな願望（自己利害意識）を抱きながらも、「最初は」単なる傍観者として対立の成り行きを見守る。しかるべき手順なしに、いきなりしゃしゃり出ても反発を買うだけだ。しかし対立する両極が自立性を保っていることは、双方が前向きの「関係」を形成していないことである。対立関係があるだけで前向きの関係が形成されなければ**対立の調停もありえない**。双方とも**自分の目的を達成できないでいる**。ところが、当事者たちには前向きの関係を形成する能力がないようだ。膠着状態に陥っている。そこに媒介者がより積極的にこのやりとりにコミットする余地が生じる。対立する当事者たちのやりとりを見守っているだけではラチが明かないので、みずからがより積極的な媒介者として前面に出て、膠着状態を流動化する。

こうして「この関係が自分自身との媒介として主体として現れる」。「関係」は媒介者と同義だから、文意は、**媒介者が当事者たちのやりとりを自分の手元に引き取り内面化して、自問自答という形の媒介を行なう**こと。その上で、強く当事者たちの対立の「取りまとめ」に乗り出す。こうして媒介者は対立者たちを単なる契機とする主体として立ち現れる。媒介者の行動を動機づけているのは自己利害であるが、自己利害を直接無媒介（ストレート）に押し出したのでは媒介者として失格である。対立者たちを契機とすることは対立者たちのカオを立てる（存在意義を担保する）こと。それあればこそ対立者たちも媒介者による支配に納得する。

これは「弁証法的」展開図式でいえば止揚（廃棄・克服）の段階に当たる。当初は控えめに登場した媒介者が、みずから「一方的に高次の力」として現れることでようやく当事者たちの対立も調停される。以上の過程は媒介者が自分のプレゼンス（存在感）を高めてゆく過程、同じことだが**「媒介」の意味内容が変容する過程**にほかならない。

両極はもはや自立者ではない。関係としての媒介者こそが「唯一の自立的なもの」である。**およそ対立関係は、このように高次の主体を、支配者を生み出すことによって調停される。**ヘーゲルばりの抽象的な言い方をすれば、「運動する関係」が対立を調停する。支配者を最初から力を持っている自立者としてではなく、関係としての媒介者として把握することが重要である。

④**宗教領域**の例解は分かりやすい。経済領域とは異なるところもあるが、媒介の論理は同じである。神と一般信者とは利害が対立しあうわけではない。しかし意思疎通しあうべきものでありながら離ればなれである点で対立しあっている。やはり仲介者（「流通手段」）を必要とするのである。

神人（神と人間との統一）としてのキリスト、次いで聖人、次いで司祭が、それぞれのレベルで仲介者として重きをなす。**宗教界では下位にあるはずの者ほど世俗界では上位にランクされる**、という不思議な逆転現象。その秘密は、より下位なる者（キリスト→聖人→司祭）がより上位なる者（聖人→キリスト→神）と一般信者との仲介者として立ち現れる点に存する。一般信者は天上界の高尚なことは実感できないので、**自分たちの目線で平易に**説教してくれるより下位の者に親近感を覚え、安心して仲介役を任せるのである。宗教領域を離れても一般に、**大衆にとっての親近性は大衆**

の支持を得る（大衆を支配する）ための一契機をなす。

⑤宗教領域の例が挿入されたことで、経済領域のことについても理解が深まったであろう。「両極に対して一方的にさえトータルな表現となる」とは、**全面的な支配者になる**こと。貨幣や資本は、媒介項としての交換価値であることによって両極の自立性を止揚（廃棄・克服）し対立の取りまとめ役となる。

2 マルクスは右引用文に続けて、上に見たごとき仲介者による支配権掌握の論理を経済領域の内部における諸関係に即して考察している。仲介者には「工場主と農業家との仲介者としての、また種々の工場主の仲介者として卸売商人」「産業家や商人に対する銀行家」など多様なものがある。銀行家（Banker）を**金融機関**に置き換えてもよい（⇩第27項（4））。そしてこのような仲介者の最高形態は「国家とブルジョア社会との媒介者としての**巨大金融家**（Finanzier）」であるとしている。この指摘はロスチャイルド（ロートシルト）らの金融業者を念頭に置いたものかもしれないが、それ以上の説明がないので詳細は不明である。

しかし現代においても、巨大金融家が「国家とブルジョア社会との媒介者」どころか世界の政治と経済を陰で牛耳って（支配して）いるとする**「陰謀」説**は絶えない。この場合、巨大金融家は現実具体的には何と何を媒介することで大きな力を発揮しているのであろうか。「陰謀」を唱える前に、この点を明示することが先決であろう。なぜなら、**支配者とは媒介者の別名にほかならず支配の論理とは媒介の論理にほかならない**からだ。

13

仲介者が支配権を握る論理は——多様なヴァリエーションを伴いながらも——多方面に妥当する論理である。**ボナパルティズム、フィクサー、キャスチングヴォート**、等々。卑近な一例として**「○○界の実力者」**という場合の「実力」も、当人の自力だけから成っているのではない。むしろ、さしたる自力はなくても、対立しあっている当事者たちを「取りまとめる」力、仲介力があれば大きな「実力」を発揮できるのである。仲介力が支配力であるのは、人間社会には諸対立が渦巻いていて**対立を「取りまとめる」ことが切実な課題をなす**からだ。**人間社会で支配力を得たければ、愚直に地道に自力を蓄えるよりも仲介役を目指すほうが早道**だということになる。

▼2の補論

「歴史における個人の役割」は「諸個人の関係」視座から考察された（⇩第1項（4））。歴史上大きな役割を果たしたのも特定の個人ではなく、**特定の個人を核として諸関係を形成した諸個人**であった。第1項では諸個人の発揮する結合力が重視され、諸個人間の対立は無視されている。しかし対立なしということはありえない。文脈上、言及がカットされただけのことである。これに対して本項では、対立関係を前提に「媒介」視座から考察が行なわれている。

特定の個人が諸関係の核をなすことは**諸関係の束ね役**であること。他方、媒介者は**対立関係の取りまとめ役**である。両者は同じことの別表現である。「媒介」視座は「運動する関係」視座と言い換えることができる。これを「諸個人の関係」視座と一本化すると、**「諸個人の運動する関係」**視座と

13

なる。諸個人は共時的には対立関係にあっても、通時的には媒介者によって取りまとめられて結合力を発揮する。この統一視座に立つことによって、人間歴史の展開相はよりいっそうダイナミックかつヴィヴィッドに把握できるであろう。ちなみに、ナポレオンもヒトラーもスターリンもみんな、おそらく**並外れた仲介力の持ち主**であった。

14 より高次の自己蘇生のためには、いったん自己否定せよ

『経済学批判要綱』本論から

――「人生論」へも応用可

テーマ

資本の運動は本来的に自己否定の契機を含んでいる。弁証法的性格を持っており（⇩第5項）、論理的には、それが資本の凄いところだ（現実的な凄さについては次項以下にて）。では、**人の生においては自己否定はどのような意味を持つのか**。若干の比較論議をしておこう。

本　論

（1）①資本の価値増殖過程――貨幣は価値増殖過程を通じてのみ資本に生成する――は、同時に資本の価値喪失過程として、資本の貨幣離れとして現れる。……ここで問題になる価値喪失は、

資本が貨幣の形態から一商品の形態に、一定の価格を持つ一生産物の形態に移行してしまっている、という価値喪失である。価格は実現されて貨幣形態を取り戻さなければならない。②資本は貨幣だったときには価値として存在していた。今は生産物として存在しており、観念的に価格として存在するだけで、価値そのものとしては存在していない。資本は自己の価値を増殖する、すなわち自己を価値として維持し増大するためには、まずは貨幣の形態から各種使用価値（原料・用具・労賃）の形態に移行しなければならないであろう。しかしそうすることで、資本は価値としての形態を失うであろう。そこで、一般的富というこの〔貨幣〕形態を取り戻すためには、改めて流通に入ってゆかなければならない。……③価値喪失は価値増殖過程の一契機をなしているのである。

1　資本の営みとは価値→価値喪失→価値回復（より大きな価値）という3契機の統一であり、諸過程を経る運動である。最初の価値は前貸資本と呼ばれる。物づくり業種（産業資本）の場合は、これを元手に流通過程（市場）で生産手段と労働力が買われ、生産過程に入ってゆく。「貨幣離れ」①あるいは貨幣の手放しは、**いったん価値を喪失する**ことにほかならない。そして生産過程を経て再び流通過程に入り、「一定の価格を持つ一生産物」①が商品として売れれば価値が回復される。事が順調に運べば、最初の貨幣額よりも大きい額の貨幣が得られる。

これら一連の手続きは自明のことだが、ただ、**資本の運動は他の活動領域にも共通する、ないし適用可能な教えを含んでいる**。へーゲル用語で言い表わせば、価値は有（Sein）、価値喪失は無（Nichts）、価値回復は成（Werden）となろう。無化としての価値喪失も「価値増殖過程の一契機をなしている」(③)。**自己否定、自己を無化することが、自己をより高次のものとして回復し蘇生させるための必須契機をなしている**。ただし要注意。「無化」が有意味なのは回復する主体が存続している場合の話で、特攻隊員のように主体そのものまでもが無化してしまっては高次回復どころではなくなる。

自己否定は容易ではない。口先だけの自己否定なら簡単だが、資本がそうしているように自己を丸ごと否定し無化するのは**リスクを伴う冒険**である。結果責任を一身に負わなければならない。俗世間を捨てて**出家**するのも高次回復を目指す自己否定の一例であるが、例えば西行のように妻子を見捨てるなどの大きな犠牲を払った場合は結果の程が重く問われる。悟りを開こうとする**修行の過程が資本の生産過程に相当する**。革命志向者の場合も、主義主張の当否はさておき形としては、2で見るように同様である。

このような非日常的世界での生き方に限らない。日常的世界においても、**職業や進路**など自分の生き方を決める際に**飛躍を期して一念発起(固く決意)する**場合は、自己否定の契機を含む。会社を辞めて司法試験にチャレンジする・事業を始める、サッカー少年がプロ選手を目指してその道に進む、女性が離婚して自立を目指す、等々。いったん自己否定の道を歩み始めたからには当然、**高次回復のための持続する努力**を求められる。努力は自力だが、他力としての運も作用するであろう。高次回復志向とは無縁のマンネリ生活を送っている人たちは別として、**多くの一般人もそれぞれなりの冒険を生きている**わけだ。

資本の運動が別格のモデルをなす。「別格の」というのは、資本は自己否定を一度きりではなく絶えず繰り返すからである。事が順調に運んでいる間は自己否定の決意は表立たないとはいえ、資本の運動はつねに**失敗の可能性**をはらんでいる。

右引用文では便宜上省略したが、②と③の間には、資本の失敗にも言及した次のような文章がある。

（2）④資本家が流通過程に入ってゆくのは、今ではもはや単純に交換者としてではなく、消費者としての他の交換者たちと向き合う生産者としてである。消費者は、自分の消費のために資本家の生産物を手に入れようとすれば貨幣を交換に出さなければならず、他方、資本家は消費者の貨幣を手に入れようとすれば自分の生産物を交換に出さなければならない。⑤もしこの過程が頓挫するようなことになれば――そして売りと買いが分離しているだけでも、個別的にはこのような頓挫が生じるケースはありうる――資本家の貨幣は無価値な生産物と化してしまい、新たな価値を獲得できなかったどころか元の価値も失う。しかしこのようなことが起きようと起きまいと、いずれにしても③……。

2 経済学的には「**命がけの跳躍**（salto mortale）」という決まり文句で済む話である。商品を貨幣に換えるのは、崖っぷちから深い谷を挟んだ向こう側の崖に跳び移るのと同様、一か八かの賭けである。資本投下はつねにリスクをはらむが、商品が売れることが恒常化している好調時ないし好況期には「命がけ」という悲壮感は消え失せ、売り手は商品価値を内在視する**物象化的錯視**に陥る（物としての商品に価値が属性として具わっていると考え違いする)。

「単純に交換者としてではなく生産者として」④というのは、資本家として、ということ。およそ流通過程では等価交換が行なわれる。単純な交換者である賃金労働者は、労働力を売って得た賃金で消費財(生活手段)を買うという等価交換を繰り返していればよい。が、資本家としての交換者は、むろん等価交換を行ないながらも、資本の営み全体を通して見れば価値の大きさが最初の価値よりも増大していなければならない。「跳躍」に失敗することが「頓挫」⑤。価値増殖するどころか元の価値も失う。むろん失敗は事業上のものに限られない。**人の生においても、特に飛躍を期す場合は失敗と背中合わせである**。

出家にとっては修行の過程が、**革命志向者**にとっては一定の「思想」に基づく「理論」構築作業や予行演習としての散発的な実践の過程が、資本の生産過程に相当する。日常的世界における自己否定の場合も、日々の努力過程が生産過程に当たる。**生産過程の成否は流通過程で**、つまり生産過程の結果が世間に受け入れられるかどうか、世間で承認され通用するかどうかによって**判明する**。

だが、成否は事実上すでに生産過程で決していることに留意しなければならない。「市場経済」賛美論者は市場での自由競争しか見ないが、**本当の競争は生産過程で行なわれる**。「命がけの跳躍」以前に、当の商品を生産すること自体が賭けである。**受験競争は試験場で行なわれるのではない**。まだ目に見えない形ではあるが日々の努力過程で事実上の勝負はついている。これと同じである。

したがって、革命志向者が理論構築過程で誤りを犯していれば、何事かを起こす前にすでに頓挫が宿命づけられているわけである。ただ、目に見える形で成否が判明するのは生産物を世に出す流通過程においてなので、**それまでは当事者たちは自分たちの誤りに気づく機会がない**。誤りが未だ顕在化しない中で、理論をめぐって、というよりもむしろ理論構築をおろそかにしたまま、いな、**理論構築に難儀する**がゆえに戦略・戦術をめぐって論争やら暗闘やらが繰り広げられ、あれこれの悲劇も生む。一般的には生産過程での不手際、革命志向の場合は**理論の欠落**。すべての失敗はこのことに起因する。

日常的世界での生き方も、自己否定を伴う場合はつねに頓挫・失敗の可能性をはらんでいる。さりとて、現状維持を図る生き方が無難安泰かというと、そうとは限らない。**予期せぬ状況変化が生じた時には現状維持も叶わぬ**ことがある。そして何よりも、現状維持策はより高次の自己へと脱皮することがない。しかし**経験則**は、自己否定、自己脱皮を図る場合のほうが誤りを犯す度合いが大きいことを教える。そこに**マンネリズムあるいは平々凡々主義の強み**がある。

ヘーゲルは『精神現象学』序論で、こう啖呵を切った。「誤りはしないかという恐怖がすでに誤りそのものなのだ。なぜなら、この恐怖はあれこれのものを真理として前提しているからである」（ズーアカンプ版著作集、第3巻）。この熱烈メッセージは、はたしてどこまで参考になるか――。

『経済学批判要綱』本論から

15 流通圏の大きさが生産の制限となるが、資本はこれを突破する

——商品が売れるとは、どういうことか

テーマ

これまでは、マルクスの論述が内包する経済領域外への適用・応用可能性についても配慮してきた。従来マルクス経済学者やマルクス論者が全く取り上げていないか、深くは論及することのなかった論点も含まれていたと思う。以下においては経済領域に沈潜した考察を行なう。やはり、多少なりとも独自の着眼点を提示するという方針で臨む。

第22項までは資本家的生産様式そのものをめぐる一連の諸問題が取り扱われる。この生産様式は存続可能かという点も、主要な一論点をなす。本項では、**「資本が生産拡大を持続するためには流通圏の拡大（消費・需要の増大）とその裏づけをなす購買力（貨幣）の現存が要件となるが、それはいかにして可能か」**という点が考察される。このことを論理整合的に考察するために、いったん

「商品が売れるための要件」にまで立ち返った平明なおさらいが行なわれる。

本論

（1）①資本は、生産物として、商品として現れるときには、生産過程の外部にある流通に依存する。……資本は商品としては、1)使用価値物でなければならず、使用価値物である以上は欲求の対象物、消費の目的物でなければならない。2)自分の等価物——貨幣の形をとった——と交換されなければならない。売ることではじめて新価値は実現されうる。……②生産過程の内部では、いろいろな制限があっても〔生産者の一存で処理できるものとして〕克服できた。今では、生産過程の外部にある、生産過程の諸制限が現れる。第一に、商品が交換価値であるのは、ただ、商品が同時に使用価値物、すなわち消費の目的物である限りにおいてである。商品は使用価値物でなくなれば交換価値でなくなる。それゆえ商品の第一の制限は消費そのもの——商品に対する欲求である。

1 生産過程は、生産者が買い入れた生産手段と労働力とを結合する場である。生産者は当初は買い手として主導権を握っているから生産の二大要素を調達するのは容易であり、**生産を営む上で基本的には何の制限もない**。労働力不足が制限をなすかに見える局面においても、賃金の引き上げや、労働力を節約するための生産性向上などによって乗り切ることができる（賃金上昇に伴う利潤率低下の意味については⇩第21、22項）。

これに対して流通過程では、生産者は今度は売り手サイドに回るから、自分の一存で何とでもなるものではない。**消費サイドの諸事情によって命運を左右される**。「生産過程の外部にある、生産過程の諸制限」（②）の後半は「流通過程の諸制限」の誤記ではない。商品が売れない等の流通過程上のことも元はといえば生産過程でのつくり過ぎ等に起因する、という意味である。

肝心かなめをなすのは「新価値の実現」（①）である。いったん資本の価値は失われた〔⇩第14項1〕。新価値を付加しつつ元の価値を回復しなければならない。そのためには商品が売れないことには話にならない。売れるためには**消費サイドの欲求に合致**しなければならない。まず欲求の種類、欲求の質が、次には欲求の量が問題になる。

（2）③第二に、商品と相対する等価物〔貨幣〕が現存していなければならない。当初、流通は決まった大きさのものとして——一定の範囲を持つものとして——前提されていたから、資本が生産過程で新価値を創造したからといって、この新価値分の等価物が現存していることは実際問題としてありえないように見える。④それゆえ資本は、生産過程から出て再び流通過程に入る時、a)生産量としては現存する消費量——あるいは消費力——に制限を見いだすように見える。……資本の量は、ある一定の程度に達すると——資本は〔生産物の種類ごとに〕ある特定の欲求だけを充足するので——消費にとって必要ではなくなってしまう。……資本は一定量だけ、ある限度内でだけ必要とされる。この限度は、一部は使用価値物としての資本の質——使用価値物の特定種類の有用性、利用可能性——によって、一部はこの特定の消費を欲求する交換者の数によって

画されている。この特定種類の生産物に対する消費者の数と彼らの欲求の量との積。……あれこれの対象物が消費され欲求の対象物となるのにも、ある限度がある。例えば穀物は一定量しか食されない、等々。したがって、生産物は使用価値物としては自分自身のうちに制限を——まさに生産物に対する欲求の制限を——抱え込んでいる。この制限は、当の生産者の〔これをこれだけ生産したいという〕欲求によってではなく、今では交換者たちの総欲求によって画されている制限なのである。⑤ある特定の使用価値物の需要がなくなれば、生産物は使用価値物ではなくなる。生産物は使用価値物としては、使用価値物に対する需要によって限度づけられている。そして生産物は、使用価値物でなくなれば（貨幣でない以上）流通物でもなくなるのである。

⑥b)生産物は新価値および価値一般としては、等価物の現存量に、何よりも貨幣の現存量に、といっても〔現に流通している〕流通手段としての貨幣ではなく〔流通していない〕貨幣としての貨幣〔例えば退蔵貨幣〕の量に、制限されているように見える。追加価値（Surpluswerth）は追加等価物（Surplusequivalent）を必要とするのである（最初の追加価値が等価物を必要とすることは自明である）。このことが今や第二の制限として現れる。

商品が売れるための要件が資本にとっての「制限」として考察される。「第一の制限」（②）は商品が消費サイドの欲求にマッチしているかどうか、「第二の制限」（⑥）は**欲求を充足するために必要な等価物（貨幣）が現存しているかどうか**ということ。もし商品が等価物（貨幣）に出会えれば商品は売れたことになり「新価値」（①⑥）は実現する。

しかし同じく「新価値」でも、③の「新価値」は①や⑥の「新価値」とは意味合いが少し違っている。後者は流通圏が一定でも実現しうるが、前者は流通圏の拡大なしには実現しない。そのことを明示した語が「追加価値」（⑥）である。

マルクスの意を汲んだ解説をしておくと、ここでの「追加価値」はいわゆる「剰余価値（Mehrwerth）」のことではない。追加価値もカテゴリーとしては剰余価値に含まれるが、価値の大きさとしては追加価値＞剰余価値という関係にある。剰余価値（より大きな価値）に対して**追加価値**とは、プラス分が追加された剰余価値、より大きな剰余価値のこと。丁寧な（くどい？）表現をすれば追加剰余価値である。もちろん、追加価値と剰余価値との大きさの違いは相対的なものである。生産拡大がさらに進めば増大した剰余価値が新たに追加価値となり、それまでの追加価値は普通の剰余価値に成り下がる。普通の剰余価値は普通に商品が売れるだけでも実現されうる。普通の剰余価値とは「最初の追加価値」（⑥）のこと。しかし**生産拡大に伴って増大した剰余価値を実現するためには追加等価物、追加貨幣（Surplusgeld）がどこかに現存していなければならないのではないか？**　このことを課題として明示するために、マルクスはあえて追加価値という語を持ち出している。

流通圏の大きさが限られていると前提するなら、追加価値を実現することは不可能であろう。それゆえ、**追加価値を実現するには流通圏を拡大すること**が要件となる。経済理論上は**流通圏拡大のメカニズムを解明すること**が一大枢要課題となる。マルクスはこの解明を行なっている。まさに理詰めで、飛躍なしに、追加価値実現の謎を解いている。この謎解き作業は、資本制経済が実際に行なってきたことの論理的な跡づけにほかならない。今日のようなグローバル経済にまで至る**資本制経済の世界展開の動因とメカニズム**が論理整合的に解明される。論理整合的解明をなしえているから理論（世界市場論あるいは**世界大の剰余価値論**）の名に値するのである。解明作業の詳細については次項で検討することにして、ここではポイントとなる点を確認しておく。

（3）⑦追加貨幣が追加貨幣として存在するためには、言い換えると、追加価値が追加貨幣として存在するためには、追加価値が追加価値〔剰余価値〕と交換されなければならない……。それゆえ、生産物は使用価値としては他人の消費によって制限されているのと同様、価値としては他人の生産によって制限されている。前者においては、特定種類の生産物に対する需要の量が限度をなし、後者においては、流通のうちに存在している、労働が対象化されている物の量が限度をなす。

2 冒頭センテンスは予告である。追加貨幣が最初から追加貨幣としてどこかに存在することは、わずかな例外を除けば期待できない、それゆえ追加価値を追加貨幣として実現するためには**追加価値が他の追加価値〔剰余価値〕と交換されるという方向で考えなければならない**、そのためには他の剰余価値がどこかで生み出されなければならない――という、次項で詳論されることの予告である。

再度マルクスの意を汲んで、マルクスの論述を先取りした解説をしておく。生産を拡大した資本にとっては**追加価値を実現すること**が喫緊の課題となるが、交換相手がこれからようやく資本家的生産様式を導入する場合は、**単なる剰余価値の実現**を目指す。それゆえ本項および次項の主題からすれば

「追加価値と剰余価値との交換」が論軸をなす。大きく括れば「剰余価値と剰余価値との交換」であるが、子細に見ればこのような段差がある。

末尾センテンスにある「労働が対象化されている物」は通常、「対象化された労働」と邦訳される。端的には労働生産物のこと。他動詞の過去分詞の形容詞用法という初等文法上のことになるが、過去分詞＋名詞をいつもこの語順で機械的に「〜された○○」と直訳したのでは原義が十分には伝わらないことがある。「疎外された労働」についても同様であった。この訳し方では物の疎外しか意味しないが、重要なのはむしろ労働の最中に「労働が疎外される」自己疎外のほうである。物の疎外は自己疎外の「要約」にすぎない（⇩第2項）。

「流通のうちに存在している」とは、交換されるべき、の意。ある生産者から見て他の生産者の生産物の量が問題になる。ある生産者Aが追加価値を実現するためには、**剰余価値の実現を目指している他の生産者BなりCなりの存在**が要件をなす。そしてBなりCなりの生産物がより多いほど、Aの生産物もより多く交換可能になる。しかし物々交換が行なわれるわけではないから、Aの追加生産物が売れて追加貨幣に生成するためには、**追加生産物の受け皿となる購買力**が存在しなければならない。追加貨幣がたまたまどこかに存在している、という僥倖に恵まれることもあろうが、しかし購買力が継続的に存在するためには、購買力が継続的に創出されなければならない。それはいかにして可能か？

購買力がどこかに既存していると期待するのは悟性的（あるものと他のものとの区別を固定的に

捉える）思考法である。これに対してマルクスは、**購買力がどこかに既存していなくても現状を流動化して運動の相で捉えれば購買力は生み出される**という方向で考える。すなわち、他のもの（交換相手B、C、……）をあるもの（生産者A）と同等のレベルにまで引き上げて、双方の力動的関係の中で矛盾を解決しようとする弁証法的思考法をとる（⇩第5項）。

16 世界市場形成の論理——①流通圏の拡大

『経済学批判要綱』本論から

テーマ

前項を承けて、「資本に基づく生産」つまりは**資本家的（資本制）生産様式を世界大に普及させた根本動因**が解明される。言うまでもなく、資本制生産様式の普及の延長上に、諸他の生産様式をも巻き込んで今日の**グローバル経済**は成り立っている。

本論

①資本による絶対的剰余価値の創造——労働が対象化されている物の増大——は、流通圏が拡大されること、しかも絶えず拡大されることを条件としている。ある地点で創出された剰余価値

は、これと交換されるべき剰余価値が他の地点で創造されていることを必要とする。たとえ取りあえずは金・銀が、貨幣が増産されるだけだとしても。②この場合、剰余価値は直ちには再資本化されえないとはいえ、貨幣の形態で新たな資本の可能性として存在している。③したがって、資本に基づく生産の一つの条件は、絶えず拡大される流通圏の生産であって、その範囲が直接に拡大されるのであろうと、範囲は同じでもより多くの生産点が創出されるのであろうと、どちらでもよい。流通が当初は所与の大きさとして現れたとすれば、ここでは、変動する、生産そのものによって拡張される大きさとして現れる。この点から見れば、流通はそもそもそれ自体が生産の一契機として現れるのである。④だからこそ、資本は一方では絶えずより多くの追加労働を創出しようとする傾向を持ちつつ、これを補完する〔受け皿となる〕より多くの交換点を創出しようとする傾向を持つ。すなわち、ここでの絶対的剰余価値あるいは追加労働の見地からは、より多くの追加労働を自分自身への補完として掘り起こそうとする傾向を、結局のところ、資本に基づく生産あるいは資本にふさわしい〔資本家的〕生産様式を普及させようとする傾向を持つのである。世界市場を創出しようとするこの傾向は、端的に資本概念そのもののうちに潜んでいる。

⑤いかなる限界も克服されるべき制限として現れる。何よりもまず、生産そのもののいかなる契機をも交換のために役立たせ、交換に入らない直接的な使用価値物の生産をやめさせること、すなわち、資本の見地からすれば自然発生的な、旧式の諸生産様式を、まさしく資本に基づく生産に置き換えること。⑥交易はここではもはや、自立した生産者同士の間で彼らの余剰物が交換される機能として現れるのではなく、本質的にあらゆる生産を包括する生産そのものの前提かつ契機として

――現れる。

1 ①**絶対的剰余価値**とは、労働日（1日の労働時間）を、労働者が賃金部分を稼ぎ出すのに必要な労働時間を越えて絶対的に延長することによって生み出される剰余価値のこと。したがって、労働日が長くなるほど、実現し（貨幣に換え）なければならない剰余価値の量も増大する。後のことも考えずに、がむしゃらに労働時間を長くすればよいというものではない。**がむしゃら方式**が成り立つのは、物が絶対的に不足している、景気が需給逼迫局面にある、特定業種の個別資本（企業）に注文が殺到している、などの場合に限られる。無闇やたらに絶対的剰余価値の量を増やしたところで、それを実現できなければかえって「資本の論理」に反するのである。

「流通圏の拡大」は国内で行なわれる場合と国外で行なわれる場合とがある。後者は**世界市場形成論**として説明される。国内外を問わず、「剰余価値が他の地点で創造されていること」が枢要点をなす（詳細は後述⇩2）。「金・銀の増産」も購買力の増大に結びつくが、偶然的な僥倖に属すること。ここでは**購買力を必然的に増大するメカニズム**が問われている。

②「剰余価値は直ちには再資本化されえない」理由は2つある。第一に、交換相手となる金・銀生産者はもっぱら買い手の立場にあり、剰余価値の再資本化つまり資本蓄積を行なうのに必要な生産手段の生産者（売り手）ではないからである。第二に、仮に当の生産手段をよそで調達できたとして増産体制を整えても、いずれは枯渇する金・銀の生産者を増産された生産物の長期継続的な買い手として期待することはできないからである。

③流通圏の拡大は、**範囲の外延的な拡大**でもよいし、**範囲は一定ながら生産点を高い密度で増やす内包的な拡大**でもよい。流通領域は生産領域とはひとまず区別されたが、ここではもはや別々のものではなく、流通圏の拡大なしには生産の拡大も望めないという点で「流通はそもそもそれ自体が生産の一契機として現れる」。なお、「流通圏の生産」という言い方は広義の「生産」概念の一用例である（⇩第7項補論1）。

④**世界市場の創出**は、国内市場が飽和状態に達したために行なわれるのが主流のあり方であるが、それ以前に国内市場の拡大と並行して行なわれることもある。いずれにしても、資本概念そのもの、**資本の本性に根ざしている必然的傾向**である。国内市場の拡大であれ世界市場の創出であれ、基本をなすのは生産点の増大である。後述するように（⇩2）、市場の創出ないし拡大は**生産点**ではなしに単なる**交換点**の増大によって、すなわち資本家的生産様式以前の、旧来の諸生産様式には手を付けずにそこでの生産者を交換相手として引き込むことによって行なわれることもあるが、いずれは限界にぶつかる。（「世界市場の創出」という言い方は今となっては古めかしいが、「**対外投資**」として今も行なわれている。ネーミングは種々変わっても「資本の本性」は不変である。）

⑤そこで、資本家的生産様式の先発国にとっては、他の国々における**旧来の諸生産様式を解体して資本家的生産様式に改変すること**が大目標となる。『共産党宣言』（1848年）の言い方では――。「ブルジョアジーは、あらゆる国民に、滅亡したくなければブルジョアジーの生産様式を取り入れるよう強制する。あらゆる国民に、いわゆる文明を自分のものにするよう、つまりブルジョアになるよう強制する。一言でいえば、ブルジョアジーは自分に似せて一つの世界を創造する」。

⑥単に余剰物の交換が行なわれるだけの生産様式を資本家的生産様式に改変させることができれば、生産手段や労働者向け生活手段の買い手たりうる質的に新しい交換相手をつくり出したことになる。

2　さて、①と④の解説では保留しておいた2点を一括して取り扱う。剰余価値が他の地点で創造されることに関する問題である。

（a）流通圏つまり**市場の拡大には大別2類型がある**。一つは、相手方の生産様式には手を付けずにもっぱら交換相手として利用する、というしかたでの市場拡大。国内外を問わず「**単純拡大型**」と名づけることができる。国外の場合も対外投資のたぐいは一切行なわれない。

旧来の諸生産様式のうち、歴史上大きなウェイトを占めたのは**自給自足制**である。一口に「自給自足」といっても、外国貿易に依存しないで国民経済の自立化を目指すという大きなスケールの自給自足（autarky）もある。国内では商品交換が盛んに行なわれていてもよい。これに対して、基本的に商品交換には依存しない小さなスケールの自給自足（self-sufficiency）もあり、ここではこの意味で用いる。生産様式としては生産手段も労働力も労働者自身ないし共同体メンバー全員のものである。とりわけ土地が最重要の生産手段をなす。

自給自足者を交換相手として、資本の生産物の買い手として引き込むためにはどうすればよいか。とりあえず、現地の実情に合わせて**商品生産物への傾斜を強めさせる**必要がある。資本にとって工業原料となりうる綿花・羊毛・麻・インジゴ・ヤシ油などや、穀物・果物・食肉・魚介類などの食料を、資本による買い付けを通じて増産させる。**増産は自給自足制のバランスを崩してしまう**。しかも特定の商品生産物への傾斜が強まるほどアンバランスは大きくなる。しかし生産者は商品代金を得られるから、これで資本の生産物を購入することによって今度は**商品交換をベースにしたバランス**を目指すことになる。このようにして資本は新たな購買力を創出する。**買うことを呼び水にして買わせる**、という巧妙な商法である。

これは「相手方の生産様式には手を付けずに」といっても、明らかに**自給自足制の解体**プロセスである。商品交換への依存度が高まるにつれて、**当事者たちの意識面でも貨幣指向が強まる**。いったんこのような流れになると、もはや後戻りはできない。ただ、このような解体だけではまだ資本家的生産様式の成立には程遠い。資本は直接投資も間接投資も行なっていないので、次に見る第2類型とは区別されるのである。

3（b）もう一つは「**生産力増強型**」と名づけることのできる市場拡大である。相手地に資本家的生産様式を導入することによって、資本の生産物の販売先として育成強化してゆく。そのためにはもちろん、相手方の**購買力の増大**が先決要件となる。ここでは賃金労働者の創出したがって賃金労働者の購買力の創出が最大の課題をなす。

自給自足制を解体して資本家的生産様式を導入し定着させるのは、理屈としては簡単なことのように見えるが実際にはそうではなかった。世界経済史の事実として、自給自足制は、共同体を基礎とするものも含めれば**長年月の歴史と**――たとえ「豊かな生活」には程遠くても――**堅固な実績を持つ**。

16

堅固さの基盤をなしていたのは労働の実現の客体的条件をなす土地であり、したがって**労働者を土地から分離すること**、と同時に賃金労働者化してゆくことが大課題となる。しかも、例えばイギリス植民地時代のアメリカにおける独立生産者のように、**精神面でも自主独立のエートス（気風）が強い人たち**を相手にする場合、独立自営制を実際に解体する際には頑強な抵抗にあうのが通例である（『資本論』第1部第25章「近代植民論」）。なぜなら、この解体は自給自足者や独立生産者たちがみずから望んで行なうことではなく部外者の都合で行なわれることであるからだ。

（c）ある地点で創出された剰余価値が実現されるためには、他の地点でも資本家的生産様式が導入されて剰余価値が創出されていなければならない。そして**生産点Aで創出された剰余価値と生産点BなりCなりで創出された剰余価値とは同時に実現されなければならない**。この同時実現は、3者の生産物が互いに相手に購買されることによってのみ可能である。まずAがB、Cの生産物を買う。次にB、Cがその代金でAの生産物を買う――。これも先に見た呼び水方式と同じに見えるが、B、Cの生産物も剰余価値を含んでいる点で本質的に異なる。むろん、生産「点」を生産「者」と解したのでは、この理屈はまず成り立つまい。生産「者」がA、B、Cのわずか3者だけでは相互の需給がマッチすることは稀で、むしろミスマッチに終わるのが通例であろう。物々交換の場合と同じ限界がある。どの生産点においても多数の生産者が存在していなければ、どの生産者にとっても剰余価値の実現は難しい。

実際問題としては、多数の生産者といっても一斉に新登場するのではない。新たに生産点が創出される側の実情に応じた剰余価値の実現可能なあり方が模索されるから、資本家的生産様式の導入のされ方は多様である。主流をなすのは**「対外直接投資」**として一括されるもので、これには進出サイドで「生産拠点の海外移転」として問題視されたものや、進出資本と現地資本の共同出資による**合弁会社の設立**等も含まれる。古くは**プランテーション制**も、売らねばならない農産物〔綿花・砂糖・タバコ・ゴム・茶・コーヒー・バナナ・パイナップルなど〕を奴隷ではなく〔低〕賃金労働者を使って生産していた限りでは、これはこれで一つの導入方式である。**単純拡大型も並存させつつ**、したがって単純生産者との交換関係も維持しながら、そして国と国の間では貿易黒字や赤字を発生させながら、徐々にか急速にか**資本に基づく生産者の数が増大する。**これに伴い、**交換者相互の剰余価値実現機会も増大する。**

ここではしかし基本的な理屈の説明を主眼としているので、経済史分野には立ち入ることなく、それゆえ、**いったん崩れた自給自足制が新たなバランスを取り戻せるのかどうか**といった——**従属論**の射程内にある——諸問題についても検証することなく、あえて簡略なモデルで済ませている。

資本は一方では、絶えずより多くの剰余価値を創出しようとする傾向を持つと同時に、他方では、剰余〔追加〕価値を体現しているはずの剰余〔追加〕生産物の受け皿となる購買力を求めて、より多くの生産＝交換点を創出しようとする傾向を持つ。つまり、**資本は資本に基づく生産をますます広範囲に普及させようとする傾向を持つ。**旧来の諸生産様式を旧来のままにとどめ置き「収奪」するというやり方は、皮相な見方に反して資本の利益にもならないのである。抽象的にいえば、**相手を高める**

ことによって自分もいっそう高まる。世界市場の創出・拡大ひいては経済グローバル化の論理は、基本的には以上のごときものである。もちろん、「相手を高める」というのは生産様式上の話で、とりわけ**多国籍企業の直接投資**による生産様式の高まりは現地での劣悪・苛酷な労働とセットをなしていることが多いが（⇩第4項）。

17 世界市場形成の論理――②消費圏の拡大

テーマ

前項での課題、**生産＝交換点の増大**がひとまず成し遂げられたとすれば、次には、単なる生産力の増大ではなく**生産性の向上によってますます増大する剰余価値をいかにして実現するか**が資本にとっての課題となる。

本論――『資本論』との違い

①相対的剰余価値の生産、すなわち生産諸力の増大・発展に基づく剰余価値の生産は、新たな消費の生産を必要とする。先には生産圏が拡大される必要があったのと同様、流通の内部で消費圏が

拡大される必要がある。第一に、現にある消費の量的拡大、第二に、現存する欲求がより大きな圏で普及することによる〔量的に〕新たな欲求の創出、第三に、〔質的に〕新たな欲求の生産と、新たな使用価値物の発見・創造。②これは別の言葉でいえば、獲得される剰余労働が単に量的な剰余であるにとどまらず、同時に、労働の（それとともに剰余労働の）質的な差異の範囲が絶えず拡大され、ますます多様化され、それ自身のうちでますます差別化されることである。

③例えば生産力が2倍になって、以前は100の資本が用いられていたところ今では50で済むようになり、その結果、50の資本とその分の必要労働がフリーになるとすれば、フリーになった資本と労働のために、〔質的に〕新たな欲求を充足し生み出すような、新たな、質的に違った産業部門が創出されなければならない。旧産業の価値が維持されるのは、新産業のためのファンドが創出され、新産業のもとで資本と労働の関係が新たな形態で構築されることによってなのである。

---

1 前項に引き続いて本項でも、**『資本論』とは力点の置き所が違った**精密な考察が行なわれている。『資本論』における世界市場論は、世界市場の形成と発展が労働者階級にもたらす負の諸結果、すなわち「貧困・抑圧・隷属・堕落・搾取のいっそうの増大」（第1部第24章「いわゆる本源的蓄積」）を強調しようとするトーンが強い。これに対してここ『要綱』では、まずは世界市場形成の論理を事柄それ自体に即して——宇野弘蔵の口吻のみを借用していえば「なんぴとにも理解せられうる」ものとして——学的客観的に説いている。

その一環として**消費の拡大**にも目を向けている。消費が次第に太い線となって現代の「高度消費社会」にまで至り着くことを想えば、消費拡大の必然性と動因の解明はまことに重要な意義を持つ。この点については右引用文①〜③の解説を手短に済ませた後で述べる。個人消費の拡大にも公平に着眼している点は、これまた**『資本論』にはない『要綱』の大きな特色**である。『資本論』〔例えば第1部21章「単純再生産」〕では、労働者の個人的消費は「直接に〔労働力再生産のための〕生産的消費」であり「つねに資本の生産および再生産の一契機」であるとされる。**労働者にとってポジティヴな意義は何もない**と言うのである。

①「生産諸力」また③にある「生産力」は端的には労働生産性のこと。労働生産性の向上も生産力の増大をもたらすから、マルクスは生産性の向上を含意している場合でも生産力の増大という言い方で済ませていることが多い。むろん別途「生産性」という語も用いている。単なる生産力の増大と生産性の向上との区別は、とりわけ**新興経済発展国（中国、インドなど）の「発展」段階を見極める指標**ともなる〔⇩第2項の4〕。

ここでの要点は、3つのしかたで行なわれる**消費圏の拡大**である。消費者数は一定でも1人当たりの消費量を増やす、消費者数を増やす、新たな使用価値物を開発することによって質的に違った欲求を開発する（3つ目の点、「新たな使用価値物」は今日的には「more→better→different」という脈絡で〔⇩第13項1の補論〕より精細な区分を要するであろう）。消費者とは誰のことかは特定されていないけれども、当然、賃金労働者およびその家族が消費者の主力部隊をなす。**消費量の増大と質の多様化という恩恵は賃金労働者にも及ぶ**のである。

なお、「消費の生産」「欲求の生産」という言い方は、広義の「生産」概念の一用例である（⇩第7項補論1）。

②新たな使用価値物の開発の必要性は**分業**を促進する。数値も入れたより具体的な説明は③および下記（a）以下で行なわれる。

③理論的には、ここが枢要部分をなす。労働生産性が仮に以前の2倍に向上したとすれば、以前と同じ生産高を達成するのに必要な**資本量は以前の半分で済み、必要労働量もそれ相応に節約される**。「旧産業」つまり既存の産業部門で不要、フリーになった資本は、もちろん遊ばせておくわけにはゆかない。「新産業のファンド」として有効活用しなければならない。そうでなければ投下資本量全体としては無駄と不効率が生じるから「旧産業の価値」も維持されない。このような理屈に基づいて――断続的にではあれ――**次々と新たな産業部門が開拓され分業体制が拡大整備されてゆく**。

ただしここでは、以下の諸点は無視されている。労働生産性の倍増はいかにして可能か。生産性を向上させる新鋭生産設備は以前の設備よりも高価なのではないか、すると単純に資本量は以前の半分で済むとは言えないのではないか。原材料費は以前と変わりないのではないか。相対的剰余価値の生産を生産方法の改善によってではなく労働強化（労働の密度を高めること）によって行なう場合はどうなるのか、資本も労働もフリーにならないから新たな産業部門の開拓にはつながらないのではないか、等々。それらは副次的なこととして脇に置かれ、**所要の論理の基本線を明示する**ために設例も論述も簡略化されているわけである。

2 右に概観したことをもう少し精密に辿り直しておくと、次のようになろう。**生産性の向上によって生じる生産余力**が、ますます多様な資本財（労働力・土地を除く狭義の生産財）または消費財の生産に向かう——これが基本線をなす。

（a）上記マルクスの設例に少し言葉を補うと——。ある産業部門Aに属する個別資本aはこれまで100の大きさの価値を持つ生産設備を使用していたが、生産設備を製造している産業部門Bに属する個別資本bが高性能の新鋭設備を開発するか、aが機械メーカー（bでも下記cでもよい）とタイアップして設備を高性能化することにより、生産性が2倍に高まったとすれば、差し引き50の**固定資本がフリーになる**。資本aとしてはこの部分の有効活用法を考えなければならない。

フリーな資本の発生ルートとしては、もう一つある。産業部門Bに属するが従来型の生産設備を製造している個別資本cのもとで生産性が倍増して生産物価値が以前の半額になる、というルートである。その後、もしaが新鋭設備を導入する合理化投資ではなく、従来型の設備台数を増やすだけの増強投資を行なう場合は、以前と同じ設備の新規購入分は以前の半額で済むから、その分、固定資本がフリーになる。もっとも、この価値低下と連動して、いわゆる「価値革命」によって既設設備の価値も簿価に関わりなく半減するが。

（b）間奏曲。個別資本bのもとにおいてであれcのもとにおいてであれ、生産性を倍増とまではいかなくてもなにがしか高めるためには、あれこれの条件が必要である。**サイエンス（基礎科学）のテクノロジー（実用技術）としての応用による製造方法の改良**や新機器の発明・開発、情報化の推進、鉱物資源の新鉱脈発見や市況・為替相場の変動などによるエネルギー・資材・原料の価格低下、物流部門の効率化、など。あるいは従業員ないし企業組織がらみのこととしては、人員整理・賃金カット、不採算部門の整理なども含む**リストラクチャリング**。何であれ新しい物事が起きるには**「最初の一撃」**（⇒第28項）が必要である。**いずれかの個別資本（企業）における合理化・効率化が起点となって、そこでの生産物価値の低下が多方面に波及してゆく**。

（c）資本aは、以前の半額の固定資本で以前と同じ生産力を維持することができる。それゆえ、aの生産物に対する需要が2倍にまで増大しない限り、差し引き最大で50の固定資本部分がフリーになる。このフリーになった部分がエネルギー・資材・原料費の高騰や賃金上昇などによって全部吸収されてしまわない限り、なにがしかの**生産余力**が生じる。

生産余力の受け皿として　**既存の産業部門とは質的に違った新しい産業部門**が創出されなければならない。既存の産業部門に殴り込みをかけて既存資本の市場を奪い取るという、とりわけ帝国主義段階以降顕著になり常態化した**市場争奪戦**は、マルクスのこの文脈では想定外である。未開拓の産業部門したがって可能的市場が潜在していると想定されている。

（d）新たな産業部門は、資本財生産部門であるかもしれないし消費財生産部門であるかもしれない。いかなる経済発展段階においても、マクロ的には何らかの形で消費財生産に結びつかないような資本財生産は無意味であろうから、**生産余力は、その一部なりとも消費財生産に振り向けられる**。資本制経済発展の長期傾向としては、**資本財優先の生産体制から消費財依存型の生産体制への重点移動**が見られる。消費財で消費財を生産することはできないから、何はともあれまず資本財生産を強化しなければならなかったが、生産力および生産性が高まるにつれて、資本財生産部門の消費財生産部門への依存度が高まる。資本財生産がある程度の高みに達した段階で消費財生産への重点移動が、したがって支出面から見れば経済全体に占める**個人消費のウェイト増**大が始まる（⇩第20項「本項の結論」）。

新たな産業部門の開拓は、フリーになった資本部分にとってだけの問題ではなく、旧来の産業部門に投下されている部分も含めた当該資本全体にとって死活問題となる。個別資本にとってはつねに投下資本の全体が問題であり、全体として運用効率の良し悪しも業績も決まってくるからである。

18 資本の文明化作用――圧倒的な変革力

テーマ

引用文としては前項の続きであるが、項を改めて**世界市場の形成を文明論の観点から**意義づけておこう。文明論の取り扱い対象や方法は論者によってまちまちであるが、マルクスの文明論は**生産力発展論**を基軸にして展開されている。ここでは考察範囲が近代以降（ブルジョア社会）の生産力発展に限られているので、社会的（多数の人々による）生産諸力の発展は、労働の結合（**協業**）と分割（**分業**）をベースに、**科学上の発見と技術上の発明**、それに基づく**機械装置**、**交通手段の発達**、**世界市場の創出**などから生じるとされる。

本論

（1）①こうして、以下のようなことが必要になる。事物の新たな有用な諸特性を発見するために全自然を探査すること、気候・風土の違いを問わずどの国・地方の物産をも世界大に交換しあうこと、自然の事物を〔人工的に〕調合することによって新たな使用価値を生み出すこと。新たな使用可能性を持つ事物を発見したり、物は同じでも新たな使用特性や、原料などとして役立つ新たな特性を発見したりするための、地球の全面的な探査。したがって、自然科学の最高度発展。②また、社会そのものから生じてくる新たな諸欲求の発見・創造・充足。社会的〔共同的存在としての、社会の一員としての〕人間のあらゆる特性を開発し、そして社会的人間を、可能な限り豊富な特性および〔他の人間との〕関連を持つがゆえに可能な限り豊富な欲求を持つ存在として生産すること――人間を可能な限りトータルかつユニヴァーサル〔全面的〕な社会的生産物として生産すること（というのも、人間は多面的に享受するためには享受する能力を持たなければならず、それゆえ、ある程度の高さまで開発されて〔教養を身につけて〕いなければならないからである）――が、これまた資本に基づく生産の一条件なのである。

③以上のことは分業を、新たな産業部門の創出を、すなわち質的に新しい剰余時間の創出を意味しているだけではない。特定の生産が〔既存の産業部門の内部で〕自分自身から、新たな使用価値を持つ労働を分離することでもある。こうして、労働種類・生産種類の体系が絶えず拡大し包括範

囲を広げながら発展する。労働種類・生産種類の拡大に対応して、欲求の体系も絶えず拡大し豊富化する。

1　経済が発展するとはそもそもどのようなことなのか。まず、**経済発展の土台をなす生産拡大**が、いわば無から有が生み出されるように最も基底的な場面に即して考察される。

①人間生活や生産活動に役立つ新たな事物を発見したり、既存の事物の中に新たな使用可能な特性を発見したりするために「全自然を探査すること」。「地球の全面的な探査」、そのための「自然科学の最高度発展」。物に関するこのような**開発努力の動因**をなしているのは、言うまでもなく、より多くの剰余価値（追加価値）の追求である。開発努力は人にも向けられる。

②**人間開発**。これは経済学分野ではもっぱら欲望開発の観点から論じられがちであるが、マルクスは**全人的開発の視座**に立っている。この点に類例を見ない特色がある（⇩第7、20項）。

人間を「**社会的人間**」として、すなわち共同的存在として、社会の一員として捉える。人間をまず個人に還元した上で個人を出発点に据える、というやり方はしない。出発点としての個人なるものは非現実的な抽象でしかないからである（⇩第1項（4）の補論）。人間は現実には社会の一員として、そもそもの最初から他の個人たちと諸関係を形成しており、**諸関係の項として多くの他力に支えられてはじめて存在しうる**。**世の中に個人として自力で存在している人間は一人としていない**。「**個人**」**主義なるものも他力による支えられ方の好み**（**preference**）**や選択**（**choice**）**にすぎない**。

それゆえ**人間が抱く欲求も**、**主要には社会的人間として抱く欲求である**。なるほど、諸欲求の最基底にある生物学的・生理学的欲求（空腹を満たしたい、眠りたい、排便をしたい、等々）は「社会」とは無関係な欲求である。ではそれは「個人」としての欲求か？ そうではあるまい。「個人」などという立派な（？）概念以前に動物であるがゆえに抱く最もプリミティヴな欲求である。しかし社会的人間としては、食い物なら何でもよい、寝場所はどこでもよい、排便様式はどうでもよい、というわけにはゆかない。動物段階から脱して発展段階が進むほど、**生物学的・生理学的欲求の満たし方も社会的に（社会の一員として）規定される度合いが強まる。**

物の開発とともに人の開発が一大テーマとなる。人間を「可能な限り豊富な欲求を持つ存在として生産すること――人間を可能な限りトータルかつユニヴァーサルな社会的生産物として生産すること」。**人間の欲求を可及的最大限、全面的に生産（開発）すること。**これは単なる欲求開発にとどまらない。「人間は多面的に享受するためには享受する能力を持たなければならず、それゆえ、ある程度の高さまで開発されていなければならない」。すなわち、**「享受する能力」も全面的に開発されなければならない。**この全面的開発はまさに「資本の論理」に駆動されており、かつ寸分たがわず合致する（⇩第20項）。

この文脈で「開発する（cultiviren）」とは、英語では「文化（culture）」と同系の cultivate、「耕す」「掘り起こす」こと。ここでは人間を文化人・教養人として育成することである。このような人間開発なしには、多面的な欲求を充足すること、多面的に享受することはできず、したがって**資本に基づく生産も資本の目的を十全に達成することはできない。**細かいことを言えば「多面的」と「全面

18

的」との混用があるとはいえ、ともかく、資本に基づく生産はこのように**人間を文化人・教養人として育成することを生産拡大の必須要件としている**。資本活動は教育活動のように人間の育成それ自体を目的としているわけではなく、あくまでも、より多くの剰余価値の実現（利潤追求）を目的としている。しかしそのためにも、**より多種多様な消費財・サービスを消費してくれる人間の育成を推進する**のである。**経済発展と人間発展との内的連関**を明らかにしたところにマルクスの真骨頂は存する。

③欲求の多面化・多様化は新たな産業部門の創出としての**分業**を、社会的（マクロ的）分業を促進する。が、それだけではない。既存の生産内部においても、従来の労働とは質的に違った新たな使用価値を持つ労働を分離する。**企業内分業**（これは「作業場内分業」や「工場内分業」とは別概念である）を促進する。**社会的分業と企業内分業**とが両者相俟って「労働種類・生産種類の体系が絶えず拡大し包括範囲を広げながら発展する」。また労働種類・生産種類の拡大に対応して「欲求の体系も絶えず拡大し豊富化する」。

欲求が拡大するから労働種類・生産種類も拡大する、という因果関連は事柄の一面にすぎない。マルクスはむしろ**労働種類・生産種類の拡大が欲求の拡大を促進する**側面を強調する。欲求の「開発」「生産」という言い方は、そのことを言おうとしている。しかも**トータルな人間開発の一環としての欲求開発**なのである。

▼1の補論

マルクス後の**シュムペーター**（『経済発展の理論』初版、1912年）や**ウェーバー**（『経済と社会』初版、1922年、第1部第2章「経済行為の社会学的基礎カテゴリー」）らも消費者の欲求開発を指摘しているが、生産サイドによる**広告宣伝**に力点が置かれている。単に商品を売るための欲求開発なのである。マルクスの人間開発論とは大きな違いがある。つまり「資本の論理」の捉え方が大いに違っている。が、それは幾分かは生産力発展度の違いの、したがって**資本の論理を貫徹するしかたの変容**の反映でもあろう。シュムペーターやウェーバー以後、ますます生産力が発展し過剰化傾向を強めるにつれて、広告宣伝がますます重視されるようになる。**資本制経済の発展と人間発展との内的連関**はもはやテーマではなくなった。

（2）④資本に基づく生産は、一方ではユニヴァーサルな〔全方位にわたる〕産業活動——すなわち剰余労働、価値創出労働——を創出しつつ、他方では自然および人間の諸特性の全般的開発利用の体系を、全般的利活用の体系を創出する。そして科学そのものが、あらゆる身体的・精神的諸特性と同じく、この体系の担い手として現れる。こうなると、それ自体で高次のもの、自分自身で正当化されるものとして社会的〔マクロ的〕生産および交換の圏外に現れるようなものは一切なくなる。⑤このように、資本がはじめてブルジョア社会を創出し、そして社会成員たちによる自然の、また社会的〔多くの人たちの〕連関それ自体の世界大の獲得を可能にするのである。⑥だからこそ

> 資本の巨大な文明化作用なのだ。資本による一つの社会段階の生産。これに比すれば、それ以前のあらゆる社会段階は人類のローカルな諸発展として、自然崇拝〔のごときプリミティヴなもの〕として現れるにすぎない。

2　④資本に基づく生産は、地球上の一切合財を「社会的生産および交換の圏内」に引きずり込む。生産は一面から見れば人間の営みだから、地球全体を人間が征服すると言い換えてもよさそうなものだが、しかし人間を主語に立てるのは間違いである。第一に、生産の根本動因は資本の本性に存し、資本こそが生産という運動の主体＝主語をなすからだ。しかも第二に、1でも見たように、資本に基づく生産のもとでは人間は「生産する者」という能動的存在である以前に**「生産されるもの」という受動的存在**であるからだ。資本に基づく生産が支配的生産となって以降は、**人間の地球征服（代表的には植民地政策）も資本色に染まっている**。同じく「帝国」でも、古代ローマ帝国やモンゴル帝国、オスマン帝国などと**大英帝国**とでは、対外進出や領土拡張の目的・推進動機が全く異なる。

⑤**ブルジョア社会は資本によってはじめて創出される**。そして資本が世界大の活動を展開するのに伴って、社会成員が獲得する自然と社会的連関も世界大のものに広がってゆく。この獲得過程（対内ベクトル）は同時に**世界を変えてゆく過程**（対外ベクトル）でもある。

⑥**資本の巨大な文明化作用**（the great civilising influence of capital）。大変有名なフレーズである。もっとも、greatという形容詞はプラス・マイナスの両義を持つので、いつも単純に「偉大な」と訳すことはできない。マイナス語法も、a great earthquake（大地震）、great pain（激しい痛み）、a great fool（大ばか者）など用例には事欠かない。『要綱』研究では世界に冠たる先駆的業績を遺した**平田清明**は、両義性を意識して「壮大な」という訳語を充てた（『経済学と歴史認識』岩波書店、1971年）。

では、マルクス自身はこの語にどのような意味合いを込めていたのか。プラス・マイナスの色模様は多彩であるが、ここではもっぱら**生産力発展および生産性向上の観点からプラスの評価**をしている。**文明化は一国的にも国際的にも旧来のものの解体・破壊と新しいものの持ち込み・移植を通じて行なわれる**から、諸制度をはじめ、風俗・習慣、物の見方・考え方などをも大きく変える。マイナスの方向に変わることも少なくない。「文明」病のような「巨大な」害悪がもたらされることもある。そもそもマルクスが目の当たりにした**イギリス労働者階級の労働および生活実態からして文明化の所産**である。マルクスが文明を手放しで礼賛することはありえない。その点は、例えば「いわゆる文明」という表記からも看取される。

この語句は、第16項の⑤で『共産党宣言』から引用した文章――「ブルジョアジーは、あらゆる国民に、滅亡したくなければブルジョアジーの生産様式を取り入れるよう強制する。あらゆる国民に、**いわゆる文明**を自分のものにするよう、つまりブルジョアに成るよう強制する。一言でいえば、ブルジョアジーは自分に似せて一つの世界を創造する」――の中にある。文中の「いわゆる」という一語がマルクスの「文明」批判を端的に示していると、ユルゲン・**ハーバマス**も共産主義的左翼に関するある論文の中で強調している。

18

このような批判的側面だけを取り出せば、マルクスは旧来の反資本主義論者や今日の反グローバリストらと同列である。だがマルクスは偏狭な一面性には陥っていない。ブルジョアジー批判さえも両義的なのである。ブルジョアジーの果たした「革命的」役割。より正確には**資本の圧倒的な変革力**。物と人との両面にわたる世界大の開発。これがもたらしたプラスの意義にも配視することを忘れていない。マルクスの人間開発論に従うなら、あれこれの反資本主義論者や反グローバリストらの——飽食享受（⇩第4項）はもとより——**批判的能力の開発も大いに資本の産物**なのである。

変革主体としての**資本の力に対する驚嘆**がマルクスの「資本」研究の原動力をなしている。鋭敏な者ほど深刻に驚嘆することができる（資本の〝悪〟に対する非難や糾弾は頭脳扁平な者にでもできるが）。マルクスは資本に絶大な力を発揮させる生産様式の原理と仕組みを解明する作業を進めてゆけばゆくほど、魔力に取り憑かれたようにますます深く解明作業にのめり込んでゆく。そして生涯をかけたその作業が、ひとまず——形式面で整備されたものとしては——『資本（論）』第1部に結実する。

剰余労働を生み出す独自のシステム（原理と仕組み）が資本の力の源泉をなしている。剰余労働は単なる生計維持の観点からは「より多くの労働（Mehrarbeit）」である。人類史は長らく、かつかつの生計を維持するだけで汲々としていた。むろん剰余労働は古くから、生計手段の獲得作業に従事しない人たちが存在していた社会ではどこでも行なわれていた。剰余生産物の生産を行なえるようになったのは、ようやく今から1万年近く前に**農耕と牧畜**が始まってからである。これ以降、生活状態を多少なりとも改善する余地が生まれるが、改善カーヴはごくゆるやかであった。**剰余の活**

かし方がまだ必然的なメカニズムをなすに至っていなかったからである。このような〝準〟定常状態が長く続く。

　剰余労働の絶えざる創出したがって増大のメカニズム、同じことだが**剰余を再び生産に役立てる生産力発展メカニズム**が——古代の専制君主やギリシア・ローマの奴隷主、中世の封建領主らによる人為的な政策などとは違って——必然的なメカニズムとして成立するのは、ずっと後年のことである。資本に基づく生産がはじめてこのようなメカニズムを備え持つことができた。**資本家的生産様式の登場以降、人間の歴史は比類なき生産力発展と変革の時代に入る。**

　資本は人間労働がなしうることの「限界」を、端的には**「これ以上は無理だ」という現場労働者たちの悲痛な叫び**を、それでも絶えず踏み越え乗り越えてきた。労働に関するそのつどの常識や通念を絶えず打破し、**絶えざる剰余労働の創出による絶えざる経済発展の軌道をしつらえた**ことが資本の「偉大な歴史的側面（die grosse geschichtliche Seite）」をなしている。経済領域で**人間能力の「限界」を乗り越える**過程は、労働生産性を機械化等の**技術革新**——今日的にはIT（情報技術）化の推進など——によって向上させる過程にほかならない。その意味で、この生産様式は人類史に巨大なエポックを画すのである。

　もちろん、このような過程を手放しで礼賛することはできない。**人間能力の限界を踏み越え乗り越えうる客観的諸条件を用意している場合に限って**資本の偉大さを称えることができる。そうではなしに、ただただ労働主体の側に無理強いをするだけでは悲痛な叫びは克服されない。この点は今日においても、例えば**ＪＲ西日本の福知山線事故**はどちらであったか等、大切な見極め規準をなしている。

ここにいう「偉大な」は――上記「客観的諸条件」の限定を付した上で――掛け値なしの賛美である。剰余労働に関しては、マルクス自身「無償労働の搾取」「強制労働」などの言い回しを多用しているが、これらは**剰余労働が誰のものかという所有権上の問題**にすぎない。「搾取」される者とする者とのミクロ的利害関係にのみ目を奪われることなく、**剰余労働の絶えざる創出そのものと剰余のフィードバック機構（再資本化＝資本蓄積メカニズム）が持つ巨大な――被「搾取」者も恩恵をこうむることとなる――マクロ的意義**を認め強調している。

とてもとてもマルクスを皮相浅薄な反資本主義論者や反グローバリストらと同列に置くことはできない。彼らは彼らの批判対象が持つ「偉大な」側面から自分たちも多大な恩恵を受けてきたことに無頓着である（⇓第4項）。事柄の一面しか見ていない点では、折角の「批判的能力」もあまり高くない。**批判活動それ自体が、生産力発展および生産性向上による「豊かな生活」の享受や、交通・情報通信手段をはじめとする多種多様な「文明」の利器なしには行なえない。**

（3）⑦自然は、こうなってはじめて純粋に人間にとっての対象物、利活用可能な事物となり、もはや自存する威力として認められるものではなくなる。そして自然の自立的法則の理論的認識さえも、自然を――消費の対象としてであれ生産の手段としてであれ――人間の欲求に服従させるための悪知恵としてのみ現れる。⑧資本は、このような自己の性向に従って、自然の神化〔自然崇拝〕を乗り越えるとともに、一国的な制限や偏見も乗り越えて突き進むのであり、こうして、

既存の欲求を狭く囲われた一定限度内で自己充足する旧来のあり方や、古い生活様式の再生産を乗り越えて突き進むのである。資本は、これらすべてのものに対して破壊的であり、不断に革命的であり、生産力の発展、欲求の拡大、生産の多様化、そして自然力・精神力の開発利用および交換を妨げる一切の制限を取り払ってゆく。

---

3 資本による世界開発の全体像が要約されている。「悪知恵（List）」⑦はヘーゲルの愛用語句「**理性の悪知恵**（die List der Vernunft）」と重なる。歴史は人間の願望や意図どおりに展開するものではない。そうではなく、歴史の背後に控えている理性（普遍的理念）が、自身は歴史の運動に関与することなしに人間どもに好き勝手なことを情熱的にやらせ、疲弊させながら、結局は自分の思いどおりに歴史を展開させるのである——。

一方、「自然法則の理論的認識」⑦とは、実用技術としてのテクノロジーとはひとまず区別される**基礎科学としてのサイエンス**のこと。したがって、あるがままの自然を客観的に認識することを第一使命としている。自分は自然支配（自然を服従させること）には関与しない。資本の背後に控えていて、テクノロジーを通じた自然支配は資本にやらせる。こうして自分の自然認識の正しさを実証する。自然認識それ自体は悪でも何でもないが、**知らぬ振りをして自然支配に加担している**点で悪知恵としての働きをなすのである（ちなみに、マルクス以後時代が降るにつれて、サイエンスも「背後に控えている」のではなしに「研究開発（R&D）」の担い手としてストレートに自然支配に役立つべきものという性格が強まってきた。**自然認識そのものが巨額のコストを要するものに変容してきたか**

らである)。

注目すべきは、資本が「すべてのものに対して破壊的」であり「不断に革命的」⑧だとしている点である。ここに破壊とは、シュムペーター風にいえば、むろん「創造的破壊（creative destruction)」のこと。自然破壊・環境破壊さえも、これを代償に多大なものが創造されてきた。

資本は、語の真の意味で永続革命者である。一部左翼の観念的な「永続革命」論議を尻目に、資本は永続革命を現に遂行してきた。独自の生産様式に基づいて、**自然と人間生活と社会構造の一切合財を、人間の物の見方・考え方さえも絶えず大きく変革してきた。**もちろん、これらの変革がいつもプラスの意義を持ったとは言えない。自然破壊は言うに及ばず、人間が深刻な変調をきたしてしまう**人間破壊**も現に進行中である。プラス・マイナスの両面を捉える必要がある。

革命といえば直ちに**フランス大革命やロシア革命**などが想起されようが、**変革力の巨大さと永続性にかけては資本制革命の右に出るものはない。**ただ資本制革命は、「第〇次産業革命」などといわれるような人目を引く出来事を除けば、おおむね**日常的な革命**であったために「革命」とは意識されにくかっただけのことである。マルクスは資本ないし資本家的生産様式を真の革命者と見てその偉大さを称揚した。それゆえ、この革命者を〝**プロレタリア革命**〟なるものによって打倒しようとしたこと自体、**そもそも論理矛盾があった**のである。後世の各種〝マルクス主義者〟の論理破綻は必然のものである。

この永続革命者を打倒しようとするのであれば、もはや永続革命者たりえぬ十全な論拠を、したがって、資本制生産様式がプラス面を上回るほどのマイナス面をあらわにしていることを——単なる情念発露やアジテーションとしてではなく——理論として明らかにした上で、この革命者にとって代わりうる**新たな革命者像**を——必ずしも「永続」革命者でなくてもよいから——提示することが最小限必要である。仮にこれらのことをなしえたとしても、問題解決の3要件のうち初めの2つを満たしたにすぎないのだが（⇩第11項）。

19 資本は乗り越え不能の限界にぶつかる？

——資本は均衡を無視する

テーマ

以上では、資本はいかなる制限も乗り越えて世界開発を永続することができる、とする観点から論述が進められてきた。次には一転して、これは本当か、現実的に可能な道程なのかという観点から考察が行なわれる。資本、より正確には資本に基づく生産は、世界開発を、世界大の生産力発展を進めていった末に、**やがて重大な制限にぶつかるのではないか**、という問題が取り上げられる。

21世紀初頭の今日においても資本制生産様式は現に存続している。新しいところでは「サブプライムローン」問題に端を発する世界の金融・株式市場の動揺と実体経済への影響などもあって、よたよたふらふらしながらも何とか持ちこたえている。そこいらの泥酔者は脱帽だ。たとえ過去においては重大な制限にぶつかったとしても、その制限は**致命的な制限ではなかった**ことになる。となると、今日わざわざマルクスの制限論を取り上げる意味はない、アクチュアリティを持たない――。

これは適切な見方であろうか？　マルクスの問題提起は今日的観点からは、**資本制生産様式にとって乗り越え不能の制限などないのか、資本制生産様式は今後とも存続可能か**、と提起し直すことができる。以下、このような問題関心をもってマルクスの考察を検討してみよう。

本論――過剰生産と恐慌・世界戦争・過剰消費

（1）①だが、資本が上述のごときいかなる限界をも〔乗り越え可能な〕制限として位置づけ、したがって限界を観念的には乗り越えているからといって、限界を現実に克服したことにはけっしてならない。その種の制限はいずれも資本の規定と矛盾するので、資本による生産は、絶えず克服されてはしかしまた絶えず生じてくる諸矛盾の中で運動していることになる。②それだけではない。資本は全方位展開を休まずに目指して突き進むが、全方位性にも資本自身の本性からくる諸制限がある。諸制限は、資本の発展のある一定段階では、資本そのものこそがこの〔絶えざる全方位展開という〕性向の最大の制限であることを白日のもとにさらすのであり、したがって、資本そのものによる資本の止揚〔廃棄・克服〕にまで突き進ませるのである。

1　キーとなる語句は、さしあたり「資本の規定」（①）「資本自身の本性」（②）であり、最終的には「資本そのものによる資本の止揚」（②）である。**資本は絶えざる全方位展開、世界大展開を目指**

して突き進む。しかし、ある一定の発展段階に達すると資本そのものが「最大の制限」（②）であることがはっきりしてくる。これはどのような意味か？　資本そのものが、ということは資本に基づく生産そのものが、ないし資本家的生産様式が、ということであろう。これが**自己制限にぶつかる**というのだ。

以下、マルクスはリカードやシスモンディらの学説を検討しつつ「制限」論の踏み込んだ考察を行なっている。論点は諸学説の検討がらみのせいもあって多岐にわたっているが、基調は、**供給が需要を見いだせないくらい**、**商品が貨幣との交換を実現できないくらい**過剰状態になるとする過剰生産論である。資本に基づく生産の拡大に伴って実現しなければならない剰余価値も増大するが、実現の受け皿となる対応価値（Gegenwerth）を見いだせなくなると言うのである。「対応価値」は「追加貨幣」（⇩第15項）に相当する。先には可能だとされたことがここでは不可能だとされる。両者の違いは生産力発展段階の違いに起因する。

現代の主流派経済学にとっては需給不均衡の解消など容易であろう。需要・供給・価格の3語があればそれらの組み合わせによって、つまり**市場メカニズム論**によって、いかなる不均衡もたやすく均衡に向かわせることができる。しかし**経済学者にとっては均衡や均衡した秩序が大事でも資本にとってはそうではない**。**「均衡を乗り越えて突き進もうとするのも資本の必然的な性向なのである」**（右引用文の数ページ後）。資本は、均衡や均衡した秩序などクソ食らえと無視するケタ外れの暴走族である（主流派経済学は「資本の本性」すら捉え損なっている）。こうして、**乗り越え不能と思わ**

れる不均衡が絶えずつくりだされてきた。

しかし不均衡は絶えず是正されてきた。供給∨需要の不等号を小さくするか、逆向きの不等号に置き換えることが行なわれてきた。もちろん資本自身が行なったのではない。**資本は前に向かって突進することは得意だが、突進がもたらした負の結果の後始末は**——暴走族の常として——**苦手である。**ましてや、諸資本が寄ってたかって引き起こす無政府的な不均衡となると、資本サイドは全くお手上げである。資本は終始、自己利害で動く。「資本の本性」上、総資本への配慮など持ち合わせていない。**マクロ的な不均衡に対して無力**なのは当然である。後始末も尻拭いもできないのに、日頃は「営業の自由」「規制緩和」を唱える。まさに〝自由放任〟主義である。

実際、**不均衡が均衡に向かったのは教科書風の——個別資本に即した——市場メカニズムなどによってではない。**マルクスの時代には主として恐慌によってであり、マルクス後の時代には主として2度の世界戦争と、第二次世界大戦後は大量消費という名の過剰消費によってである。資本制経済の発展史においては、**恐慌・世界戦争・過剰消費が、端的には破壊と浪費が過剰生産の処理メカニズムとして機能してきた。**それあればこそ、資本制生産様式は今日に至るまで存続しえている。したがって、今後とも存続可能かと問う際にも、**需要拡大は可能か、供給縮小は可能か、もしそれらが無理なら何か別の過剰処理メカニズムはあるか、**という観点から検討する必要がある。

マルクスの議論から少し外れたが、資本にとっての自己制限を過剰生産に見ようとしたマルクスの洞察からは外れていない。この洞察をマルクス後の時代にまで延長しただけのことである。

次に「資本そのものによる資本の止揚」(②)について。これは**自己止揚**のことで、**政治革命**や**社会変革**が一般にそうであるような、反対勢力による現体制の解体・廃棄・克服のことではない。自己止揚とは内部からの止揚のことである。これは反対勢力による止揚に比していっそう困難なことのように思えるが。

前項までの3項(第16〜18項)と本項の(1)に関しては、MEGA第Ⅱ部第1巻の310〜320ページ台からの引用に終始したが、以下においてはページ数が大きく飛ぶ。まず、50ページほど後あたりから見てゆく。

---

(2)③一方では前ブルジョア的諸段階が、歴史的な、すなわちすでに止揚〔廃棄・克服〕された諸前提にすぎぬものとして現れるのに対し、他方では今日の生産諸条件が自己自身を止揚する諸条件として、したがって新たな社会状態のための諸前提となる諸条件として現れる。……〔約70ページ飛ばして〕④資本は、その本性からしてそれ自体は〔自己利害のことにしか関心を抱かないので〕偏狭なものであるとはいえ、生産諸力の全面的発展に努めるのであり、こうして新たな生産様式の前提となる。……⑤もちろん、物質的生産諸力の、したがってまた富の発展が古い土台の上で起きただけでなく、当の土台自体も発展した。この土台そのものが最高度に発展するのは……土台そのものが生産諸力の最高度発展と、したがってまた諸個人の最も豊かな発展とも矛盾なく両立するような形態にまで仕上がっている時点である。この点まで達すると、それ以降の発展は衰退として現れるのであり、新たな発展が新たな土台から始まる。

2「土台」⑤とは、狭くとれば生産関係のことだが、ここでは広く生産様式と解したほうが分かりやすい。「土台自体も発展した」というのは、「資本―賃労働関係」ないし「資本家的生産様式」というカテゴリー自体は変わりなく維持されるとしても、その具体的なあり方は、例えばマニュファクチャー（工場制手工業）から機械制大工業へという具合に発展したということ。その中で生産力もますます発展した。⑤中の省略した部分「……」では生産力および富の発展が花に、土台が花を咲かせる植物にたとえられている。植物は、自身も成長発展しつつ花を最高度に開かせた後、枯れ衰えてゆく。

ここではまだ「新たな社会状態」③「新たな生産様式」④という言葉が出ているだけで、いかにしてそれが生み出されるのかという点、つまり資本の自己止揚に関する具体的な説明はない。後段での説明――もしあるのなら――に期待しよう。

ただ、「諸個人の最も豊かな発展」⑤という語句は注目に値する。**生産諸力が最高度に発展している時には諸個人も最も豊かに発展する**、あるいは後者が前者の証左になると言うのだ。しかし、現存する「土台」したがって現存する生産様式の上でも諸個人の最も豊かな発展が達成されるのなら、もうそれ以上の「新たな発展」は不要ではないのか？　現存生産様式の「衰退」を云々せずとも、現状維持策を講じればよいのではないのか？　マルクスはこのあたりのことをどう説明しているのか。併せて後段での説明に期待しよう。

19

次の引用文はさらに１４０ページほど飛ぶ。項を改めるが、「諸個人の最も豊かな発展」を実現するために、という主題は連続している。

『経済学批判要綱』本論から

20 自由時間の創出はいかにして可能か？

――「新たな生産様式」が必要とされた理由

テーマ

「諸個人の最も豊かな発展」。これこそはマルクスにとって生涯の大目標をなした。**自由時間論**は『要綱』全体の中でも最も論及されることが多い箇所の一つである（20世紀の各種「自己実現（self-realization）」論とも一脈通じる）。ただし、マルクスの考察には詰めが甘いところもあり、それが後の自由時間論者たちにも**間違った影響**を及ぼしてきた。手放しで礼賛することなく、じっくりと吟味する必要がある。

本論——あいまいな概念をきっちり吟味する

（1）①社会全般および各社会成員にとっては必要労働時間以外の部分をなす多大な可処分〔自由に使える〕時間（すなわち、個々人の、したがってまた社会の生産諸力を十分に発展させるためのゆとり）が創造される。この非労働時間は、以前のあらゆる段階でもそうであったのと同様、資本の立場では少数者のための非労働時間、自由時間として現れる。②資本が付加して行なうのは、大衆の剰余労働時間を科学技術のあらゆる手段を駆使して増大することである。というのも、資本の富は端的に剰余労働時間の取得に存するからであり、資本の目的は端的に価値であって使用価値物ではないからである。③こうして資本は、社会全体にとっての労働時間をますます低下する最小限にまで短縮して万人の時間を彼ら自身の発展のために解放する、その手段となる社会的〔社会全体の〕可処分時間を創造することに意図せずして貢献するのである。

1　資本の立場でもそれ以前の立場でも、「非労働時間・自由時間」は少数者のためのものである（①）。資本の独自性は、科学技術を駆使して**大衆の剰余労働時間を極大化**しようとする点にある（②）。この剰余労働時間が可処分時間・自由時間のいわば原資となる。

問題は、**剰余労働時間がいかにして大衆の可処分時間・自由時間に転化するのか**、という点である。この転化が可能になるためには、（a）労働者が賃金を稼ぎ出すために必要な労働時間が短縮されるだけでなく、（b）**労働時間そのものも短縮されなければならない**。（a）の短縮は科学技術の駆使によって、それゆえ労働生産性の向上によって可能である。しかしこの短縮分が労働者のための自由時間に直結するわけではない。（b）の短縮がなければならない。これは**どのような根拠と必然性に基づいて**可能になるのか？「資本の富は端的に剰余労働時間の取得に存する」（②）こととの折り合いをどうつけるのか？②と③の間には断絶がある。どのような理屈で架橋するのか？

次の2で詳論するように、このあたりのマルクスの論述には論理的に詰めきれていないあいまいさがあるので、論述内容の当否を吟味する前に論述そのものを論理的に整序しておく必要がある。

もう一つの問題点は、たとえ自由時間が万人のものになったとしても、**時間だけでは**「彼ら自身の発展」（③）あるいは前項⑤の言い方では**「諸個人の最も豊かな発展」は叶わぬ**ということ。霞を食って沈思瞑想に耽るだけでは修行僧の発展にはなっても一般人の発展にはなるまい。ましてや、生産諸力の発展に資するような人間発展となると、悟りを開くたぐいの発展だけではどうにもならない。**多様かつ豊富な消費財・サービスに裏づけられた自由時間でなければ現実にはほとんど無意味**であろう。自由時間の創出は消費可能な財・サービスの確保と一体のものでなければならない。時間にだけ着目しても抽象論議にしかならない。世の自由時間論は大概この種の一面性に陥っている。マルクスはこれを超えたリアルな説明をなしえているのかどうか。この点も注目点の一つとなる。

（2）④だが、一方では可処分時間を創出しつつ他方ではこれを剰余労働に転化することが、つねに変わらぬ資本の性向である。資本による可処分時間の創出がうまく行きすぎると、価値実現され

うる剰余労働が資本のもとには全く残らぬために、資本は剰余生産に苦しむことになり、その挙げ句、必要労働が切り縮められることになる。⑤この矛盾が進展すればするほど、ますます次のことが、すなわち、生産諸力の増大はもはや他人の剰余労働の取得に縛りつけられたままでいることはできず、労働者大衆自身が自分の剰余労働を我がものとして取得しなければならないということが、はっきりしてくる。⑥労働者大衆がそれを成し遂げたなら——そしてそのことにより可処分時間が対立的存在〔資本のための剰余労働時間〕をもはや持たなくなれば——一方では必要労働時間が社会的〔社会の一員として生きる〕個人の諸欲求を尺度にして定められることになるであろうし、他方では社会的〔マクロ的〕生産力の発展が急速に勢いを増して、その結果、今や生産は万人の富を狙いとするものでありながら、万人の可処分時間は増大することになるであろう。というのも、真の富はすべての個人の発展した生産力であるからだ。その場合は、もはや労働時間ではなく可処分時間が富の尺度である。

2　少々長くなるので、引用をいったんここで切る。後続の論述ともども、**マルクスの可処分時間論および自由時間論**、したがって自由時間論との関連では**個人発展論のヤマ場**をなす一節である。と同時に、**マルクス未来社会論のユートピア性を端的に示す**一節でもある。とりわけ④と⑤との間には大きな断絶と飛躍があることに留意する必要がある。**語られている言葉のビューティフルさに酔ってはいけない。語られる際の論理に厳格でなければならない。**これはマルクス自身の——時に踏み外しはあったがほぼ一貫した——教えでもある。

生産性の向上により相対的剰余労働時間が長くなるにつれて、労働日を短縮する余地（ゆとり）が生まれる。従来の労働日が8時間であったとすれば、今ではこれを例えば7時間に短縮しても、従来と同じか従来以上の剰余労働時間を確保することができる。実際、資本制経済が発展する中で、長期傾向として労働日は短縮されてきた。

問題はしかし、資本がこのような労働時間の短縮を行なう根拠と必然性は何かということである。苛酷な長時間労働に反対する労働者サイドの闘争や世間一般の人権思想の高まりなどによる、労働法制の整備・改善も時間短縮に寄与したであろう。だが肝心なのは、**資本の論理に照らしても労働時間を短縮する、その根拠と必然性を明らかにすること**である。労働時間をなるべく長くするほうがより多くの剰余労働を獲得できるから、**資本の論理に照らすと時間短縮の必然性などないように見える**。マルクスは「一方では可処分時間を創出する」ことが「資本の性向」④つまり資本の論理だとしているが、これは必要労働時間の短縮のことで労働時間そのもの（労働日）の短縮のことではない。

資本はどのような理屈で労働者のための可処分時間を創出するのか。労働者のための可処分時間とは、労働から解放された時間である。資本はどのような理屈で解放するのか。「これ〔可処分時間〕を剰余労働に転化する」④のが資本の論理であることはマルクスも明確にしている。すると次には、**労働からの解放の論理**を明確にしなければならないはずだが、それがマルクスの論述には見当たらない。

そもそも**「可処分時間」の概念があいまいである**。マルクスは、以下に示すように、この語句を次元の異なる二重の意味で用いているが、そのことを自覚していない。むしろ、無自覚なあいまいさの中で苦し紛れに、**無根拠な未来社会論**を展開しようとしている。順々に見てゆこう。

まず、④の論述をよくよく読み解く必要がある。科学技術の駆使に基づく生産性の向上によって「ゆとり」（①）時間が生まれる。資本がこれを資本自身のために、すなわち剰余労働時間の増大のために役立てるか、それとも労働者のために役立てるか。資本は2つの選択肢を手にする。言い換えると、**可処分（自由に使える）時間には2通りの役立て方がある**。④の2センテンスのうち、前者にいう可処分時間は「剰余労働に転化」されるべき可処分時間であり、**資本のために「自由に使える」時間**である。

2つのセンテンスのうち後者にいう可処分時間は、資本家のためにではなく労働者のために役立てられる可処分時間、すなわち**労働者が「自由に使える」時間**である。この可処分時間は労働者にとっては**労働から解放された時間**であり、これこそが「自由時間」である。⑤⑥にいう可処分時間もこちらの意味である。

可処分時間は、資本家のための剰余労働時間に転化するか、労働者のための自由時間に転化するか、2つに1つである。くどいようだが改めて「可処分時間（disposable time）」の二重の意味を整理しておく。必要労働時間すなわち労働者の生計費（賃金部分）を稼ぎ出すのに必要な労働時間を、科学技術の駆使等による生産性向上を通じて短縮することで生み出されるゆとり時間。この時間を資本は労働時間そのもの（労働日）の短縮に使ってもよい。しかし**生産性向上の目的・動機からすると、すなわち資本の論理に従えば、この時間部分は剰余労働時間に転化し剰余労働時間のプラス**

分となる。これが可処分時間の第1の意味である。この可処分時間は労働者には恩恵をもたらさない。

労働者に恩恵をもたらすのは第2の可処分時間である。これは**労働時間そのもの（労働日）の短縮による労働者のための可処分時間**であり、これが語の真の意味での自由時間である。

資本のための可処分時間と労働者のための可処分時間。このような二重の意味を識別すること、言い換えると可処分時間という語句にまつわるあいまいさを除去することが可処分時間論・自由時間論の基本前提をなす。その上で、第2の意味での可処分時間の創出が、**資本の論理に照らしても必要であること**を明らかにすることが中心課題となる。表面上は、資本のための可処分時間を短くして労働者のための可処分時間を長くすることは資本にとってありえない選択肢のように見えるが、実質面ではそうではない。両者とも資本の論理の枠内にある。では、**資本の論理とは**どのようなものか。

マルクスは可処分時間という語句の二重の意味を識別しないまま、この語句をキーワードとして用いた。資本としての貨幣と賃金としての貨幣とをごっちゃにすれば立論は混乱するであろう。これと同様のことをやっている。このようなどさくさ紛れの中で、可処分時間の自由時間への転化メカニズム、転化の根拠と必然性を明確にすることなく、**いつの間にか資本のための可処分時間を労働者のための自由時間に意味転換し横滑りさせて**、そこから「矛盾」を引き出し、矛盾の止揚を資本に基づく生産の自己止揚につなげてゆこうとする（⑤）。

⑤にいう**「矛盾」とは**何か。④の末尾に言われていること、すなわち、労働者のための自由時間が増大してゆくにつれて剰余労働時間が縮小し、ついにはゼロになるから、必要労働時間を「切り縮め

て」、必要労働時間に食い込む形で、わずかなりとも剰余労働を獲得せざるをえなくなるということ。一方では自由時間が増大し、他方では必要労働時間も満足に確保されないようでは確かに大いなる「矛盾」である。

しかし実際問題として、このようなことは起こりえない。剰余労働時間がゼロ（「価値実現されうる剰余労働が資本のもとには全く残らぬ」）、それなのに労働者は自由時間を享受する？　遺憾ながら、マルクスの論述は支離滅裂と言うほかない。それゆえ、「労働者大衆が自分の剰余労働を我がものとして獲得しなければならない」という文言を核とする後続の論述も空理空論、ユートピア願望に終わっている。**必要な論証手続きなしに「新たな生産様式」論に移行している。**

蛇足ながら、この箇所を草した時のマルクスは体調が余程良くなかったのだろうか。しかしもっと本質的なこととして、後述する**「条件B」の欠落のゆえに突破しがたい理論上の障壁にぶつかっていた**のであろう。この『要綱』自体がマルクスとしては公表されることを全く予期しない未定稿であった。もし可能なら、当人は公表されてもよい部分とそうでない部分とを選別したことだろう。しかし後世のマルクス・エンゲルス全集編集委員会をはじめとするマルクス研究家たちは、マルクスが書き遺したもの一切合財を蒐集して活字化することを至上の使命と心得た（そのお陰でわれわれも今こうしてマルクスを批判的に検討することができる）。マルクスが公表可・不可の選別をなしえなかったことは〝死人に口なし〟の、**「過去の意味づけも、そのつど最後の形態の専決事項に属する」**（⇒第9項）ことの一例と言えよう。

⑥の文章は自由時間が持つこととなる意義について述べているが、しかしこのような立派な意義も、**可処分時間が自由時間に転化する根拠と必然性**を明確にした上ではじめて生きてくることである。

可処分時間を可能な限り剰余労働時間に転化することが資本の論理である。にもかかわらず可処分時間を労働者のための自由時間として解放するには、それ相応の、資本の論理に照らしてもリーズナブルな根拠と必然性がなければならない。それを明らかにしていないのだから、**マルクスの自由時間論は論理として破綻している**。

だが資本制生産様式は、マルクスの論理破綻を尻目に、**事実として労働者のための自由時間を拡大してきた**。そして自由時間を享受する側では、マルクスの自由時間論のことなど何も知らなくても自由時間を各人各様のしかたで——次の3にいう「生産力の発展」に直結しようがしまいが——享受してきた。**肝心なのは、自由時間の享受が資本の論理に沿った要請である点を明確にすること**である。本項では「資本の論理」とか自由時間が創出される「根拠と必然性」という語句を、くどいくらい何度も用いている。その趣旨は、マルクスの論理破綻を指摘することにではなく、むしろ「資本の偉大な歴史的側面」(⇩第18項)に改めて目を向けることにある。**マルクスの自由時間論は資本が達成した現実によって乗り越えられてしまった**のである。その事情次第を以下に示そう。

---

(3)⑦真の経済——節約——とは労働時間の節約(生産コストの最小限(ないし最小限への縮減))にある。が、この節約は生産力の発展と同じことなのである。享受を断念することなどではなく、生産のためのパワー・諸能力を発展させ、したがってまた享受の諸能力並びに享受手段を発展させ

20

ることでもある。享受の能力は享受のための一条件、それゆえ享受の第一手段であり、そしてこの能力は個人の資質の発展、生産力である。⑧労働時間の節約は自由時間の増大、すなわち個人の十全な発展のための時間の増大に等しく、そして個人の十全な発展自体が最大の生産力として今度は労働の生産力に反作用を及ぼす。⑨個人の十全な発展は、直接的生産過程の観点からは固定資本の生産と見なすことができる。この固定資本は人間自身である。ちなみに、直接的労働時間そのものが——ブルジョア経済学の観点からの見方とは違って——もはや自由時間の抽象的な対立物ではありえないことは言うまでもない。⑩フーリエは労働が遊び（Spiel）になることを望んだが、そういうことはありえない。ただ、分配ではなく生産様式それ自体をより高次の形態のものに止揚することが究極の目的だと明言したことは、フーリエの偉大な功績であり続けている。

---

3 労働時間の節約と等値される「生産力の発展」（⑦）とは、新鋭生産設備の導入等による生産性の向上ないし生産性の向上による生産力発展のことではない。ここでは、節約された時間の使いみちが**人間発展論**の見地から考察される。**節約された時間帯に、労働者は生産能力を発展させつつ享受能力も発展させる**ことが可能になる。「生産力の発展」は両者を合わせた広い意味範囲の語句である。マルクスの自由時間論は自由時間の創出および拡大の根拠と必然性を全く説明できていない点では破綻しているが、「個人の資質の発展」（⑦）にまで深めた人間発展論それ自体はマルクス独自の持ち味であり続けている（⇩第18項）。

「労働時間の節約は自由時間の増大に等しい」（⑧）とされる。しかし労働時間の節約がどのような理屈で労働者のための自由時間に、労働から解放された時間に転化するのかは依然として説明されていない。

自由時間といっても、そのうちの一部は単なる**労働力再生産時間**、つまり明日の労働に備えて身心の疲労を回復しコンディションを整えるための時間である。「労働は遊びではありえない」⑩が、労働力の再生産は遊びの中で気散じによって行なわれることもあろう。しかし気散じであれ気晴らしであれ所詮いっときのことで、労働者の意識はすぐにまた「明日の仕事」のことに引き戻される。**目に見える時間上の区切りと目に見えない意識上の区切り**との間には、一般的にもつねにズレがある。当然、後者のほうが線分は長い。何事であれ本番前には準備の意識が必要であり、本番後には反省や余韻が身を包む。労働力再生産時間は労働から解放された時間でありながら労働時間の影を引きずっており、マルクス的意味での自由時間とは言えない。人間の諸能力を発展させるためには、**労働力再生産時間を超える時間**が必要である。

では、**能力発展とは**いかなることか。読書という古典的形態をはじめ、パソコン教室や英会話学校、夜間大学、スポーツジム、フィットネスクラブなどに通ったり、劇場や映画館、コンサートホールなどに出かけたりすることも一つの発展手段ではあろう。しかし中には、かえって身心の疲労を増すものもあろう。テレビ番組を見るだけでも「疲労回復」と「遊び」と「能力発展」の3つを兼ねているという人もいるかもしれない。非労働時間の過ごし方は人さまざまで、非労働時間をくっきりと3区分することはできない。いずれにしても、**非労働時間が長いほど自由時間も長くなる**ことは確かである。

20

長い非労働時間の確保はいかにして可能か。確保の論理は括弧に入れて、もしそれが確保されたとすればマルクスの言うごとく**労働時間の短縮→自由時間の確保→自由時間における能力発展→生産力発展→労働時間の短縮、という好循環軌道**が形成されることになる。この軌道に乗ると、生産設備などよりもまず人間自身が「固定資本」⑨としての重みを持つようになる。このような人間把握は**今日風の「人的資本」「人財」の考え方**とも通底する。**人間発展に力を入れることが資本の論理にもマッチする**のである。

マルクスは労働時間の自由時間への転化メカニズムを説明する代わりに自由時間の確保を「新たな生産様式」にゆだねた。しかしこの語句はプルードンの「社会」と同様（⇩第12項1）、シニフィアンがあるだけでシニフィエが、意味されるべき内容がない。生産様式を「直接的労働時間そのものがもはや自由時間の抽象的な対立物ではありえない」⑨ようなものに、「生産様式それ自体をより高次の形態のものに止揚する」⑩という文言も空語にすぎない。

「問いの立て方」（⇩第11項）が――マルクスの時代にはやむをえなかったとはいえ――間違っていた。はたして、**自由時間の確保は生産様式の高次止揚にまたないと実現されないのか？** 資本制生産様式のもとでは実現不可能なのか？ 足が地に付いた議論をするためにも、問いをこのように立て直したほうがよい。もっとも、先に注意を喚起したように、**自由時間を確保するだけで物質的な裏づけを伴わなければ、ほとんど何の現実的意味もない**のであるが。

▼本項の結論──自由時間を創出する2つの条件

自由時間を創出・確保するためには2つの条件が必要である。より正確には1つの条件の2側面と言うほうが適当である。2側面のうち主要なものは条件Bであり、Bのあり方がAのあり方をも規定する。

▼条件A

時間に関する条件。生産性の向上によって労働時間そのものの短縮は可能である。可能性が現実のものになるためには、この短縮が資本の論理にも適合したものでなければならない。**非労働時間の拡大が資本の利益に直結しなければならない**。しかし時間論だけでは真っ当な時間論にならない。条件Bに関わる消費財・サービス論が先決テーマとなる。

マルクスが労働時間の非労働時間化、可処分時間の自由時間への転化メカニズムを説明できなかったのは、当時の資本制経済がまだこの説明を可能にする発展段階に達していなかったからである。再生産表式（マクロ的総資本の再生産の仕組みを簡単な算術式で示したもの）でいうと、マクロ的生産体制が第Ⅰ部門すなわち生産手段（資本財）生産部門優先の生産体制から、第Ⅱ部門すなわち**生活手段（消費財）生産部門に依存する生産体制**に移行するのはマルクス没後のことである。では、この移行はいつ頃から始まるのか。

どの資本制国も最初は第Ⅰ部門優先の生産体制から出発する。資本財生産のための資本財生産というのはマクロ的には元々ありえぬことで、直接間接に消費財生産に結びつかなければ無意味である。しかし、**資本財生産なしには消費財生産もありえないので重点はまず資本財生産に置かれる**。その意味での**足腰強化**なしには消費財生産も満足にはなしえない。しかしやがて、**資本財優先の生産体制から消費財依存型の生産体制へとテイク・オフする**時期がやって来る。資本財生産部門の生産力が高まるにつれて、**消費財生産を拡大する余力**が生まれる。むしろ、消費財生産に重点移動しないでは資本財生産も円滑には進まなくなる。

テイク・オフする時期は、資本制国への移行時期がまちまちなので一定ではない。国ごとに**国内総支出に占める個人消費の割合**の推移を追跡するのも消費財依存度を見定める一法であろう。が、世界的に見て最も明示的には、**アメリカで20世紀初頭から始まる自動車、次いで家電製品などの耐久消費財の生産とその後の普及**が、異論・反論の余地のないメルクマール（識別指標）となる。なぜなら、耐久消費財は消費財でありながら原材料としても生産設備としても大量の資本財を必要とする点で、そのような**生産余力**が生じたこと、資本財生産部門の消費財生産部門への依存度が飛躍的に高まったことを端的に示すものであるからだ。耐久消費財は高価だったので割賦販売方式が開発され、やがては「クレジット」の意味範囲が拡張されて一般消費財やサービスの購入にも活用されるようになる。アメリカを一番手として遅速の差はあれ各国に波及してゆくこのような動態変化は、むろんマルクスの知るところではなかった。

消費財生産部門への依存度の高まりは、ミクロ的に見れば、消費財生産部門に属する、したがって個人消費に依存する個別資本（企業）数および生産高を増大させる（⇩第22項（6））。

以上のごとき動態変化は、労働時間そのものを短縮してより長い**消費時間**（⇩第22項（7））を確保することを、まさに資本の論理に不可欠必須の要件たらしめる。平明にいえば、**資本は資本のために労働時間を短縮してきた**のである。労働者階級は闘争によって労働時間の短縮を勝ち取ってきた、とする見方は一面的である。

▼条件B

財・サービスに関する条件。1の末尾その他でも述べたように、自由時間があるだけではほとんど無意味である。その時間に多様な活動をするには多様な消費財・サービスが必要である。豊富な自由時間が確保されていて、かつ豊富な消費財・サービスに裏づけられているのが、さしあたり理想であろう。多様さや豊富さについては程度問題はあるにしても、**消費財・サービスによる裏づけを欠いた自由時間なるものが空無であること**は明白である。言うまでもなく、豊富な消費財・サービスを享受するためには、消費サイドにそれ相応の**購買力**がなければならない。労働者にとっては実質賃金の上昇が要件となる（⇩第22項（7）〜（9））。

条件AおよびBから、**消費財・サービスによる裏づけを伴った自由時間の創出・確保がまさに資本の論理に基づくものであること**が明らかになる。同じことだが、自由時間の創出・確保の根拠と必然性は、まさに条件AおよびBに存する。Aは資本サイドの都合、Bは労働者ないし消費者サイドの都合のように見えるが、Bもまた資本サイドの都合にマッチすることは贅言を要すまい。

自由時間の創出・確保は資本制生産様式のもとでも実現可能であり、現に実現されてきた。**マルク**

スは資本制経済が消費財依存型の生産体制に移行する現実を知らなかったために「新たな生産様式」に希望を託さざるをえなかった。そして論理的に破綻した。自由時間論は時代を先取りし、当時の資本が達成した現実を乗り越えていたがゆえに、その豊かな中身を入れる容器がまだ見つからなかった。このため苦し紛れに「新たな生産様式」を展望するほかなかったが、実際にはマルクス没後、自由時間論は資本が達成した現実によって乗り越えられてしまった。つまり、この論件に関する限り「新たな生産様式」はもはや不要となった。

別の論件に関して「新たな生産様式」を展望するならするで、マルクスのものとは別の「新たな」理論展開を要する。例えば「コミュニズム」に関しても、マルクスはマルクス自身が述べている以上のことは述べていないのだから、それ以上あるいは以外の〝新たな〟コミュニズムを標榜する者は、みずからしかるべき――単なる情念発露やアジテーションやユートピア願望ではない――理論を展開する必要がある。

マルクスの「新たな生産様式」論に関しては以上で要点は尽きていると思うが、もちろん今日的には更なる議論を要する。資本の偉大な達成は今日も継続されているのか、それとも手放しで達成とは言えないものに変質・堕落しているのか、偉大な達成と巨大な破壊とのバランスシートはどうなるのか、諸個人の能力発展は今日どのような位相にあるのか、諸個人の能力発展は諸個人の諸関係の発展に結びついているのか、等々。

21 資本制生産様式の、いったい何が問題なのか？

『経済学批判要綱』本論から

テーマ

資本家的生産様式はどのような意味で自己制限にぶつかるのか、という問いに対する答えが先には（⇩第19項）過剰生産に求められたが、ここでは**「利潤率の低下」**に求められる。両者は、皮相に見ても過剰生産（商品が売れない）→利潤率の低下という因果関連にある。はたして、**利潤率の低下は資本にとってそんなにも重大な制限なのであろうか**。『要綱』では前項引用文の30ページほど後に利潤率低下論が見られる。

本論——資本の自己止揚のメカニズムは？

（1）①総利潤は……資本量が増大するにつれて増大するであろう。それゆえ、利潤率が資本の価値に反比例する一方、利潤の総額は資本の価値に正比例するであろう。……資本量がより増大して利潤率が低下するとしても、資本量に比例した低下でなければ、利潤率が低下するにもかかわらず総利潤は増大する。②利潤率が資本量に比例して低下すれば、増大した資本量の総利潤は資本量がより小さかった時の総利潤と同じままであり、一定不変である。③利潤率が資本量の増大よりも大きい割合で低下すれば、より大きな資本の総利潤はより小さかった資本の総利潤に比して、利潤率が低下するのと同じ程度に減少する。④これこそは、どの点から見ても近代の経済学の最も重要な法則であり、最も困難な諸関係を理解するために最も本質的な法則である。これは歴史的な観点から見て最も重要な法則である。これは、その簡単さにもかかわらず、これまでけっして把握されたことがなく、ましてや自覚的に明言されたこともない法則である。

1 資本量の増大に伴って、①総利潤も増大する、②総利潤は一定不変、③総利潤が減少する、の3ケースがある。**資本量が増大しても総利潤はかえって減少する③のあり方こそが「近代の経済学の最重要法則」**（④）だとされる。「歴史的観点から見て」（④）という語句は資本家的生産様式そのものが辿らざるをえない運命を示唆している。

総利潤が減少するのは「利潤率が資本量の増大よりも大きい割合で低下する」からである。一般に利潤率の低下が起きるのは、生産コストの削減や相対的剰余価値の増産を目的に固定資本（不変資本）量の増大を進める中で、利潤の源泉となる剰余価値量が増大するとしても比率は低下するからである。それゆえ、**利潤率の低下は固定資本量の増大をステップにして推進される資本家的経済発展の必然的な帰結**である。これに対して③のような「資本の過剰」（『資本論』第3部第15章）は剰余価値量そのものが減少するために生じる。その結果、資本の一部が遊休したり滅亡したりすることはあるが、資本家的生産様式そのものが揺らぐわけではないから、④にいうほどの「最重要法則」とは言えない。

利潤率の低下に関するマルクス説をめぐっては、理論的にも実証的にも賛否さまざまな議論が行なわれてきた。が、ここで問題にしようとするのは、**総利潤の減少が資本にとっての自己制限となり資本の自己否定にまで行き着くのかどうか**、という点である。

第19項にいう過剰生産と本項にいう利潤率の低下との皮相な因果関連ではなく両者の内的連関について少し見ておくと――。一方では、主として不況局面で行なわれる生産性向上のための（合理化投資としての）固定資本量の増大は――好況局面で行なわれる単なる生産力発展のための（増強投資としての）固定資本量の増大とは違って――利潤率の低下をもたらす。他方、生産性の向上がマクロ的に行なわれればマクロ的に生産力水準そのものを引き上げる。この新たな生産力水準が次なる景気サイクルにおいてはベースとなり、それに見合う需要を見いだせない限り供給過剰（過剰生産）の原因となる。このように、過剰生産と利潤率の低下は、**固定資本量の増大**を共通の作用因としている。固定資本量の増大を**設備投資**と言い換えれば、問題状況はいっそう身近なものになろう。

21

（2）⑤生産諸力の発展は、ある一定の点を越えると資本にとって制限となる。つまり資本関係〈資本を中心とする生産関係〉が労働の生産諸力の発展にとって制限となるのである。⑥この点にまで達すると、資本は、言い換えると賃労働は、社会的〈マクロ的〉富と生産諸力との発展に対する関係という点で、ツンフト〈同職組合〉制度や農奴制、奴隷制がそうだったのと同じ関係に入り、束縛として必然的に脱ぎ捨てられる。これをもって、一方には賃労働が他方には資本があるという、人間活動がとる最後の隷属形態がはぎ取られるのであって、実にこのはぎ取りが資本にふさわしい生産様式の結末なのである。⑦賃労働と資本それ自体がそもそも、以前の・自由でない社会的〈マクロ的〉生産の・諸形態の否定であるが、〈今度は〉賃労働と資本の否定の物質的・精神的諸条件が、それ自体、資本の生産過程の結果として生じる。⑧度重なる矛盾・恐慌・けいれんが尖鋭化してゆくところに、社会の生産的発展が社会のこれまでの生産諸関係とますます適合しなくなるさまが表れる。⑨資本の力ずくの破壊、それも資本の外部にある諸関係によってではなく、資本の自己維持の条件として行なわれる破壊は、〈消え去れ、そして社会的〈マクロ的〉生産のより高次の段階に席を譲れ〉という資本に対してなされる忠告の最も痛烈な形である。

2 これだけでは文意を読み取りにくいが、『要綱』の約1年後に刊行された『経済学批判』序文中のいわゆる**「唯物史観の公式」**にいう、生産力発展と生産関係との矛盾が説明されている。生産力はますます発展するが、資本関係はこれを適切に処理しきれなくなる。そのことが過剰生産や利潤率低下となって現れる。

しかし資本が制限にぶつかり自己矛盾に陥ることが、直ちに生産様式の自己止揚に結びつくわけではなかろう。現に過剰生産は幾度となく克服されてきた。また利潤率低下に関しては、**総利潤は減少してもわずかなりとも利潤（税引き利益）が得られるならば、個別資本は、そしてこの生産様式そのものも存在意義を失わない**。

「資本の力ずくの破壊」⑨とは端的に恐慌を指すが、このような破壊が「資本の自己維持の条件」⑨とされている。2）の引用文全体をとおして、正しいのはこの部分だけである。資本が自己を維持するために恐慌を当てにせざるをえないのは**自己矛盾の最たるもの**、というのがマルクスの認定である。しかし、**たとえ総資本が恐慌でいったんは破壊されても、人間生活を維持する上で必要な諸個別資本は復活して生き残る**。新たな生産様式への高次止揚の必然性はどこからも出て来ない。この点に関する立ち入った検討を行なう前に、あと一段落だけマルクスの言い分を聞いておこう。

（3）⑩利潤のこのような減少は、直接的労働が再生産しまた新規に生み出す労働生産物〔生産手段〕の量に対する直接的労働の割合の減少と同義であるから、資本は次のことのためにあらゆる手を打つであろう。資本量全体に対する生きた労働の割合が小さくなるのを、したがってまた、利潤として言い表わすなら投下資本に対する剰余価値の割合が小さくなるのを抑えること。そのために、雇用労働全体のうち必要労働への割当分を減らし剰余労働の量をさらにいっそう拡大することが行なわれる。⑪それゆえに生産力の最高度発展は、現存する富の最大の拡大とともに、資本の減価、労働者の品位低下、労働者の生命力の極めて露骨な消尽をも生じさせるであろう。⑫これらの矛盾

は爆発・激動・恐慌を引き起こし、その中で資本は、労働の一時停止と資本の大きな部分の滅亡とによって、資本が自殺することなくその生産諸力を引き続き十分に使用しうるような点にまで暴力的に縮減される。⑬だがしかし、このような規則的に起きるカタストロフィーは、より高進したスケールで繰り返され、ついには資本の暴力的な転覆に行き着く。

3 ⑩の要点は、使用される資本の量に比して「搾取」可能な直接的労働が減少するので労働全体のうち剰余労働の比率をますます高めざるをえないということ。その中で、⑪が指摘するようなあれこれの負の事態も資本と労働者の双方に生じる。「資本の減価」とは、生産性の向上によって生産物価値が低下すれば「価値革命」（⇩第17項2）のために既存資本の価値が減少すること。また「労働者の品位低下」とは労働者がますます酷使されること、ますます尊重されなくなること。そして⑫に言うごとく、**資本は生産規模を縮小した上で態勢の立て直しを図る**。ここまでの論述は理屈に合っている。

だが、⑬の論述は明らかに飛躍がある。これはリーズナブルな論理展開ではない。苦し紛れの情念発露にすぎない。繰り返し見てきたように、**マルクスは資本家的生産様式の自己否定・自己止揚のメカニズムを説明できていない**。自由時間論それ自体は立派な内容を持つが、自由時間の創出・確保の前提とされる、資本家的生産様式の自己止揚の論理は欠落したままである。

22 現代資本制経済の展望——第15～21項の総括

『経済学批判要綱』本論から

テーマ

まず、**今日では恐慌論に基づく資本主義崩壊論はもはや無効であること**を見ておく。いな、経済体制としての資本主義（⇩第2項補論2）が今なお存続していることは、どのような崩壊論も無効であったことを意味している。

現代世界経済の根本問題は生産力過剰である。このため金融肥大化（カネ余り）も生じている。したがって、資本制生産様式が今後とも存続可能かと問う際には、むしろ「**需要拡大は可能か、供給縮小は可能か、もしそれらが無理なら何か別の過剰処理メカニズムはあるか**、という観点から検討する」（⇩第19項1）ほうが現実的であろう。しかし八方が丸く収まることは期待しがたい。今後ますます多数の負け組企業が出てくるであろう。それゆえ体制全体を維持しようとするのであれば、負け組救済策をより積極的に講じる必要がある。「**小さな政府**」**論は無策の弁解か駄策の美化**にすぎない。「**強い政府**」による経済運営がますます必要になるであろう。

本論――マルクスはどこで間違ったか

（1） 相対値（比率）としての利潤率が低下し絶対値としての総利潤が減少しても、総利潤がプラスで、かつ利子や法人税などの支払い後も純益が残る以上は資本としての存在意義は失われない。労働者を雇用し買い手たちの欲する財・サービスを供給しつつ、**わずかなりとも利潤が得られるなら市場から退出しなければならぬいわれはない**。

（2） 恐慌期におけるごとく、**総利潤がゼロ**になり、のみならず投下資本すら回収できない**赤字状態**に陥っても、それは個別資本レベルの話で直ちに生産様式それ自体を自己否定に導くわけではない。個別資本間の競争力の大小に応じて、没落する資本や他資本に「併合」される資本もあれば（⇩第27項）、恐慌期・不況期を――後退戦を強いられながらも――何とか乗り切って再生・復活する資本もある。**総資本が一斉に滅亡することはない**。

なぜなら、資本制生産様式とは、いかなる社会にも必要な経済（＝マクロ的再生産過程）の営みをたまたま資本が担当しているだけのものであって、**資本が経済の主要な担い手として人間生活を維持しえている限り存在意義を失うことはない**からである。資本活動の目的・推進動機は言うまでもなく利潤追求であり、これは私的利益にすぎないが、社会的（多数の人々の）利益に適合する――〝世のため人のためになる〟――ことなしには私的利益も実現できないのである。**社会的利益に適合するかどうかが、資本制生産様式が存在意義を持つかどうかの分かれ目となる**。簡単な理屈である。

それに第一、**恐慌の発生そのものが**マルクスの時代とは違って、**もはや必然的なものではなくなっている**。１９２９年のニューヨーク株式相場の暴落に端を発する世界大恐慌以来、深刻な恐慌は起きていない。大恐慌が来るぞ来るぞというオオカミ少年のごときデマは、ラビ・バトラの著作その他でしばしばまき散らされてきたけれども。**深刻な恐慌が発生していない理由**は大略以下のように考えられる。

▼恐慌がもはや起こらない理由

(3) 恐慌とは、①**生産面では生産の減少**、②**流通面では商品の売れ行き不振と投げ売りによる物価水準の下落**、③**金融面では信用の収縮、の３つが相互に連動しあいながら急激かつ大規模に発生する現象**と言えよう。したがって、この三位一体の形成を阻止できれば恐慌の発生を未然に回避できる。順不同ながら、まず③の信用収縮に関して**金融政策の有効性**という観点から見てゆく。

金融政策の有効性一般に関する議論は、リカードらの古典派にまでさかのぼることができる。これを承けて通貨学派と銀行学派の論争が繰り広げられるが、いずれにしても金本位制時代の話である。

管理通貨制のもとでは、中央銀行は金利および通貨供給量に関して、時に「裁量的（discretionary）」と言われるほど自由度の大きい金融政策をとりうることとなった。好況期に民間金融機関の融資によって行なわれる産業資本の設備投資や商業資本の在庫積み増しを、金融の元締めである最後の貸し手が金融政策によってコントロールしうることになれば、恐慌の発生につながりかねない景気の過熱を未然に防止することができる。**資金の借り手に対する歯止めなき融資としての信用膨張がなければ、その裏面をなす信用収縮も起こりえない**道理である。

個別資本は個別利害で動くから、好況期に生産拡大に伴う労働力需要の増大によって賃金水準が上昇し、このため利潤率が押し下げられても、いっそうの設備投資・生産拡大によって利潤量を増やそうとする。これがマクロ的には恐慌の導火線となる。このような**諸個別資本の無政府的な暴走を金融政策は未然に防止することができる**。

①の生産減少との関連では、過度の生産拡大がなければ過度の、すなわち急激かつ大規模な生産減少も起こりえない道理である。同じことだが、過度の資本蓄積としての資本過剰を未然に防止できる。**個別資本の中には資本過剰に陥るものがあるとしても全般的な資本過剰は起きない**。

資本過剰を未然に防止することは、次のような理屈で②の急激かつ大規模な物価下落を未然に防止することでもある。金融政策の自由度が小さかった頃は**資本過剰防止策**がなかった。産業資本による生産拡大は、資本財需要（設備投資）だけでなく賃金上昇に下支えされて消費財需要（個人消費）も増大させ、物価騰貴を招く。物価騰貴は商業資本による投機的な在庫積み増しを助長する。**金本位制**のもとでは国内のブームで輸入超過となり対外金流出が起きるから、銀行券発行残高を減らすために金利を引き上げて貸出を抑制すれば、企業サイドの資金繰りが悪化し商業面では在庫投げ売り、**投機崩壊**が起きて物価水準が急激かつ大規模に下落する。しかし**管理通貨制**のもとでは中央銀行が過熱を予知して「裁量的な」金融政策をとることにより、これら一連の負の事態が未然に防止されるのである。

とりわけ第二次世界大戦後は、金融政策による資本過剰防止策以外にも幾つかの恐慌防止要因が働いている。

第一に、経済活動に占める**政府部門の比重が増大した**こと。これにより、民間部門の無政府的な活動だけでマクロ経済動向が左右されるものではなくなった。政府最終消費支出としての財政支出（身近なものとしては公務員給与）は景気動向にストレートには左右されずに、少なくとも短中期的には有効需要全体のほぼ一定部分を占め続けるから、急激かつ大規模な需要減退による急激かつ大規模な物価下落の抑止要因となる。むろん財政支出には多様なものがある。

第二に、**労働組合の発達**も賃金水準の大幅な低下を阻止する慣性力を持っているから、同様に急激かつ大規模な需要減退による急激かつ大規模な物価下落の抑止要因となる。

ごく粗略な考察をしただけでも、以上のような諸事情・諸要因が重合して**恐慌の発生を未然に防止する仕組みが出来ている**と言える。もっとも、金融当局（中央銀行）は万能ではないので判断と政策を誤った場合は何が起きるか予測できない。しかし少なくとも「恐慌の必然性」論に基づく資本制システム破綻論は、とうに破綻している。

▼「強い政府」が必要

（4）資本制システムあるいは資本制生産様式は、矛盾や問題点を多々抱えているにしても、**人間生**

活のマクロ的再生産過程（＝経済）を担当しうるという実績を長年にわたって示してきた。そのことはとりもなおさず、この経済システムがそれなりに**合理的な存立根拠と展開機構を有する**ことを実証するものである。経済システムそのものに根本欠陥があるというのなら、それを明示しなければならない。副次的な難点をあれこれ列挙しているだけではシステム批判にはならない。

(5) 資本制システムの存続可能性・不能性について論じようとするのであれば、いったん単純な基本事実に立ち返る必要がある。基本事実とは**商品が売れるかどうかということ**。売れる以上は経済システムとして何の問題もない。資本が自己制限にぶつかる、自己否定される、自己止揚せざるをえない、等々の議論は不要である。売れる品目に関しては、臓器、出産能力（代理出産）、CO_2排出権なども含めて、**あらゆるものが商品化し売買対象と化している**ことがしばしば問題視される。われわれも折に触れて問題視してきた。しかしこれは経済システムそのものの存続に関わる問題ではないので、当面の文脈では度外視せざるをえない。

資本の営みである以上は多少なりとも利潤（税引き利益）が獲得されなければならない。万一、商品が売れないためにどの個別資本（企業）もが長期継続的に〝資本割れ〟（赤字）状態に陥るとすれば、**その時こそこの経済システムが滅亡する時**である。しかしそのような時が来ることはない。願望としてではなく理屈として—。たとえ多数の個別資本が敗退するとしても、**人間生活に必要な財・サービスを供給する諸個別資本は必ず存続しうる**からである。これまた簡単な理屈である。

資本制システムが崩壊するとしても自己崩壊という形をとることはない。別の経済システムが登場して徐々にか急速にか勢力圏を拡大する中で、資本制システムが他律的に崩壊させられるという形をとるであろう。問題はしかし、**別の経済システムが登場しうるのか**どうかということである。「問題の立て方・解き方」（⇩第11項）の見地からすれば、**マーケット・ソーシャリズム**（市場システムを取り入れた社会主義）その他を持ち出して観念論議に耽っているだけでは話にならない（観念論議に耽っていられるのも「自由時間」確保のお陰である）。「実行可能な具体策」を提示しなければならない。

システム転換という課題設定は現実的ではない（アクチュアリティもリアリティもない）。**現存システムの不備や欠陥を補正する改善（improvement）策ないし一歩踏み込んだ改良（reform）策**を探るのが妥当なところかと思われる。今後、グローバル競争がますます激化するにつれて、経済運営の困難さがますます深刻化してゆくと予想される。**市場主義や新自由主義という名の〝無政府主義〟**（！）では困難をクリアすることはできない。多くの分野で、**政府の役割を強化する方向での改良策**が現実味を増してくるであろう。

規制緩和も政府自身がなすことである。「**小さな政府**」を目指す場合でも、政策決定に関しては「**強い政府**」が必要なのである。究極の「小さな政府」は、政策面でも財政支出面でも一切何もしない政府ということになろうが、これはもはや政府ではない。租税を徴収する根拠もなくなってしまう。大衆操作の方便として「小さな政府」というあいまいなムード語句を持ち出すのではなしに、**どの程度に「小さく」したいのか**、またそれがどのような有効性を持つのかを現実具体的に明示しなければならない。

20世紀のアダム・スミス（自由放任主義者）を自任したフリードリヒ・**ハイエク**や「政府からの自由」を唱えたミルトン・**フリードマン**らにしても、ただ規制からの自由を主張するだけで、**どの程度まで自由であればよいのか**という限度を示していない。無限に開かれっ放しで閉じがない。彼らの自由主義は垂れ流し主義なのである（利潤率の低下を資本制生産様式の「危機」だと騒ぎ立ててきたマルクス派の言いようも、どの程度まで低下すれば「危機」なのかが終始あいまいであった点で、「小さな政府」論・「政府からの自由」論と同類である）。

「大きな政府」の要・不要については下記（10）で検討するが、たとえ不要でも**「強い政府」は必要**なのである。どの程度に「強い」政府が必要か。各種の政策決定をなしうることはもとより、**「政府からの自由」に関してもその範囲を政府の裁量で自己決定しうる**程度に「強い」ことが必要である。無政府主義や垂れ流し主義が放置されてよいはずはない。

▼消費財依存型の生産体制の必然性

（6）どの個別資本の商品もが必ず売れるという保証はないが、**いずれかの個別資本の商品は必ず売れる**という保証はある。売るための手段・方策については、各個別資本が日夜それぞれなりに悪戦苦闘しながら取り組んでいるところであり、それらを点検することによって個々の具体策をあれこれと列挙することはできる。ここでは、売れる商品の変遷を**資本制経済の展開史に即して**大きい観点から見ておく（⇩第20項「本項の結論」）。

資本制経済の先発国イギリスをはじめ、フランス、ドイツ、アメリカ、日本などの後続諸国においても、**資本財優先の生産体制から出発した**。生産拡大の見地からは、資本財優先型の資本蓄積が進められた。むろん、どの経済発展段階においても消費財生産は行なわれるが、消費財を生産するためにも資本財が必要だから、何はともあれ資本財生産に力を入れること、足腰を強化することが優先課題となる。**潤沢な個人消費は先送りされる**。

所要期間は国ごとにバラツキがあるが、足腰強化期間をひとまず終えると、やがて**消費財依存型の生産に軸足を移す余裕**が生まれる。資本蓄積も消費財依存型に変容してゆく。マクロ的な資源配分の面でも消費財生産部門のウェイトが高まる（資源が生産物の個人消費を介して廃棄物となる度合いも高まる）。利潤獲得機会（**ビジネス・チャンス**）が消費財生産部門のほうにより多く見いだされるようになる。資本サイドは消費財依存度を否応なく高めざるをえなくなる。

後発国の場合は、より先発の国々からの**機械設備輸入**、**技術導入**、**対内直接投資の呼び込み**などによって、足腰強化期間を大幅に短縮することができる。しかも、後発国が資本制システムを開始する頃には、より先発の国々は激しい競争戦を繰り広げているから、右のごとき輸入・導入・呼び込みのたぐいを**安価に有利に**推進することができる。こうして、後発国は比較的早い段階から消費財生産に大きな力を割くことができる。昨今の中国などはその代表例であろう。このような理屈は「途上国」全般に当てはまるわけではもちろんないが、しかし一部の途上国にとっては**後発国であるがゆえの有利さ・プラス面**（後発利益）もある。

（7）資本サイドの消費財依存度が高まったとしても、**消費の諸条件**が整っていなければ消費サイドは受け皿となることはできない。両サイドはミスマッチに終わる。では、消費の諸条件とは何か。**①消費時間の増大、②賃金水準の上昇、③消費財の価値低下、④消費財の豊富化・多様化、⑤消費能力の向上**、である。

①のためには、**労働時間の短縮**が前提となる。マルクスは「非労働時間」「可処分時間」「自由時間」という語を多用しているが、「消費時間」という語はない（「生産時間」や「流通時間」はキーワードの一つをなしている）。なくても、労働力再生産時間と、「享受」について述べている自由時間とが事実上これに当たる（労働時間が実働時間ではなく勤務時間の意味なら、労働時間内にも昼食などの形で消費は行なわれるから消費時間イコール非労働時間ではなく範囲はもっと広がる）。ただし、享受が③や④にいう「消費財」との関連で述べられていないのはやはり大きな欠陥をなすが（⇒第20項）。

順不同ながら⑤の消費能力は、マルクス風には**「享受能力」**のこと。具体的には、**知識の量と質、認識能力、美的センス、感受性などの精神的能力、あるいは運動能力や手足の器用さなどの肉体的能力**が含まれる。これらの能力の発達・増進は学習や教育、鑑賞、トレーニング、その他もろもろの体験によってもたらされるから、**実地に享受してみることの繰り返しなしには享受能力は身に付かない**。そして何をするにも、物としての消費財や人が関与するサービスの消費を伴うのである。

生産体制における消費財依存度の高まりは、第一に時間の面で消費時間増大、つまり労働時間（必要労働時間プラス剰余労働時間）そのものの短縮を、第二に財の面で労働者によるより多量・多様な、より豊富な消費財の入手を、ほかならぬ資本にとって必要な条件として必然のものとする

（⇩第20項「本項の結論」）。このうち、より豊富な財の入手を可能にするのが②③④である。

②の**賃金水準の上昇**は、主として好況期に行なわれる**増強投資としての資本蓄積**によってもたらされる。好況期には、従来型の生産設備を単に量的に増強するだけでも（資本構成は不変のままでも）競争に敗れる心配はない。増強投資による生産拡大に伴って労働力需要も増大する。増大傾向が続けば、やがて労働力需給が逼迫し、労働力商品の価格である賃金が上昇し始める。むろん、実際には産業部門や職種の違いを超えて一斉に賃金上昇が始まるわけではなく、多かれ少なかれ早い遅いのバラツキがある。

（8）一方、不況期には、こうした悠長な資本蓄積をやっていたのでは淘汰され敗退してしまうので、**合理化投資としての資本蓄積**が行なわれる。減価償却前の、耐用年数満了前の生産設備を中途廃棄してでも、競争相手に先駆けて新鋭設備を導入し生産性の向上を図る（資本構成を高度化する）必要に迫られる。

マルクスの時代には、サバイバルのための新鋭設備導入は不況期における一般的な方策であった。しかし現代資本制経済のもとでは、**固定設備が巨大化したため中途廃棄は困難**である。たとえ中途廃棄して新鋭設備に更新したとしても、大競争下においては**大型投資に見合うだけの需要を確保できる保証はない**。それゆえ合理化といっても、一部の好調業種における、あるいは耐用年数満了時の合理化投資を除けば、人員整理や不採算部門の切り捨て等による経費削減策が中心とならざるをえない。これは個別企業の業績改善にはなっても、**生産性の向上をもたらすものではないからマクロ的意義を**

22

持たない。

生産性の向上は、先にも見たように（⇩第17項2（b））、**波及効果の連鎖**を通じてやがては**消費財の価値低下**をもたらす。当然、その恩恵は労働者にも及ぶ。名目賃金は一定でも実質賃金は増大する。それが③の意味である。そしてさらに、資本財の価値低下から生じた生産余力は分業を促進して新たな産業部門の開拓、新製品の開発に向かい、④にいう**消費財の多様化・豊富化**をもたらす。

(9) 以上のことから明らかなように、**労働時間から解放される非労働時間の創出・増大と、消費面での内容豊富化とは、まさに資本の論理に基づいて必然的に行なわれる**ことである。非労働時間（労働力再生産時間プラス自由時間）をどのように使うかは当人の勝手である。自由時間が充実しているか空っぽであるかは使い方次第で、**それ自体としてポジティヴな意義を持っているわけではない**。「自由時間」を物神化してはならない。しかし資本は少なくともそのような時間を用意し、かつその時間に享受することができる消費財やサービスの入手と享受能力の向上とを可能にする。

もちろん、これらは労働者思い・消費者思いに発することではなく資本自身の利益のためになしていることである。**自己利益のために行なっていることが、意図せざる結果としてマクロ的に多大な恩恵をもたらす**。その点に資本の偉大さがある。アダム・スミスは「**見えざる手**」と称してスミス自身には見えなかった部分を神の手に委ねたが、よく見れば資本の論理（私益と公益をつなぐ回路）は隅から隅まで見えているのである。

もとより、労働時間の短縮や生活水準の向上は一本調子に進行するものではない。やはり資本の論理に基づいて、**労働時間の延長、労働強化、賃金カット、人員整理・解雇など**が行なわれることもある。時代をさかのぼるほど労働者大衆の苦難と悲惨さは大きかった。それを代償にして資本の偉大さは築かれてきた。

マルクスは、資本家的生産様式が「新たな生産様式」に取って代わられる必然性を論証することができなかった。もし自由時間の確保が眼目であるのなら、それは資本制生産様式のもとでも現に行なわれてきたことである。一方、豊富な消費財の確保についてはマルクス自身、**消費拡大の必然性**を資本家的生産様式の原理と仕組みに即して、端的には資本蓄積論として解明している(⇩例えば第17項)。本書もこの解明を継承している。ただマルクスは、資本制経済が現実に消費財依存型のものに変容してゆくところまでは見届けることができなかった。

▼かつてない事態

(10) 現代資本制経済においては、**消費財依存型の生産体制も行き詰まっている**。いわゆる先進国では、国内総支出に占める個人消費の割合が6割前後（アメリカ7割、日本5・5割）にも達している。わが国の場合、国内の消費需要は——民間・政府分とも——すでに頭打ちの状態にある。**個人貯蓄率が高い**から数字の上では個人消費が伸びる余地はまだあるが、しかし将来の不安に目をつぶってでも現在の享楽に身を委ねようとする人は少ない。むしろ、少子高齢化など社会情勢変化の影響も受けて**国内市場は縮小傾向にある**。あれこれの個人消費喚起策もさしたるインパクトを持てないでいる。当然、資本財需要も消費財市場の縮小に連動した影響を受けている。

個別資本（企業）が生き残りを図るには、まだ先進国ほどの消費水準には達していない諸国・地域の消費拡大に活路を見いだすほかあるまい。わが国では昨今、海外展開に軸足を移す企業が急増している。**外需依存への重点移動**は単なる輸出拡大策にとどまらず、海外企業の買収も含む対外直接投資の増大にも表れている。これは**内需がほぼ十分に満たされた上での国内市場の飽和状態**という、かつて経験したことのない事態を背景にしている点で、従来の外需依存・対外進出とは質を異にしている。

今後、すべての個別資本が勝ち組と負け組とにますます鮮明に分岐してゆくであろう。つまり、**どの個別資本もが全滅することはない**。したがって、好むと好まざるとに関わりなく資本制生産様式そのものが「倒れる」ことはない。「倒す」こともできまい。むしろ、**負け組救済策**を講じて体制全体の安定的維持を図ることが現実的課題となる。ただし負け組一般を救済する必要はない。過去の実績と今後の見通しからして会社更生法等の法的措置により一時的に救済すれば再生可能な、その意味で**救済するに値する負け組だけを救済すればよい**。

法人救済とは違って個人救済の場合は職業訓練等のための**財政支出**を要する。これはしかし「大きな政府」肯定論ではない。財源調達策の基本的方向としては**税制改革**を活用する必要がある。大きな所得であれ遺産であれ直接間接に「社会」に依存して生み出されたものであろうから、その中から企業や個人の努力分を差し引いた残りの部分は**社会に還元**してもらう方向で考えるのが理屈にもかなっている。この考え方を政策として遂行するには「**強い政府**」を必要とする。

(11) なお、同じく原理原則に関わることとして、近い将来、**自由競争原則の見直し論**が公然と強まるであろう。**わが国における昨今の「自由主義」賛美（「小さな政府」論・「規制緩和」論）は世界の現実からの周回遅れの議論である。**欧米諸国は**ダブル・スタンダードの使い分け**が得意なので、表向きは「自由主義」を唱えても話半分という冷めた部分がある。しかし日本は依然として〝うぶ〟なので、そのような器用さも狡猾さも持ち合わせていない。

自由競争原則はすでにタテマエと化している（歴史をさかのぼれば、これを唱え始めた17世紀オランダのグロチウスの頃から**強国の論理**でしかなかったとも言える）。例えば**農業保護政策**。これは欧米だけでなく日本も行なっている。ただ、アメリカやEUが農業保護は国益を守る上で当然という断固たる態度を保持しているのに対し、**日本はタテマエの観念に囚われている**分、後ろめたさを引きずっている。日本がWTO農業交渉などの場面で一人前の扱いを受けていないのは、**市場開放を十分に行なっていないからではなく、断固たる態度とそのための論理構築が欠落しているから**である（日本は幕末の開国以来、この点については未だに西洋から学びきれないでいる）。

ＥＵあるいは各種ＦＴＡ（自由貿易協定）による**通商圏の囲い込み**は自由競争の排除そのものである。この面でも日本が立ち遅れているのは、やはりタテマエの観念に囚われていることと外交力の未熟さによるのであろう。結局は「国家としての自律性の欠如」（⇩第10項補論）に帰着する。

世界的な生産力過剰から来る**世界的な競争激化は自由競争の結果であり、やがて自由競争原則の否認論を喚起するであろう。**

マルクスの世界に戻ろう。以下、『要綱』後の諸著作の中から、現代においても有効活用しうる思考成果や思考法をランダムに取り上げて考察する。取り上げるに値するものは多数あるが、何分スペースに限りがあるので取り扱い項目はごくわずかにとどめざるをえない。

Ⅳ

『経済学批判』『資本論』等から

23 無知が世界史をつくってきた

『経済学批判』から

テーマ

本項でもマルクスの難しい論述の解きほぐしを行なうが、身近な現象に置き換えるなら要するに**「交通渋滞」の理屈**に帰着する。ドライバーたちは道路の渋滞に巻き込まれると「混んでるなあ」と舌打ちしたりする。ほかでもない、自分も含むドライバーたち自身が渋滞をつくりだしていることには思い至らない。個々人は全体状況の成り立ちについては無知でも、無知が全体状況をつくり出している。

誰しもいろいろな事を知っている。そして知に基づいて行動する。では、ある事を知らない場合はどうなるのか。無知に基づいて行動することは――〝無意識のうちに〟というケースを除けば――できないはずだが、しかし人は、**ある事を知らなくても当の事を別様に知っている（別知）**のが通例である。地球は自転しながら太陽の周りを公転している事を知らない人も太陽は東から昇って西に沈むというふうに別様に知っている、「不換中央銀行券」の概念は知らなくてもお札の事はよく知っている、等々。それゆえ、**ある事を知らなくても行動する上で何ら支障はない**。

しかも、たとえ知らない事でも知ろうという気になればいつでも知りうる、と**近代人**は自負している。なにしろ近代人は「誰しも自分こそは有り余る理性〔真偽を見分ける判断力としてのボン・サンス〕の持ち主であると思っている」（**デカルト**『方法序説』1637年）ほどエライ存在なのだから、知らない事を知ることなどワケもないことである。

知がつねにグッドで無知はつねにバッドとは言えない。日常生活レベルでは、地球は自転と公転という二重の運動をしている事を知っていても別にグッドなことではない。むしろ、太陽は東から昇って……という知り方のほうが日常生活には何かと役立ちグッドである。無知は別知でもあることを考慮するなら、**知と無知との優劣**は天から決まっているわけではなく個別ケースごとに判別される必要がある。

この項では、**無知が世界史展開に果たした大きな役割**について一考する。

本論——貨幣の存立構造に関する二つの説明

①世界流通においては、諸商品がそれ自身の交換価値を〔実現すべく〕世界大に繰り広げるがゆえに、交換価値が金・銀の姿をとって世界貨幣として現れる。②つまり、商品所有者から成る諸国

民が、みずからの全面的な産業と全般的な通商とを通じて、金を打ってつけの世界貨幣に改変してゆくのである。③そうであるのに、当人たちには、産業と通商が金・銀の形態にある貨幣を世界市場から引き出すための手段としてしか見えない。④このように金・銀は世界貨幣としては全般的な商品流通の産物なのであり、と同時に流通範囲を拡張するための手段ともなる。

⑤錬金術師たちが金を造出しようとしているうちに、いつの間にか化学が生まれてきたように、商品所有者たちが商品の魔法がかった姿である金・銀を追い求めているうちに、いつの間にか世界産業と世界商業の泉が噴き出すのである。⑥金・銀はそれらの貨幣概念のうちに〔世界貨幣の可能性を秘めていることによって〕世界市場の現存を先取りしており、それゆえに世界市場の創出に役立つ。⑦金・銀のこのような魔力は、けっしてブルジョア社会の幼年時代〔16—17世紀〕に限って見られるものではなく、商品世界の担い手たち自身の社会的〔他人のために役立つ〕労働が彼らにとっては転倒して現れることから必然的に生じるもので、このことは、19世紀半ばの〔カリフォルニアやオーストラリアなどにおける〕新しい産金地の発見が世界通商に及ぼしている異常な影響が証明しているところである。

1　物象化論・フェティシズム論の問題圏に属する事柄が取り扱われている。当事者の意識や認識のありようが分析者の観点から批判される。このような**認識批判**を正確に読み解くためには〈**視点の変化**（**移動・転換・交替**）〉に留意すること、つまり、分析者自身の積極論を述べている部分（A）と当事者を批判している部分（B）とを選り分けることが肝要である。もちろん当事者批判も分析

者の積極論の一部ではあるが、まずは当事者の立場に即した、当事者に成り代わった見方をしている点で、ストレートに分析者の立場に即した見方をする場合とは区別される。

〈視点の変化〉を見極めることは、一般的にも——認識批判の文脈を離れても——必要な心得である。人の話を聞き分ける、文章を読み分ける際にも、短歌・俳句・漢詩などの短詩型文学を読み解く際にも——。私の場合は〈視点の変化〉を追うことの重要性を、マルクスから学ぶに先立って、**吉本隆明**が『言語にとって美とはなにか』第Ⅰ巻（勁草書房、1965年）で短歌「見渡せば春日の野べに霞立ち咲きにほへるは桜花かも」（よみ人知らず）を題材に行なっている「視線」移動論（同書、70—71ページ）から学んだ。が、ここでは詳論を割愛する。

抽象的には、あるものをまず客観的なものとしてそのまま受容し記述する局面と、これを主観の観点から意味づける局面とを区別しつつ連関させる方法の問題ということになる。しかし先なるものとされる**客観的なものも元々は主観が設定したものではないのか**、それゆえ客観的なものもいろいろあるのではないか、などの厄介な論点が絡んでくる。「見渡せば春日の野べに」も、このよみ人にとっての客観的なものであって別のよみ人なら別のところに着眼するかもしれない。

科学論の分野には古くからノーウッド・**ハンソン流の「理論依存性（theory-ladeness）」**の問題がある。すなわち、素朴な帰納主義は、先入見のない注意深い観察に基づいて真なる科学知識が導き出されるというが、しかし観察に先立って一定の〝理論〟が前提されている、一定の〝理論的な〟目星が付けられた上で観察が行なわれているのではないかという問題である。観察される〝あるがままの対象〟にすでに観察者の主観が入っているというわけだ。興味深い論点だが、立ち入った考察は割愛する。

引用文の①と②はA、③はB。商品所有者たちが自分の商品の交換価値を実現しようと小規模な交易や大規模な通商に励む中で、彼ら**当事者たち自身の活動連関の結果として**、金・銀とりわけ金が貨幣の、ひいては**世界貨幣**の座に就く。金が貨幣として「打ってつけ」（②）なのは、まず第一にはその物理的・化学的諸属性による。均質、分割および再結合が可能、持ち運びが容易、酸化しない・腐蝕しないなどの耐久性、等々（⇩第11項3）。第二には、見た目の輝きや高貴さなどの**審美的要素**も金の貨幣化に寄与したであろう。「貴（noble, edel）」金属という名称は、経済的価値が大きいというだけでなく審美的要素も含んでいる。金は貨幣の座に就いたがゆえに貴ばれるようになった、というのが主流のあり方だが、それに尽きない。**金は貨幣化される以前の古い時代から「金属の太陽」「金属の王」として貴ばれ**（『要綱』貨幣章「貨幣関係の担い手としての貴金属」節）、所有する人の地位を示す尺度規準ともなっていた。

金・銀を世界貨幣として君臨させたのは商品生産者（所有者）たちの産業および通商活動連関にほかならない。このことをしかし**当事者たちは取り違える**。世界貨幣の**生成プロセスや存立構造は見ないで**、もっぱら世界貨幣を物としてだけ、世界中で通用する価値物としてだけ見る。だから産業と通商が逆に、金・銀貨幣を獲得するための「手段」（③）としてしか見えない。**「近代人」が見ていないもの、のみならず現代人に見えていないものもたくさんある。**

④の前半は①②を承けてA、後半は③を承けてB。⑤はB。「いつの間にか」（⑤）とは、当事者

たちが知らないうちに、の意。ドイツ語でも英語でも「誰それの背後で」という語句だが、人の背中に眼は付いていないのでこのような意味になる。錬金術師や商品所有者たちは、**自分たちのやっていることに気づかないで巨大な事業をやってのける**。商品所有者たちは金・銀の世界貨幣としての生成プロセスと存立構造を、すなわち自分たちの活動連関こそが金・銀を世界貨幣として支えていて**支えがなくなれば金・銀は世界貨幣ではなくなる**ことを、知らない。

ある事を知らないことは同じ事を別様に知っている(取り違える)こと。取り違えても行動する上で支障はなく、**むしろ真実を知らない時のほうが強大な行動力を発揮できる**ことも多い。当事者たちは分析者が知っているようには知っていないことによって、世界産業と世界商業の、したがって世界市場の拡大に、ひいてはグローバル経済の形成に寄与してきた。「知は力なり」とはフランシス・**ベーコン**の、経験論的合理主義を象徴する金言だが、しかしベーコンが主題とした自然支配の文脈を離れればその妥当性には限界がある。右引用文でマルクスが言っていることは、むしろ「無知は力なり」が世界史大のスケールで実践され**無知が世界経済を形成してきた**ということだ。

分析者の知と当事者の知(分析者から見れば無知)のどちらが現実にはよりグッドつまりベターなのかは、にわかには断じがたい。それはケース・バイ・ケースである。地球の運動に関する分析知(学理知)は自然把握・自然支配を行なう上では力たりうるが、日常生活上は太陽は東から昇って……という別知のほうがベターである。ただ、知それ自体の優劣に関しては、**相手の知の生成と構造をよりよく説明しえたほうがベターであるとは言えるであろう。マルクスにおける経済学「批判」**は、その意味でのベターな知を目指す企てであった(⇩第11項2)。

⑥はA、⑦はB。当事者批判は「商品世界の担い手たち自身の社会的労働が彼らにとっては転倒して現れる」（⑦）という文言に集約される。マルクスが社会的労働を持ち出しているのは「金・銀の魔力」の発生メカニズムを問うという原初的な問題場面においてである。**社会的労働**とは、私的労働が他人のために役立つ労働として実証されたときの呼び名である。そしてこのことが実証されれば、私的労働が社会的（マクロ的）総労働の一環であること、すなわち他の私的諸労働との同等性も実証されたことになる。**私的労働のこれら二重の社会的性格は、私的労働の生産物が商品として売れること、商品が貨幣と交換されることを通じて実証される**。それゆえ、商品を交換価値として実現することが肝心かなめをなす。

世界流通においては、商品の交換価値は商品が世界貨幣と交換されることで実現する。このため商品所有者は世界貨幣を獲得することに懸命になる。分析者にとっては、私的労働を社会的（他人のために役立つ）労働として実証するという労働連関が根底の事態であり、貨幣もこの連関の所産である。しかし当事者たちは、自分たちの活動連関を見ないで物としての貨幣の「魔力」だけを見る。手短にいえば、**活動連関の所産が貨幣という物の属性として把捉される**ことが、「転倒して現れる」（⑦）と表現されている。

以上は分析者マルクスの労働価値論に基づく立論で、もし労働価値論に欠陥があれば（⇩第6項2）十全には成り立たない。しかし貨幣の存立構造を労働価値論によらずに以下のように捉え直しても、やはり分析者の知と当事者の無知との対立構図そのものは維持される。

2　現代は金・銀貨幣の時代ではなく**不換中央銀行券**の時代であるが、存立構造は同じである。ドル・ユーロ・円など諸通貨の通用力は、各国民が経済当事者として各通貨に寄せあう信用の連関の所産にほかならない。国家が法律（日本の場合は日本銀行法）によって通貨に付与する**強制通用力**が中央銀行券の通用力を担保しているのではない。日々経済活動を営む、したがって富の生み出し手である**国民が相互に**、といっても協議や意思統一なしに、**中央銀行券そのものの通用力を信じあっていることが通用力を担保する**。とりわけアメリカ・ドルは、現在のところはまだアメリカ国民からだけでなく世界中から信用が寄せあわされているから**基軸通貨（現代の世界貨幣）**たりえているのである。

ユーロその他の通貨がドルに代わって基軸通貨の地位に就くかどうかは、世界中から「信用」が寄せあわされるかどうか次第である。ただ、特定の通貨に対する「信用」は狭い経済領域以外の諸要素も含んでいる。

商品所有者は、商品の手放しと引き換えに受け取る銀行券を他の商品所有者にも受け取ってもらえると信じるから商品を手放す、のではない。このような売買当事者間の信頼関係以前に、中央銀行券そのものに対する信用の寄せあい関係に目を向けなければならない。**国民が中央銀行券に対して寄せあう相互信用関係すなわち国民信用こそが中央銀行券の通用力を担保する**。御輿は担ぎ手たちが支えあっている限りで御輿でありうる。中央銀行券も、**国民が信用によって支えあっている限りで通用力を持つ**。国民が自国通貨に対して相互に信用を寄せあうという関係（一般的には**協働**）の所産として、中央銀行券の通用力は存立している。このような存立構造は金・銀貨幣の場合も同じである（⇩第28項。詳しくは、前掲拙稿「協働価値論―不換中央銀行券の場合―」参照）。

ところが、国民すなわち経済当事者たちは、自分たちこそが共同目的も意思統一もない協働によって中央銀行券の通用力を生み出し、かつ支えあっていることに無自覚である。**物としてのお札それ自体に属性として通用力が、したがって価値が具わっていると思い込んでいる**。そして、より多くのお札を獲得しようと奮闘努力ないし悪戦苦闘する。自分たちが遂行している巨大な事業に無自覚である点も含めて、金・銀を追い求める場合と基本構造は同じである。ただし、不換中央銀行券の場合、国家存亡の危機時には通用力（価値）がほとんどゼロになってしまうこともあるため、通用力の「属性」視、価値の「内在」視も金・銀の場合ほどには純真無垢ではないが（⇩第11項3補論）。「ブルジョア社会の幼年時代」すなわち16―17世紀頃から現代に至るまで、**人々の「転倒した」経済認識は連綿と続いており、世界経済の、グローバル経済の形成と拡大に絶大な寄与をしてきた。**

24 企業経営者の報酬は何の対価か

『資本論』第3部から

テーマ

企業経営者が受け取る報酬は何の対価であろうか。労働者が受け取る報酬（賃金）とどこがどう違っているのか。もとより、一口に企業経営者といってもさまざまである。自己資本で事業を営む者もいれば自己資本を所有しない経営者もいる。報酬を受け取る根拠も報酬の内容も異なっている。マルクスにも「企業者（der Unternehmer）」の概念はあるが、企業者は「機能資本家」と同義であり自己資本を所有しないのに「資本家」と言われている。自己資本を所有しない企業者は、もちろん資本家ではない。**「資本家」「企業者」等の概念整理**が必要のようだ。まずはマルクスの言い分を聞いてみよう。

24

本論

（1）①機能資本家はここでは資本の非所有者と想定されている。資本の非所有者と相対して貸し手が、貨幣資本家が資本所有を代表している。それゆえ、機能資本家が貨幣資本家に支払う利子は、総利潤のうち資本所有そのものに帰属する部分として現れる。②これと対立して、利潤のうち能動的資本家のものになる部分は、今では企業者利得として現れるのであって、この利得はもっぱら、能動的資本家が再生産過程でこの〔借りた〕資本を用いて遂行する働きや機能から、明細に見れば企業者として工業や商業で行なう諸機能から生じる。③こうして利子は、企業者利得に対立して、資本所有の単なる果実として、資本が「労働」せず機能しない点では資本の再生産過程を免除されている資本自体の単なる果実として現れる。④一方、企業者にとって企業者利得は、もっぱら、企業者が資本を用いて行なう諸機能の果実として、資本の運動と過程推進の果実として現れる。この過程推進は、企業者にとっては今や、貨幣資本家の非活動、生産過程への不参加と対立して自分に固有の活動として現れる。

1　「資本の非所有者」（①）としての資本家、資本を所有しない資本家というのは確かに「不可解なる資本家」（宇野弘蔵）と言うほかない。機能資本家と貨幣資本家とを向き合わせる構図、両者をセットにした把握枠組がそもそも成り立たない。しかし**機能資本家や能動的資本家という語をすべ**

て**「企業者」**（②〜④）**ないし企業経営者に置き換えるなら**、右引用文は今日においてもおおむね──株式会社が度外視されている点を除けば──通用する。

一方、貨幣資本家はそのままでもよいが、「貸し手」のほうが日常語とも重なるので分かりやすい。ちなみに、「貸し手」はマルクスの草稿では英語の'lender'だが（MEGA, II-4. 2, S. 445）、エンゲルス版『資本論』第3部では'Verleiher'とドイツ語に置き換えられている。草稿では英語やフランス語、イタリア語での表記・引用も多々行なわれているほか、時にはラテン語やギリシア語での表記・引用もある。MEGAはそれらをもすべて草稿のまま──ドイツ語訳および注解付きで──収録しており、躍動感にあふれている。本書におけるこれまでの引用文中にも英語やフランス語での表記が少なからずあった。

なお、**宇野流原理論**では、機能資本家の存在が否定されることとの見合いで貨幣資本家の存在も否定される。資本を所有していながらその運用を他人に委託するというような想定は「原理論では許されない」と言う。しかし現実には、物づくりには関心がなく最初から貸し手として貨幣資本家の側に回る資産家は、昔も今も多数存在している。偏狭な「原理」像を勝手に描いてそこに現実を押し込めようとするのは**新古典派と同様「プロクルステスのベッド」流**で、現実解明力を持たない。宇野流原理論こそ「現実には許されない」のではないか？　他の学問分野とも比較対照しながら**「原理」とは何か**を考え直す上で良い反省材料になる。

マルクスの立論を多少手直しすると、企業者ないし**企業経営者と資本の貸し手とが向き合う構図**がベースをなす。これを基に標記題目について考察しよう。

まず、**企業者とはどのような働きをする人か？**　この点については、機能資本家・能動的資本家について言われていることがそのまま当てはまる。企業者は「再生産過程でこの〔借りた〕資本を用いて」②さまざまな働きや機能をなす。これらは**企業経営者としての働きや機能**にほかならない。ここでは企業活動を営むための資本は全額借入金で賄うと想定されている。企業が株式を発行して自己資本を調達することは想定されていないから、企業規模は概して小さなものにとどまるであろう。

次に**総利潤の分配**について見ると、その一部はまず貸し手に対する**利子**として支払われる。貸し手が個人資産家であるか金融機関であるかは問わなくてよい。利子は本当は（分析者流には）剰余価値の一分与だが「資本所有の果実」③として現れる。利潤の他の部分は「機能資本家のものになり」②、利子の反照規定（利子と対関係にある規定）として**「企業者利得」**という規定を与えられる。ここでは土地の借用に伴う地代をはじめ、法人税も株式発行に伴う配当も内部留保も一切度外視されており、**総利潤は利子と企業者利得とに分割される**（むろん貸付資本の返済分は別途取りのけてある）。企業者利得については、右引用文の少し手前に「産業利潤と商業利潤を共に包括するドイツ的表現」とある。いずれにしても**「企業経営者の報酬」**と読み替えることができる。

（2）⑤企業者利得は、再生産過程における資本の機能から発生する。つまりは、産業資本や商業資本のこの機能を媒介する機能資本家の働き・活動から発生するのである。⑥しかし機能資本

の代表者であることは、けっして利子生み資本の代表のような、苦労なしで収入が得られる職（Sinekure）ではない。資本家的生産の基礎の上では、資本家が生産過程も流通過程も指揮する。生産的労働の搾取は、資本家が自分でやるにせよ資本家代理の他人にやらせるにせよ骨折り労苦（Arbeit）を要する。⑦このため資本家の企業者利得は、資本家にとっては、利子に対立して、資本所有には関わりのないものとして、むしろ非所有者としての――労働者としての――自分の働きの成果として現れるのである。

---

⑤は（1）で見たことの再論である。ここでは特に⑥が注目される。資本を機能させるには**「骨折り労苦を要する」**。貨幣を資本として貸し付けて、後は時間の経過を待つだけで利子が得られる貨幣資本家のような気楽な稼業ではない。経営者は生産過程も流通過程も「指揮」しなければならない。指揮するとは、**まさにオーケストラの指揮者のように**企業全体を適切に管理運営すること。もちろん企業活動を動機づけているのは「生産的労働の搾取」であるが、だからといって労働者を直接に指揮・監督することだけが経営者の仕事なのではない。企業には人事・労務管理業務のほかにもいろいろな業務がある。それら**諸業務がハーモニーを奏でるように適切に指揮されることによって**「生産的労働の搾取」も可能になる。経営者の総指揮なしには、「搾取」分が得られないどころか労働者が賃金を獲得することもできない。**経営者は労働者から「搾取」（剰余価値を獲得）するだけでなく、労働者による賃金獲得のお膳立てもしている。**

経営者の骨折り労苦は、一労働者の骨折り労苦とは質的に違った意味で、なかなかに大変ではある。

労働者は自分に与えられた狭い個別領域で活動していれば済むが、経営者には、当該企業に関するミクロ的配慮だけでなく取り巻く経済環境に関するマクロ的な目配りも要求される。どちらが大変さの度合いが大きいかは一概には言えない。しかし、もし労働者が、経営者のほうがラクだと思うのなら、あるいはその他の理由で経営者になりたいと思うのなら、みずからもその道を目指せばよい。別項で示すように、つまりマルクスも認めているように、**労働者が――単なる経営者どころか――資本家になる道も開かれている**のだから（⇩第26項）。

企業者利得は経営者の働き・活動に対する当然の報酬である。しかしマルクスは、経営者がこの報酬を「自分の働きの成果」と見なすことを疑問視している（⑦）。②④⑦中の「として現れる」という表記がそのことを端的に示している。マルクスにあっては、この表記は多くの場合「本当は（分析者の見地からは）そうではない」という意味合いを持つ。マルクスの疑問視は正当なものであろうか。

利子も地代も企業者利得も総利潤の、したがって元を辿れば**剰余価値の分配形態**でしかないとするのがマルクスの一貫した考え方で、これは基本的には事実そのとおりである。しかし事実の一面でしかない。剰余価値の一部が利子や地代として分配される根拠は明白である。利子や地代は、剰余価値の生産に役立つ資金や土地を一定期間貸し付けた見返りであり対価である。そのような使用価値のある資金や土地を提供したことが、利子や地代の取得根拠をなす。では、**企業者利得の取得根拠は何か**。マルクスは企業者利得の主要な源泉は示したが、事実のもう一面すなわち取得根拠は示していない。いな、マルクスも②④⑥で取得根拠を事実上は示していながら、それを取得根拠とは認めないのである。

剰余価値は、労働者が独力で生み出すものではなく経営者の働きもあってはじめて生み出される。もちろん賃金についても同様である。公平な言い方をするなら、**労働者の働きと経営者の働きとの合作として賃金も剰余価値も生み出される**。そして労働者は——流通過程で労働契約が結ばれるという法的形式の面では労働力商品の対価として賃金を受け取るとはいえ、生産過程における実質面も考慮すると——**自分の働きの報酬として**賃金を受け取る。経営者も、やはり自分の働きの報酬として剰余価値の分配を受ける。**働きが報酬の取得根拠をなす**。経営者がこの報酬を「自分の働きの成果」と見なすのは正当で、何の疑問もない。疑問は、剰余価値の分与であることを自覚していないという意識の面にのみ存する。したがって、問題は、**無自覚であることが何か重大な欠陥をなすのか**、重大な結果を引き起こすのかどうかという点に絞られる。

経営者が自分を「労働者」と考えているのかどうかという点も含めて、さらに考察を進めてみよう。

---

(3) ⑧こうして、機能資本家の頭には必然的に次のような観念が発達してくる。自分の企業者利得は——賃労働と何らかの対立関係にあり単に他人の不払い労働でしかない、というようなものでは全くなく——むしろそれ自体労賃であり、監督賃金、労働の指揮・監督に対する賃金であり、普通の賃金労働者の賃金よりも高い賃金であり、高いのは(1)自分の労働が複雑労働であり、(2)自分自身に労賃を支払うからだ、という観念が。⑨自分の資本家としての機能は、剰余価値すなわ

ち不払い労働を生産すること、しかも最も経済的な諸条件のもとで生産することにあるということが、完全に忘却される。資本家としての機能を何も果たさず資本の単なる所有者であるだけで利子が資本家のものになる反面、機能の手段となる資本の非所有者であっても企業者利得が機能資本家のものになるという対立のために、このような忘却が生じるのである。利潤つまりは剰余価値が分かれる2つの部分の対立的形態のために、両者が剰余価値の単に部分でしかないということが、そして剰余価値が分割されたからといって剰余価値の本性・源泉・存在諸条件は何ら変わりようがないということが、忘却される。

---

2 機能資本家の、一般的にいえば生産当事者または経済**当事者の**「**観念**」が問題にされている。当事者の観念を分析者マルクスが批判する。このような認識批判は、おなじみの物象化論・フェティシズム論の問題圏に属する。ここでのキーワードは「**監督賃金**」であるが、このワードの来歴にまでさかのぼるなら、むしろ、平凡な語ながら当事者が抱く観念の一形態としての「**忘却**」（3カ所）がキーワードである。当事者の観念は、当然にも日常語で表わされる。

懸案事項は、企業経営者が報酬の源泉を「忘却する」あるいは自覚していないことが何か重大な欠陥をなすのかどうかということ。この点については、**企業者利得を監督賃金と規定するのが妥当であるか否か**を検討する中でおのずから答えが出てくる。この当否は企業規模の大小によって違ってくる。

まず**小規模企業**の場合、経営者が事業に必要な資本を個人資産で賄うことはさして困難ではないから、経営者がもっぱら貸付資本を利用するというあり方はマルクスの時代も今も一般的ではない。が、マルクスの想定に従うことにしよう。また今日では、未公開株式（プライベートエクイティ）の取得と引き換えに出資する**ベンチャー・キャピタルに依存する起業家**も多い（ベンチャー・キャピタルは株式を買い取るのであって資本を貸し付けるのではない）。それゆえ小規模企業の場合でも自己資本なしの経営者を想定することは非現実的ではない。もっとも、株式がらみであるかどうかという時代差はあるが。

小規模企業の経営者は通常、「指揮」業務を行ないながらみずからも従業員と一緒に汗まみれになって働くから、**汗まみれの度合いに応じて企業者利得は労賃としての性格をおびる**であろう。この経営者は、いわば**自分で自分の生産的労働を「搾取」している**わけである。ただし、自分からの「搾取」分がすべて不払労働と化すことはなく「搾取」分の一部も自分に支払っているのであるが（他の一部は利子の源泉となる）。その分も、一般従業員より高い報酬の一部をなしている。みずからも生産的労働に従事する限りでは、**労賃という観念は「忘却」の産物などではなく現実そのものである**。

指揮の報酬部分と労賃部分との比率はケース・バイ・ケースであるが、ともかく企業者利得には両部分が入り交じってる。企業者利得は基本的には指揮業務および賃労働の対価である。「監督賃金」は監督（指揮）報酬と労賃とから成る。そして一般従業員の労賃よりも高いのは、マルクスの指摘どおり、（1）「複雑労働」だから、（2）「自分自身に支払う」から、である。ただし、指揮業務が複雑労働であるという点は経営者の観念いかんとは無関係に事実そのとおりである。

▼2の要約

小規模企業経営者の報酬は、①複雑労働としての指揮業務に対する報酬、②自分の労賃分、③自分からの「搾取」分の一部、から成る。①と③が剰余価値の分与分である。

3 右の設例は、経営者も、たとえ短時間ではあれ従業員と同等の作業に従事する場合の話で、指揮業務に専念する場合は別の話になる。こちらの場合は**大規模企業の経営者**と一括して取り扱うことができる。

指揮あるいは管理運営業務に専従する経営者の報酬は、どのような働きの対価であろうか。マルクスは利子と企業者利得との「対立」を再々強調し、企業者はこの対立に目を奪われるあまり企業者利得もまた利子と共に剰余価値をその源泉としていることを「忘却」していると言う。しかし経営者当人は、この「対立」をそんなにも気にしているであろうか。むしろ事実としては、自分（たち）と賃金労働者（従業員）たちとの対立のほうを強く意識している。

利子と企業者利得との「対立」意識を分析者マルクスは過大視している。その分、**経営者報酬の取得根拠**に関する説明が手薄になった。当事者はごく当然のこととして利子を支払い、ごく当然のこととして総利潤の残余部分を自分（たち）の報酬と見なす。「対立」に目を奪われて利子も企業者利得も共に剰余価値を源泉としていることを「忘却」するがゆえに報酬を労賃視する、という論法には無理がある。

『資本論』第3部から.........300

利子率が余程高い場合は、貨幣資本家の気楽な稼業に対するルサンチマンも手伝って「対立」意識を強く抱くことがあるかもしれないが（高い利子率も「公正」なものであることについては⇩第25項）。しかし少なくとも指揮業務に専従する経営者は、小規模企業の経営者と違って、自分の報酬を労賃と見なすなどという観念は抱いていないであろう。**報酬を経営者としての働き・活動の対価と考えている**――ただそれだけのことだ。この場合、経営者の報酬は、小規模企業経営者の報酬に関する上記①②③のうち①のみから成る。**同じく「企業経営者の報酬」といっても2類型がある**わけである。

経営者が賃金労働者を兼ねる場合も指揮業務に専念する場合も、指揮業務に対する報酬は剰余価値を源泉としている。今風にいうと、**当期純利益の中から受け取る役員報酬**である。しかし剰余価値の一部を報酬として取得するのは、経営者が、それなしには企業そのものが成り立たないような働き・活動をなすという**正当な根拠**に基づいている。

報酬が剰余価値の分与であることに無自覚なのは分析者には重大な欠陥に見えるとしても、そこから何か重大な結果が生じるわけではない。自覚していようといまいと、本来の賃金労働者には何の影響もないからである。たとえ経営者が報酬の源泉は剰余価値であることを自覚したとしても、剰余価値の取得根拠が経営者の働き・活動に存するという事実は揺るがない。**経営者も本来の賃金労働者つまり従業員も、それぞれなりの骨折り労苦の対価として報酬を受け取っている**、という基本構図は変わらない。仮に経営者が分析者の認識地平に立ちえたとしても、従業員の立場や境遇は何も変わりはしない。この場合、**分析者の認識は学理的には正しくても現実的意味を持たない**のである。「認識」

24

や「知」(⇩第23項) に対しては、「それがどうした」「ワレ、なんぼのもんじゃ」と問い返す視点も必要である。

▼3の補論——「骨折り労苦」の量・質を問うこと

むしろ、**経営者報酬の取得根拠および内容には2類型があること**を明確にすることに多少とも現実的意味がある。労働者サイドは、**賃上げ要求**を行なう際の一つの理由として自分たちの骨折り労苦を持ち出すことができる。もちろん経営者サイドも骨折り労苦をしている。まずこの点で両サイドは同じ土俵に上がる。次に経営者サイドの骨折り労苦には、したがって経営者報酬の取得根拠および内容には2類型があることを踏まえて、**労使双方の骨折り労苦の中身が違っていることを確認する**。そして双方の骨折り労苦をどのように評価するかに労使交渉の焦点を絞る。要するに、**終始「骨折り労苦」の量と質を問うことで交渉の道筋は鮮明になる**。労働者サイドの要求を一方的に主張するだけでは説得力を持たない。

両サイドが同じ土俵に上がるためには、労働者サイドが「経営者はオレたちのお陰で報酬を得ている」とする誤った観念を清算する必要がある。**「オレたち」だけでは何程のものでもない**。

このような労使交渉方式は——成果主義の潮流の中では——従業員の成果だけでなく経営者の成果をも問うという考え方を導く。**成果主義を採用するのなら経営者にも成果主義を適用すべきである**。事こまかな評価項目ごとに従業員の成果を査定するのなら、同様のことを経営者に対してもなすべきである。この「べき」論は単なる観念論議ではなく「実行可能な具体策」(⇩第11項) に容易に結びつけることができる。株式会社の場合は、経営者サイドが忌避しても**株主サイドからは賛同を得られる**であろう。

関連して、肝心な点が2つある。一つは、**労使双方が文字どおり相互依存関係にあることを踏まえて相手の骨折り労苦を理解するよう努めること**。もう一つは、**非正規雇用者の骨折り労苦をも正当に評価しうるシステムを構築すること**。そのためには、日本的経営の柱の一つとされてきた企業内組合が正規雇用者のみの組織であったのを改めて、非正規雇用者の要求も汲み上げうるような組織に再編すること。元来、労使対立への対応策として組織された**労働組合が〝労労対立〟を放置したままでいるのは自己矛盾と退廃の極みである**。

昨今、流通業界では非正規社員の賃金・待遇改善がささやかながら進んでいる。また製造業界でもトヨタ自動車労組が期間従業員を組合員として受け入れようとし始めるなどの動きが見られる。人手不足の折から人材の囲い込み・定着化が直接の動機をなしているとはいえ、〝労労格差〟が縮小するのは良いことである。

25 経済において公正(正義)とは何か――経済倫理の判断基準をめぐって

『資本論』第3部から

テーマ

「**公正・正義**(justice, Gerechtigkeit)」に関しては、倫理学・法学・政治哲学などの分野で取り扱われることが多いが、マルクスは全く別の見地から論じている。公正論・正義論にとって参考になると思われるので手短に見ておこう。今日流行の**企業倫理学**や**CSR論**とも共通する論点を含んでいる。

本論

1 イギリスの銀行家ジェームズ・ギルバートの著書『銀行業の歴史と原理』(1834年)から一

文――「利潤を得るという意図で貨幣を借りる人が利潤の一部を貸し手に与えなければならないのは、自然的公正（natural justice）の自明の原理である」――を引用した上で論評している（「自然的」については補論で詳述する）。

---

①ここで自然的公正を持ち出すのは無意味である。生産当事者たちの間で行なわれる取引の公正は、彼らの取引が生産諸関係から当然の帰結として生じることに基づいている。②これらの経済取引が、法的諸形式では意思行為として、彼らの共同意思の表示として――また個々の利害当事者に対して国家が強制力を行使しうる契約として――現れる。法的諸形式は単なる形式であって、取引内容そのものを規定することはできない。形式はただ内容を表現するだけである。③取引内容は、生産様式にふさわしい、適合したものでありさえすれば公正なのである。生産様式と相容れなければ不公正である。例えば奴隷制は、資本家的生産様式を基礎にしているところでは不公正である。商品の品質をごまかすのも同様である。

④利子率の「自然的な」率なるものは存在しない。利子率の自然的な率といわれているものは、むしろ、自由競争によって確定された率のことである。利子率の「自然的な」限界というものはない。

利子のギヴとテイクは、生産当事者たち、この場合は貨幣の借り手と貸し手とが形成する生産関係（生産のあり方）から「当然の帰結」（①）として生じるもので、生産関係の外部から「自然的」であるとかないとかの**価値判断が入る余地はない**。そして利子率は、高かろうが低かろうが、**自由競争によって確定されたものである限り当該の生産様式に適合している**。

奴隷制は徹頭徹尾、支配―服従関係に基づいている点で、「法的形式」としては労働力を商品として**売り手と買い手とが自由かつ対等に契約に基づいて**売買しあっている生産様式のもとでは不公正である。また商品の品質をごまかすことも、契約違反であり不等価交換にもなるから不公正である。

マルクスの考え方は③で明確に表明されている。**経済取引が公正であるかどうかは、当該の生産様式に照応し適合しているかどうかで決まる**。単純明快な論法ではある。これに従うなら、現実の諸関係から出発しない公正論・正義論は「無意味」だということになる。倫理学や政治哲学の観点から、まるで**普遍妥当する公理**のごときものとして公正論・正義論を抽象的に展開したところで、所詮は、ああも考えられる・こうも考えられるという思想の表明にしかならない。ジョン・ロールズはこう言った、誰それはああ言った、きみはどちらを好む（prefer）か、といった恣意的な――**個別具体的な対象分析から出発しない**――やりとり（空中戦）を繰り広げていても、理論としての一歩一歩の着実な積み重ねによる前進はない。「**好み（preference）**」や「**ひいき（partiality）**」**に基づくやりとりが学問の名において行なわれる場面が**、**哲学分野をはじめ**、**あまりにも多すぎる**。

単なる思想とは違って**理論は**、**ここまでは解明できたがそこから先は未解明という線引きをする（閉じがある）**から着実な前進が可能になるのである。したがってマルクスの立論においても、生産様式（ここでは**自由競争原則で代表される**）との適合性を言っただけでは不十分で、公正論・正義論を本格的に展開するつもりなら、さらに立ち入って個別具体的な対象分析を重ねる必要がある。

奴隷制や品質のごまかし、利子率などのほかにも、分析対象とすべき事項は多数ある。**それらの対象分析を総合することで理論としての、したがって（抽象的一般的ではない）一定の歴史性をおびた公正論・正義論**は構築されうる。

2 昨今、アングロサクソン流のシェアホルダー主義**（株主本位論）**が世界中に広まっている。わが国においても「株式会社は株主のもの」とする風潮が強まり、「モノ言う株主」の発言権が増している。しかし会社が「株主のもの」であるなら、会社が負債を抱えて倒産しても犯罪や不祥事を仕出かしても**所有者が最終責任を負わねばならぬ**はずだが、そういう話は聞かない。もっぱら権利の面で株主主権が主張されるだけ。有限責任制が株式会社の最大の特色をなし、だからこそ株式会社は普及発展してきたのだが、**株主主権論は有限責任制と整合しない**。が、この重要論点については別途の考察を要する（とりあえず拙稿「株式会社と企業倫理」、田島慶吾編著『現代の企業倫理』大学教育出版、２００７年、第３章、参照）。ここでは公正論の見地から一考するにとどめる。

株式取引をめぐる犯罪も多発するようになった。わが国の場合、「偽計取引」「有価証券報告書の虚偽記載」**「インサイダー（内部者）取引」**など証券取引法違反容疑で摘発されるケースが多いが、**合法・不法の根底にある「公正」はどのように認識されているのであろうか**（証券取引法は２００７年９月からは他の関連法ともども金融商品取引法に一本化）。公正のマルクス的規準からすれば、この問いは、現行の資本制生産様式をどのようなものとして認識するか、という問いに帰着する。

偽計取引や虚偽記載は不法行為として「商品の品質をごまかす」（③）こととひとまず同類と言え

よう。では、**インサイダー取引を不法行為だとする論拠は何か**。手短にいえば、会社業務に関する重要事実を職務や地位によって知りえた会社関係者等がその情報を公表前に利用して私益を図るのが不公正だ、ということであろう。公表された後でなら罪に問われない。今日、情報の早期入手は広く奨励されている。すると、**「情報入手は人よりも早いほうがよい、しかし人よりも早すぎてはいけない」**というわけだ。この理屈は、**人を欺くというファクターが入っている**偽計取引・虚偽報告・株価操作などの場合と違って分かりにくい。

わが国の独占禁止法にいう「公正取引の確保」は自由競争の確保が趣旨である。自由競争においては、**①情報の早期入手**、**②情報の秘匿**、**③情報の有効利用**、が重要な意味を持っている。②を禁じて企業秘密までも開示させたのでは、そもそも研究開発や特許の取得を行なう意味がなくなってしまい、激しい競争戦の中では企業活動そのものが成り立たない。一方、**「インサイダー取引」は①と③を組み合わせたもの**。契約違反や品質のごまかしなどをやっているわけではなく、現行の生産様式（自由競争原則）から逸脱してもいない。

それとも、会社業務に関する重要事実は不特定多数の利害関係者全員に情報開示し周知徹底させた上で、そこから一斉に「ヨーイ、ドン」と情報利用活動をスタートさせるべし、ということなのか。しかし②からも明らかなように、現実の経済はそうはなっていない。

同じ生産様式のもとでも規制が緩和されたり強化されたりしている、という点にも目を向けておく必要がある。Must not（してはならない）とMay（してもよろしい）の境界線がその時々の法制ポリシーによって右に左にと移動している。右であれ左であれ、この移動は**「公正」の規準が変更**

されていることにほかなるまい。公正の内実はポリシーのあり方次第でそんなにも容易に変わりうるものなのか。公正の規準はそんなにもお手軽なものなのか。昨今、CSRの一環として**コンプライアンス**（法令遵守）が重視されているが、右往左往する法令を逐一遵守せよというのであろうか。

公正の――単に大枠を示しているにすぎない――マルクス的規準がそもそも実態にそぐわないのか。それとも法制ポリシーが場当たり的・恣意的なものでしかないのか。個別具体的には、**「インサイダー取引」を禁じる公正論的根拠は何か**。「インサイダー取引」容疑をめぐる裁判はインサイダー情報の有無・実現可能性、つまり「インサイダー情報はあったのかなかったのか、あったとすればその情報をどの時点で知りえてどのように利用したのか」が争点になることが多い。被疑者側があれこれと抵抗するのは、法廷では法律の条文を前にして争わざるをえないが、しかし条文を背後で支える**公正論的根拠の不明確さ**を疑問視しているという面従腹背の表れかもしれない。

もし有罪判決が出て判決理由の中に「株式市場を混乱させた」などの点が含まれているとしても、それは「インサイダー取引」容疑で摘発が行なわれた後の話にすぎない。問題は「インサイダー取引」を不法行為として摘発する根拠である。「証券取引法でそう規定されている、アメリカではもっと厳しい」といった次元以前の問題である。**情報の早期入手・有効利用の奨励と公正論との折り合いをどうつけるのか**。

敵対的ＴＯＢ（株式公開買付け）のような〝金権ゲヴァルト〟も自由競争の範囲内にある公正なこととして公認されているご時世である（⇩第27項１）。経済取引における公正の内実と確たる規準を、倫理学的・政治哲学的にではなく現実の諸関係に即して改めて問う必要がある。そのことは反射的に

「自由競争とは何か」という問いを引き起こす（⇓第22項（11））。

▼本項全体の補論――「自然的」について

補1　「自然的」であるかどうかを判断規準にする思想は世の東西を問わず古くから見られる。物理学的・生物学的・地学的その他の「自然」とは何の接点もなしに、人間社会では「自然的、自然な」「自然に」などの「自然」語が**価値判断語として**多用され威力をふるってきた。このこと自体不思議なことである。威力あるいは語としての権威の源泉は何であろうか。

わが国において、例えば何らかの人間行為が「自然な」と評されることは、至極もっともな、という肯定的評価を意味している。作為なしに、おのずからなされた行為は是認されるに値する（アダム・スミス流には「同感」できる）という倫理観から来るのだろう。半面、「不自然な」は否定的評価語である。このような倫理観の根底には、さかのぼれば、**人力では制御できない、また逆らうこともできない自然の摂理に対する古来の（潜在意識に刷り込まれた）畏怖の念**があると思われる。西洋思想界においても「自然」語への依存は古代ギリシア以来の一伝統をなしている。

アリストテレスにおいては、主人と奴隷、夫と妻、父と子という3種類の人間関係から家が成っている。もっとも、奴隷は人間ではなく「物を言う道具」でしかないが。ヘシオドスの詩にある「何よりも家と妻と耕牛」における牛は、貧しい人にとって奴隷の代わりをなす（牛は奴隷よりも安価だった?）。アリストテレスにとっては「完全な家は奴隷と自由人から出来ている」。幾つかの家が集まって村が形成され、さらに、幾つかの村が一つになった共同体が国（**ポリス**）である。国といっても大概は市民数が数千人程度、大きいものでも数万人程度だったとのこと〔プラトンは「互いに顔見知り」になる程度の市民数〔約5000人〕が理想のポリスだとしている〕。

国の規模になってはじめて**善き生活のための自給自足体制**が整う。これら一連の結合関係は、**すべて「自然に」そうなるべきもの**とされる。ゆえに「人間は自然にポリス的動物である」〔⇩第1項(8)〕。共同体に依存しないでも自足してやってゆけるのは野獣か神だけである〔野獣は「一匹オオカミ」としてやってゆけるし、**神は生活者ではないから生産活動に従事しなくてよい**ということなのであろう〕。だが人間はそうではない。「自然に」とは「本性からして、本性上」ということ。没価値の「自然」に仮託してはいるけれども、語義上は**極めて強い価値判断**を表わしている。

一国の自給自足体制だけで生活の必要を満たすことができないときには、国と国の間で**不足品と余剰品の交換**が行なわれる。この交換のために必然に**貨幣**の使用が工夫されることとなった。貨幣が案出されると、必要やむをえざる交換とは別種の、**カネもうけのための商業**が生じてくる。しかし商業は、ましてや**カネを貸して利子を取ること**は「自然な」ことではないとされる。もちろん奴隷を道具視することは「自然な」ことであった〔アリストテレスについては『ポリティカ〔ポリス論としての政治学〕』および『ニコマコス倫理学』参照〕。

このような「自然」認識を、商業も利子取得も是認されるが奴隷制は禁止されている社会の規範に照らして非難しても、それこそ「無意味」(①)である。別に古代ギリシアが後れた社会だったわけではない。臓器や出産能力、CO_2排出権までもが商品化している現代社会のほうが進んでいるとは言えまい。**どの社会にもチグハグさや矛盾撞着はある**。現代社会における原子力利用のあり方（一方では

25

大量破壊兵器としての、他方では原子力発電としての）などはチグハグさの最たるものであろう。進んだ社会、後れた社会の判別については「歴史の発展」論（⇓第9項）に立ち返る必要がある。

補2 アリストテレスの時代（紀元前4世紀）から2000年以上も経ったアダム・スミスの時代（18世紀）、さらには上記ギルバートの時代に至っても「自然」語は好まれた。経済学分野に限っても「自然」価格、「自然的」利潤率、「自然的」利子率、等々。しかしそれらは、マルクスに言わせると、**すべて当該の生産様式にふさわしい「自由競争」によって決定される**ものである。

にもかかわらず、**スミスらの場合**「自然」語が多用されてきたのはなぜであろうか。理由は三重である。①経済の動態においては価格や利子率が異常に高く、あるいは利潤率が異常に低くなることがある。**そのような異常は安定した経済秩序を望む者にとっては受け容れがたい**ことである。そこで「自然な」あり方が願望された。②異常な現象も――マルクスが行なっているように――学問的に説明のつくことであるが、**学問的説明をなしえないから**願望の表現として「自然」語が持ち出された（構図は「見えざる手」の場合と同様である⇓第22項（9））。③**「自然」語は権威ある言葉**である。自然の摂理に対する畏怖の念が権威のバックボーンをなしている。

自然法思想ないし自然権の考え方も、自然の摂理を人間社会の摂理に引き直したものにほかならない。特にキリスト教的伝統の中では、大文字表記の「自然（Nature）」は神と同義である。それゆえ例えばアメリカ独立宣言においては、**自然権の最終的な拠り所が造物主（the Creator）に求められた**。しかし一定の歴史的背景のもとで生まれた思想を「自然な」と称するのは無理がある。**人間**

社会の摂理の最終的な拠り所をなしているのは何か。**「諸個人の関係」視座**（⇩第1項（4））や**協働論**（⇩第28項）が欠落しているところでは自然の摂理に拠り所を求めるしかなかったのである。

▼**補論の要約**

学問的場面で用いられる「自然な」という語は、単に事柄の**望ましいあり方**というほどの意味である。望ましくないときは「自然ではない」と言われる。しかし「自然」語は、事柄に関する是認または否認の判断の正当性を**学問的に論拠づけることができないときに**、それでも正当性を強弁しようとするごまかしの言葉である。間に合わせの便宜性をおびている点ではデウス・エクス・マキナ（機械仕掛けの神）のごときもの。学問的な論拠が示されない以上、「自然」語には用い手の思い思いの内容が**盛り込まれる**。要するに、学術語の名に値しない。

今日ではこのような「自然」語が用いられることは少ない。いかにも古めかしいからだ。しかし例えば「適正」価格という言い方がされる。「適正な」には「自然な」ほどの権威はないが、**論拠づけを欠く間に合わせ語**である点では同類である。類例はほかにもいろいろある。ムード語が飛び交う「あいまい化時代」（⇩第1項補論1）にはなおのことであろう。

1861―63年草稿および『資本論』第1部から

26 賃金労働者も資本家になることができる

――マルクスは悪平等主義者ではなかった

テーマ

マルクスの「**所得格差**」是認論と「**労働者の資本家への転成**」論について見ておく。

資本家と賃金労働者とは、剰余労働を「搾取」する側とされる側として階級対立関係にあるとされてきた。一方は加害者、他方は被害者というイメージを伴って――。しかしこのようなイメージは論拠に欠ける。被害者だと思うのなら、その場を離れれば済む話である。いったん資本家との契約関係に入れば苛酷な強制労働が待ち受けているかもしれないが、そういう関係に入る入らないは労働者の自由勝手なのである。それでも当の関係に入るのは、〝**被害者**〟も〝**加害者**〟から**恩恵を受けるから**である。両者は**相互依存のギヴ・アンド・テイク関係にある**。

ある人Aは資本家、別の人Bは賃金労働者であるとしよう。だがこのような立場は固定的なものではない。マルクスは、Aは生涯ずっと資本家、Bは生涯ずっと賃金労働者であるとする宿命論者ではない。AとBの立場は共に変わりうる。**Bが資本家になりAが賃金労働者になることもある**。資本家になるか賃金労働者になるかは、本人の力量と運次第である。マキアヴェリは、君主であるための要件として**力量と運**を挙げた。これらが**人の命運を決める二大要件をなす**ことは——両者の配合比率はさまざまであるが——すべての場合に当てはまる。

マルクスは労働者階級ないしプロレタリアートに味方する。ある人が労働者としてのカテゴリーに属する限り味方するが、しかしその人自身のパーソナル・ヒストリーに関心があるわけではない。**労働者が資本家になる可能性**を否定していないし、その時には資本家というカテゴリーで処理するだけのことである（「カテゴリー」については第9項参照）。

本論

（1）①特定の労働が、より高度に発達した、より大きな生産コストを要する労働能力を必要とするか否かに応じて大きな賃金格差が広く見られるのであり、したがってまた、一方では個人差が生じる余地が多分にあり、他方では独自の労働能力を発達させようと拍車がかかるのである。②大多数の労働が大なり小なり未熟練な労働から成らざるをえず、このため大多数の労賃が単純な労働能力の価値によって規定されざるをえないのは確かだとしても、個々人が特殊なエネルギー・才能等によってより高度の労働分野に飛び立つことは、いつも変わることなく可能である。全く同様に、

> この労働者・あの労働者がみずから資本家になり他人の労働の搾取者になるという抽象的な可能性が、いつも変わることなく存在する。

1　**マルクスは「賃金格差」が生じることを公然と認めている**（社会保障等による所得再分配のことはマルクスの念頭にはないので、「賃金格差」イコール「所得格差」と見なしてよい）。ある種の労働は「より高度に発達した労働能力を必要とする」。そしてそのような労働能力は「より大きな生産コストを要する」。ゆえに当然のこととして、より高い賃金を受け取る。①の前半は賃金論一般のおさらいであり、後半は個別の話である。**「特殊なエネルギー・才能等」**②を有するかどうかが分かれ目となる。企業経営者の報酬が一般従業員の賃金よりも高いのは**「複雑労働」**をするからだとされていた（⇩第24項）のと同じ考え方である。

労働者階級内部における賃金格差のロジックはそっくりそのまま資本家と労働者との階級差にも当てはまるのである。特殊なエネルギー・才能等を、すなわち**力量を有する労働者は資本家に成り上がることもできる**。「抽象的な可能性」②とは、現実具体的なことはケース・バイ・ケースだが労働者が資本家になる道も開かれている、ということ。このような指摘をマルクスが行なうと意外感を与えて人目を引くが、昔も今もごくありふれた事実である。

力量差による所得格差を是認するマルクスの考え方は、今日流行の**新自由主義**と重なるところがある。新自由主義者マルクス？　それはないが、この論件に関する両者の親近性は留意に値する。少なくとも**マルクスが悪平等主義者でなかったこと**は『経済学・哲学草稿』における「粗野な共産主義」批判以来一貫している。

2 右引用文は1861―63年草稿からのものだが、『資本論』第1部からも引いておこう。

（2）③工業資本家の発生は、借地農業者の発生のように徐々に進行したのではなかった。多数の小さなツンフト〔同職組合〕親方、数はもっと多い小さな独立手工業者、あるいは賃金労働者さえもが小資本家に転成し、そして賃労働の搾取を次第に拡大しまたそれに見合う蓄積を進めることによって、文句なしの資本家になった。このことに疑問の余地はない。④中世都市制度の幼年期には、逃亡農奴のうち誰が主人になり誰が召使いになるかは、大概は逃亡日の早い遅いによって決まっていた。資本家的生産の幼年期にも、これと同じことが頻繁に起こった。

---

③工業資本家の発生期には、賃金労働者でさえも小資本家になることができた。それは資本規模が小さいから可能なのであるが、だからといって誰もが小資本家になることができたわけではない。何よりも、**人一倍強い意志や格別の才覚などの力量**が必要条件となる。このことは21世紀の現在においても当てはまる。力量さえあれば、いわゆる**サラリーマン、ＯＬらの賃金労働者にも、まずは小資本家に転成する道が開かれている**。

一方、**運の作用度**はどうか。資本規模が小さいときには**資本調達の成否**が運に左右される度合いは小さい。むしろ、資産家（ベンチャー・キャピタルのような⇩第24項2）に力量を見込まれさえすれば資本調達は容易である。また、資本家としての成否がその時々の経済事情によって左右されることもあるが、**経済事情の事前予測も力量のうち**だから、やはり不成功を運のせいにすることはできない。もちろん、個人の力量を超えた不可抗力としての不運も多々あるが、当面の文脈では、まずおのれの力量を甘えなしに点検することが必要である。

小資本家は賃労働の「搾取」と資本蓄積を重ねる中で、文句なしの、押しも押されもしない資本家に成り上がってゆく。これまた工業資本家の発生期に限ったことではない。**大資本家も元はといえば小資本家、多くの場合、町工場の経営者であった**。もっとも、小企業が大企業になる方途は、元来は資本蓄積によるのが本道であったが、時代が降るにつれて**銀行融資や株式発行**への依存度が高まり、さらにはM&Aという手っ取り早い規模拡大策を活用する傾向が強まる（⇩第27項）。

④誰が小資本家になるかは逃亡農奴の場合と同じく早い者勝ちだったとされている。このような**タイミングの見極めと行動**もまた力量のうちである。

▼2の補論

力量不足者は——時には不運も手伝って——負け組の立場に甘んじることになろうと嘆くには及ぶまい。大きな責任を負わされることもなかろうから、気楽といえば気楽である。失礼ながら、「**フリーター**」**諸君**の多くもそのことを実感しているはずである。**大きな責任を負うことも力量の一部をなす**。

視野を力量一般に広げれば、もちろん**力量の大きさと所得の大きさとは直結する話ではない**。力量は大きくても所得は小さい、逆に力量は小さくても所得は大きいなどさまざまである。世の中は物理の世界とは違う。比例関係が成り立たないケースも多い。上に見たマルクスの「所得格差」論は、**力量を狭く限定した場合の話**である（実際、マルクス自身も大きな所得とは無縁であった）。

が、力量を狭く限定して、**せめて責任の大きさを所得の大きさに反映させようとするのであれば**、例えば正規雇用か非正規雇用かで待遇格差をつけるのではなしに、**責任の大きさに応じた処遇**をする必要があろう。**責任の大きさとは「働き（骨折り労苦）」**（⇩第24項）**の大きさにほかならない**。

少子高齢化との関連で労働力人口の減少を心配する前に、非就労者や「フリーター」たちも含めて**一人ひとりの力量発揮度を高める**人材活用策を考える必要がある。「自由時間の確保」（⇩第20項）によって潜在的力量は高まっているはずである。「労働生産性の向上」という決まり文句を持ち出すだけでは個別具体性に欠ける。**「労働力人口の減少」に対する危惧は、労働力活用の面でも現に広く見られる無駄と浪費に対する鈍感さの表れにすぎない**。やはり「問いの立て方」（⇩第11項）を再点検する必要がある。

26

27 M&Aとしての「資本の集中」――マルクスの理論的先駆性

テーマ

M&Aをはじめとする**企業再編**によって大競争戦を勝ち抜こうとするのが、わが国においても近年の傾向となっている。この傾向は、大中小を問わずすべての企業を巻き込んで当分の間続くであろう。しかし企業再編は無限に続くわけではない。**自動車業界**では世界的にもM&Aはすでにほぼ終了している。残るは業績不振部門の切り離し・売却（一例：ダイムラークライスラーの北米クライスラー部門を投資ファンド、サーベラス・キャピタル・マネジメントに売却〔2007年8月完了〕。これは単なる買収で、合併ではない）か、業務提携・資本提携くらいのものである。**鉄鋼・鉱物資源・金融**などの分野では国際的なM&A合戦が熾烈な最終局面を迎えており、他の業種・分野でも遅速の差はあれ同様の傾向が強まっている。**いずれ企業再編路線が終点まで行き着いた時、何**

がどういう形で起きるか。その点の考察は、資本制システムそれ自体に関する今後の展望の一環として別途の検討課題となる。ここでは**「資本集中」論**の先見性と意義について見ておく。

M&A（mergers and aquisitions、企業の合併・買収）はいつ頃から始まったのだろうか。M&Aの本場がアメリカであることは衆目の一致するところ。スタンダード・オイル・トラスト（1882年）を皮切りに、20世紀初めにかけて石油分野その他で**トラスト**が多数結成された。トラスト（trust、企業合同）には、同一業種の複数企業が受託者（trustee）への株式信託を通じて議決権（経営権）を一本化するもの、今風の合併や持株会社方式に近いものなどの諸形態があるが、いずれにしても**企業再編時代の幕開き**を告げた。

が、M&Aに類するものは、資本制経済の先発国**イギリスで早くも1820年代から**見られた。ほぼ10年周期の景気循環が始まり、恐慌も不況も経験するようになった。激しい競争戦の中で、多数の弱小資本が大資本に併合されるか、でなければ滅亡した。その経緯をマルクスは（1）のように論述している。経済理論的には、他資本の「**併合**（Annexion）」を資本の「蓄積（Akkumulation）」とは区別して資本の「**集中**（Zentralisation）」と概念規定した点が重要である。重要である理由については本項末尾で述べる。

本論

一（1）①競争戦は商品の価格引き下げを通じて行なわれる。商品の低価格は、他の諸事情が同じだとすれば労働生産性に左右され、また労働生産性は生産規模に左右される。それゆえに、より大きい諸資本がより小さい諸資本を打ち負かすのである。②資本家的生産様式が発展するにつれて、ある事業を正常な諸条件のもとで営むために必要な個別資本の最小量も増大する、という点も想起されてよい。③このため、より小さい諸資本は、大工業がまだ点在状にしか、あるいは不完全にしか支配していない生産諸領域に押し寄せる。ここでは競争の激しさは、ライバル関係にある諸資本の数に正比例し、それらの大きさに反比例する。④競争は多数のより小さい資本家たちの没落で終わるのが常である。彼らの資本の一部は勝利者の手に落ち、一部は滅亡する。

1　「労働生産性は生産規模に左右される」（①）というのは、労働生産性を向上させるためには資本構成を高める資本蓄積を、コストのかかる**合理化投資**を必要とするから、ある程度以上の生産規模でなければならないということ。**生産性の向上によって生産物価値が、したがって商品価格が低下**すれば、これをなしえない小資本を打ち負かすことができる。

④までの全体をとおして、**激しい競争戦が特に小資本に厳しい結果をもたらす**ことが強調されている。小資本の一部が「勝利者の手に落ちる」（④）とは「併合」あるいは吸収されることを指している。「併合」の意味を明確にするためには、これも含む「資本集中」の類型区分を――やや先走るが――あらかじめ行なっておいたほうが理解の助けになるであろう。

資本集中は、まさに資本集中全般をカヴァーする広い概念である。**株式会社に関連しないものと関連するもの**との大別2類型があり、第2類型がさらに2つに分かれるから、計3類型あることになる。

①**「併合」**。これは領土併合のイメージで、力の行使を伴う。下記（3）⑨では「力ずくの（gewaltsam、ゲヴァルトを用いた）」と言われている。併合される弱小資本は株式会社ではなかったから、日本語の字面は似ていても、株式の現金買取りもしくは交換を通じて行なわれる**今風の「合併」とは全く異なる**。株式会社が普及し始めるのは19世紀半ば以降、主として資本制経済の（イギリスに比すれば）後発国ドイツ、アメリカの鉄道業や、鉄鋼業をはじめとする重化学工業の分野においてである。先発国イギリスでは、鉄道業の開始は世界最初（1830年）であったとはいえ、**個人資本家による個人経営**が長らく主流であった。マルクスの「併合」論はイギリスの実状を踏まえている。

②資本の集中を**株式会社形態を通じて**行なう。a．世の中にさまざまな形で存在しているマネーを一つに集中して株式会社を新規に設立する。b．既存の株式会社を再編成する。

aについては下記（3）⑨で「多数の既成ないし形成途上の諸資本の融合が株式会社の設立という比較的スムーズなやり方……」と説明されている。「既成の諸資本」には個人企業や貸付資本が含まれる。「形成途上の諸資本」は〝ダンス預金〟のような遊休マネーを指す。遊休マネーはまだ「資本」として機能していないが、これも可能的資本として「社会的〔マクロ的〕資本」（下記（4）⑪）の一部と見なされるのである。これらの資本を「融合」して株式会社を設立する。「比較的スムーズなやり方」とは、併合のような「力ずくの」やり方と対比した言い方。

またbについては、マルクスの時代にM&Aという言葉はなかったとはいえ、上記（3）⑨からの引用文に若干の読み替えを施せばM&Aにも通じる。「既成の諸資本」を株式会社と読み替えるなら、「既成の諸資本の融合」は今風の合併となる。

「併合」は過去の遺物かというと、全くそうではない。**敵対的ＴＯＢ（株式公開買付け）**という、合法的とされてはいるが「力ずくの」手段（「金権ゲヴァルト」⇒第25項2）を通じて、大企業の買収さえも——特に欧米では——盛んに行なわれている。**敵対的ＴＯＢは株式会社時代の「併合」と言えよう。**

（2）⑤このこととは別に、資本家的生産に伴って、ある全く新しい威力である信用制度が形成される。信用制度は当初はこっそりと、蓄積の控えめな補助役として忍び入り、社会の表面に大小さまざまな量で散在している貨幣手段を、目に見えない糸で個人資本家や連合〔共同出資〕資本家たちの手に引き入れる。⑥だが、やがて競争戦における新しい恐るべき武器となり、ついには資本集中のための巨大な社会機構に転化するのである。

⑦資本家的生産および蓄積が発展するにつれて、それと同じ度合いで競争と信用とが二大最強の集中手段として発展する。

『資本論』第1部から………324

2　マルクスの信用制度論は、商品の譲渡と商品価格の実現との時間的分離（掛け売買）を信用の自然発生的基礎として踏まえつつも、本格的には**商業信用**の考察から始まっている。商業信用の基本形は、商品の買い手が商品代金の支払いをとりあえずは約束手形の振出しで済ませ、商品の売り手も相手の**支払能力を「信用」する**から支払債務証書である手形での取引に応じるというもの。買い手は債務者、売り手は債権者となる。約束手形または債権者が振り出す為替手形で表示される商業信用の発展形態である銀行信用（銀行業者が支払満期前の手形を割り引いて〔満期までの利子分を差し引いた金額で買い取って〕自己発行の兌換銀行券を引き渡す）、さらには貨幣の貸借や国債の引受けのような取引次元に至っても、このような「信用」の原義は維持されるので**信用制度**と称されるわけである。

その後、兌換銀行券が姿を消すとともに、この意味での銀行信用はすたれたが、資本制経済の発展に伴い銀行を介した種々の**マネー取引**はますます活発化する。またマネー**運用手法**も種々開発される。あるいは一国の**通貨制度**や**金融政策**もますます重みを増すようになる。こうした多様な展開の中で、「信用」の原義は維持されながらも信用制度より包括的な**金融制度**という呼び名が普及するようになった。いろいろな変化変遷はあったが、**銀行が金融制度を中心的に担っている**点では、マルクスが銀行（業者）を信用制度の中心に据えたのと構図は同じである。これもまた**「仲介者が支配権を握る」**論理の一例と言えよう（⇩第13項）。

ここでの要点は、**競争激化を背景にして信用制度が資本集中の「恐るべき武器」「巨大な社会機構」**⑥になること。この事情は今も変わらない。右引用文の少し後では、「ある事業部門に投下されているすべての資本が単一の個別資本に融合してしまう」ところまで資本集中が進展する可能性も指摘されている。**信用（金融）制度は企業再編においてもさまざまな形でますます大きな役割を果たすよ**

27

うになる。

今日では通例、「企業の合併・買収」というふうに合併と買収は一括して取り扱われるが、実際には、**買収なしの合併**（日本で顕著な**「話し合い合併」**）もあれば**合併なしの買収**（日本でも増大している買収ファンドや再生ファンドなどの**投資ファンド**による買収）も盛んに行なわれている。買収のみが行なわれる場合であれ買収して合併する場合であれ、**買収資金は金融を利用して調達されることが多い。**買収規模が大きくなるほどこの傾向は強まる。

身近なところでは、**ソフトバンク**がボーダフォン日本法人を買収した時（２００６年３月）にも、買収総額１兆９０００億円のうち１兆２８００億円は、日本・アメリカ・ドイツの有力銀行７行を中心とする**協調融資**によって調達された。また**日本たばこ産業**（ＪＴ）によるイギリスのタバコ・メーカー、ガラハーの買収（２００６年12月）に際しては、買収総額２兆２５００億円のうち１兆数千億円をアメリカの証券大手メリルリンチの融資に頼ったという。日本企業が国内外で行なったＭ＆Ａ件数は２００６年には過去最高の２７６４件に達し、また世界のＭ＆Ａ件数は２００６年上半期だけで１万５０００件を超えているので、金融支援の具体例には事欠かない。

⑤の末尾にある「連合（assoziiert）資本家」とは**株式会社**のこと。この assoziiert（『資本論』第2版では assoziirt。初版には「連合資本家」の語句なし）という過去分詞は、言うまでもなくアソシアシオン（アソシエーション）の類縁語である。マルクスは資本家的生産様式をアウフヘーベン（廃棄・克服）したポスト資本家的生産様式を**アソシアシオン**として特徴づけていたので、株式会社にも「資本家的生産様式からアソシアシオンへの過渡形態」という大きな夢と希望が託された。こ

の点に関するマルクスの見込み違いについては改めて多言することもあるまい。株式会社の実状を見れば誰にでもすぐ分かることである。株式会社については（3）（4）でも言及される。

（3）⑧集中は、産業資本家たちに操業規模の拡大手段を与える点で蓄積の営みを補完する。⑨規模の拡大という成果が蓄積の結果であろうと集中の結果であろうと、そして集中が併合という力ずくのやりかたで行なわれようと——この場合は、ある〔大きい〕諸資本が他の〔小さい〕諸資本に対して優勢な引力中心となり、他の諸資本の個々的な寄り集まりを解体した後で個々バラバラにされた破片を自分のほうに引き寄せる——、あるいは多数の既成ないし形成途上の諸資本の融合が株式会社の設立という比較的スムーズなやり方で行なわれようと、経済効果はいつも同じである。⑩産業施設の規模拡大はいつでも、多人数の総労働をより包括的に組織するための、総労働の物質的推進力をより広範に発展させるための出発点となる。すなわち、個々バラバラに習慣に従って営まれていた生産過程を、社会的に〔多くの労働が〕結合され科学的に配置された生産過程へとだんだん改変してゆくための出発点となる。

資本蓄積であれ、併合、トラスト、株式会社の設立、株式会社同士の合併などの資本集中であれ、**事業規模の拡大をもたらすという「経済効果」**⑨はみな同じである。規模拡大は、**増大した総労働の効率的な組織化**を伴いながら行なわれる。これが生産過程の「科学的な」⑩配置と言われている。すなわち、個々の労働者に関しても、また資本集中が行なわれる場合には個々の企業に関して

も、**従来どおりの「習慣」に生産過程の進行をゆだねるのではなしに生産過程の全容を統一的に掌握して生産過程を合理的に制御することが**、事業規模の拡大とともにますます必要になる。**マンネリズムの打破あるいは「習慣」のバージョンアップ**。この心得の重要性は昔も今も変わりない。ここでは「知は力」である（⇩第23項）。

（4）⑪しかし蓄積が、すなわち円形〔単純再生産〕からラセン形〔拡大再生産〕に移行することによる資本の漸次的増大が、社会的〔マクロ的〕資本を構成している諸部分を大きな量に束ねるだけでよい集中に比して、まことに緩慢なやり方であるのは明らかである。⑫もし、少数の個別資本の手で行なわれる蓄積が鉄道建設に必要な大きさに達するまでまたなければならなかったとすれば、世の中にはまだ鉄道はないままであろう。⑬ところが集中は、株式会社を介して、アッという間にこれをやってのけたのである。⑭また集中は、このように蓄積の効果を強化・促進すると同時に、資本の技術的構成の変革を、すなわち資本の可変部分〔労働者数〕を削減して不変部分〔固定資本〕を大きくし、こうして労働に対する相対的需要を減らすような変革を拡大・促進する。

資本蓄積は、有をより大きな有にする手続きの一つである。より大きな有を生み出すことを忍耐強く繰り返さなければならない。これに対して**資本集中**は、諸資本を「大きな量に束ねるだけで」（⑪）、すなわち散在している有を一カ所に寄せ集めるだけで、いかようにも大きな有を実現できる。

蓄積のような忍耐強さも手間ヒマも要らない。**蓄積は愚直な、集中は要領のよい規模拡大策**と言えよう。人間にも蓄積タイプと集中タイプとがあるようだ。**M&Aが盛んな時代には、要領のよい集中タイプの人間が活気づく。**

さらに、集中は「変革」⑭も促進する。資本の可変部分すなわち労賃部分の削減は**単なる人員整理**によっても可能だが、より積極的には**新鋭設備の導入（不変資本の増大）による労働生産性の向上**を通じて行なわれる。生産性の向上がもたらす絶大な意義については既述した（⇃第17項（b）、22項（8））。集中によって資本規模が大きくなれば、このような合理化投資も進めやすくなるわけである。

▼この項全体の要約――統一視座としての資本集中論

マルクスの資本集中論は、次の2点で経済理論上の大きな功績と言ってよい。第一に、資本集中は――（3）⑨でも言及されたように――個別資本による利潤の再資本化（資本への組み入れ）の繰返しとしての資本蓄積とは違って、形成済みの、出来合いの諸資本を一つにする**手っ取り早い規模拡大策**であることを先駆的に明らかにした点。このような規模拡大策は今日一段と重みを増している。

第二に、資本制経済の発展に伴う「競争と信用」⑦の役割変化を察知して、競争激化を背景に**信用（金融）制度が資本集中の際に巨大な役割を果たす**ことを洞見していた点。**当時の経験的現実を超えてその後の事態にも通底することとなる論理を明らかにしたこと**は驚嘆に値する。このあたりの事情は自由時間論（⇃第20項）にも共通する。ここにも「まえがき」の1［本書の基本方針と狙い］

で述べた「論理の力」の一例が見られる。このことはまた、かつての「併合」と今日の敵対的TOBとの類同性からも分かるように、**手段方策の外見上の違いを超えた基底の論理に着眼することの大切さ**を教える。

資本集中は、19世紀には株式会社の設立を介して鉄道業、重化学工業などの大事業を可能にする道を開いた。そして同世紀末からはアメリカでトラスト運動が始まり、以後数次にわたるM&Aブームが起きて現在に至っている。

イギリスにおける併合もアメリカにおけるトラストも、**市場支配を目的として**行なわれたが、現代における企業再編はサバイバル戦を勝ち抜くための、**市場支配どころか市場に残留するための手段**という性格が強い。現代経済の根底にある事態は①**生産力過剰**であり、そこから②**大競争**が、そしてマネーの有利な運用先が生産分野には見つからないために③**金融肥大化（カネ余り）**が生じている。②と③がドッキングして、大競争を乗り切るために余剰マネーに後押しされたM&Aが活発に行なわれている。このように**資本集中論は、「併合」「株式会社」「トラスト」「M&A」といったネーミングの違いを超えて、資本制経済の展開史を一貫把握しうる視座を提供する。**

『資本論』第1部から………330

28 社会的生産力は誰の手柄か――協働論の新地平へ

テーマ

まず**「社会的生産力」論の批判的考察**を行なう。これを踏まえて一般理論としての「社会力」（＝「協働」）論を基礎づけておこう。

多数の労働者が心を一つにして共同作業を行なう時には、労働者たちが個々バラバラに作業していた時に発揮する生産力の総計よりも大きな、また質的にも新たな生産力を発揮することができる。この生産力をマルクスは「社会的生産力」と呼んでいる。ここに「社会的」とは、多数者の協働による、の意である。

では、**社会的生産力は誰の手柄に帰属するのか**。あるいは、誰のお陰で生み出されるのか。多数の労働者のお陰で、と言うだけでは答えにならない。このような捉え方をしたのでは一面的な把握に終わってしまい、**多数の労働者を雇用し組織する資本家の役割**が抜け落ちてしまう。労働者たちだけでは何ごともなしえない。「指揮」者が必要である（⇩第24項）。資本家を放逐して例えば「**労働者自主管理**」方式を採用する場合でも、誰かが資本家の代役を、「搾取」者ではないにしても**オルガナイザー**を務めなければならない。そこで問われるのは、**オルガナイズする者とされる者との役割分担**はどのようなものか、ということである。

社会的生産力は、生産場面に限定せずに広く一般化して捉えるなら**社会力**となる。この語の適用可能範囲あるいは妥当領域は広大である。しかし広大な領域をここでつぶさに見て回ることはできない。マルクスの論述に即して原理的な場面で考察することが、おのずから、**社会力論を広大な射程を持つ一般理論として基礎づける**ことになるであろう。

本論——「社会力」の存立構造

①労働者は、労働力の売り手として資本家と売買交渉している間は自分の労働力の所有者であり、そして労働者が売ることができるものは、自分が所持している個人的な、個別化された労働力だけである。②このことは、資本家が買う労働力が1つではなく100であっても、すなわち資本家が契約を結ぶ労働者が1人ではなく互いに独立した100人であっても全く変わらない。③資本家は100人の労働者を協業させないで使用することもできる。したがって、資本家が労働力の価値分を支払うのは100の独立した労働力に対してであって、100の結合労働力に対

してではない。独立した人々として労働者たちは個々別々の存在であって、同一の資本と関係を結びはするが、お互い同士は関係しあわない。④労働者たちの協業は労働過程でようやく始まるが、労働過程では彼らはもはや自分自身のものではなくなっている。労働過程に入るとともに、労働者たちは資本に合体されている。協業者として、一つの作業有機体の手足として、労働者自身が資本の特殊な存在様式となっている。⑤そういうわけで、労働者が社会的〔協働する〕労働者として発揮する生産力は資本の生産力となる。

⑥労働の社会的〔協働による〕生産力は、労働者たちが一定の生産条件のもとに置かれていさえすれば無償で発揮されるのであり、そして資本は労働者たちをこのような条件下に置いている。⑦労働の社会的生産力は資本には何のコストもかからないから、また他方、この生産力は労働者の労働自体が資本のものになる前に労働者によって発揮されることはないから、この生産力は資本がもともと所持している生産力として、資本の内在的生産力として現れるのである。

---

1 論旨は、あえて解説するまでもなく明瞭である。説き方も理路整然としていて一分のスキもないように見える。はたしてそうか？

協業による社会的生産力は主として人的要因によって生み出される。多数の労働者が同じ作業現場に置かれ一緒になることによって、「みんなで力を合わせよう」という**ヒトとしての類能力**が発揮され、また相互の競争心や刺激によって活力が生み出される。併せて、生産用具が共同利用されるため人数分は要らないという物的要因も経済効率を高める。

社会的生産力は単に量的に100を上回るだけということもあるが、協業は通例、質的に新しい上回る分を生み出す。最も単純な例としては、重い物の上下または左右の移動が協業によってはじめて可能になり、それなしには作業が前に進まない、など。マルクスの主要な関心は、この上回る分・以上のもの（etwas Mehr）については賃金支払いはなされず資本家は「無償で」⑥「コストをかけずに」⑦取得する、という点に向けられている。この**無償取得論**は、社会的生産力がもっぱら労働者たちによって生み出されるとする**労働者本位論**の必然的な帰結である。

考察を要する点が2つある。一つは、**「無償で」「コストをかけずに」というのは本当か**、という点。もう一つは、社会的生産力論の枠組を広げ一般化することによって、**何か新しい物の見方・考え方ができはしないか**、という点。

まず前者に関しては、マルクスがここでも搾取論（⇩第2項4）と同じ考え方をしていることは明らかである。搾取論では、資本家は「無償で」剰余労働を搾取し、剰余価値を取得するとされていた。**しかし資本家は「無償で」剰余価値を取得しているのではない**。**有償の生産手段**を労働者に提供して賃金を稼ぎ出す機会を与える。繰り返し（再生産）の観点からは、労働者は賃金部分をみずから稼ぎ出している。ただし「自力」で、ではない。有償の、コストをかけた生産手段の提供という「他力」も必要である。**その見返りに資本家は剰余価値を取得する**。剰余労働は「不払労働」ではない。**資本家と労働者とはギヴ・アンド・テイク関係にある**。

それ以前に、資本家は、まず多数の労働者を雇用する場面で**募集・採用コスト**をかけている。（コストの額は時代や社会や経済状況の違いによって、また企業ごとにも種々違っているが、昨今の日本企業の場合、大卒生一人につき——採用者数で頭割りすると——百万円単位のコストをかけているといわれる。マルクスには無縁の話であるが。そして昔も今も採用される側の関知するところではないが。）

労働過程においても、資本家は雇った労働者たちを適正配置し、作業訓練をほどこし、指揮・監督しながら束ねている。これらの業務はむろん資本家の代理人に委ねてもよいが、束ね役がいてはじめて労働過程は円滑に運営され、したがって社会的生産力も生み出される。

資本家がこれら一連の役割、オルガナイザーとしての役割を果たす際にさまざまな**有形のコスト（人事・労務管理費）や「骨折り労苦」**（⇩第24項）**など無形のコスト**をかけていることは明白である。資本家が負担するさまざまなコストや働きがあってはじめて社会的生産力が生み出されるのだから、**個別的生産力の総計「以上のもの」が資本家のものになるのは当然のこと**である。それは「無償で」「コストをかけずに」取得されているのではない。**労働者の果たす役割は大きいが、限度をわきまえずに増長するのは禁物である。**

一点、注意を要する。**「上回る分・以上のもの」は剰余価値のプラスアルファ分として加算されるのではない**。社会的生産力の発揮によるプラスの価値部分も**最初から**剰余価値の一部を構成している。**そもそも剰余価値は社会的生産力が生み出されることを通じて生み出される**。資本家的生産がそもそも単純協業や分業に基づく協業、さらに（今日的にはコンピュータ制御なども含む）機械制大工業に従事する多数の労働者たちの適正配置、すなわち**一定の労働編制**のもとに行なわれるのだから、それは当然のことである。ただ、一度に全部を説くことはできないので**2種類の「上回る分」**が順々に説かれる。

まず剰余価値が労働時間の観点から、労働者たちの必要労働時間を「上回る」剰余労働時間として説明される。この叙述段階ではまだ労働編制のことは捨象されている。**労働編制の観点も入れてはじめて十全な剰余価値論になる**。すなわち、資本家的生産過程は、そもそも労働者たちの個別的生産力の総計を「上回る」部分を絶えず生み出しながら進行するのであり、このような過程進行を前提にして労働時間の全体が必要労働時間部分と剰余労働時間部分とに分かれるのである。

体系構成上、**社会的生産力論は搾取論の一部をなしている**。それゆえ両者が「無償で」「コストをかけずに」「上回る」をキー語句とする同根の思考法であるのは当然で、首尾一貫している。搾取論をこのように内容豊富化しつつ**トータルなマルクス批判**を、すなわちマルクスの理論構造のトータルな解明を行なう必要がある。マルクス論を離れて事柄それ自体に即して見ても、**一般に資本の生産過程は剰余価値および社会的生産力の生み出しを一つのこととして行なっている**。

2 次に、社会的生産力のマルクス的理解を批判的に考察する中から、**新しい把握枠組を構築する手がかりが得られるのではないか**という点について。

社会的生産力は労働者たちが自力で生み出すのではない。**労働者たちだけではおよそ生産上のことは何もなしえない**。烏合の衆同然である。生産計画の立案や労働者たちの適正配置（労働編制）

をはじめ、生産組織の管理運営を行なうには資本家ないし経営者が必要である。

資本家や経営者抜きの生産組織がありえないわけではない。**社会主義計画経済**は新しい方向を目指した。その顛末については今さら無駄な議論をする必要はない。社会主義計画経済とはひとまず別に**「労働者自主管理」方式**なるものもあった。代表的には、チトー時代のユーゴスラヴィアで採用された。これもとうに終わった話だが、類似した発想は今日も残存しているようなので――本線から外れるが――手短に一考しておく。

そこでは**「自治と分権」**の考え方に基づく**労働者たちの協議**によって生産計画も労働編制その他も決定されるタテマエになっていた。だが、うまく行かなかったし、うまく行くはずもなかった。幾つかの理由が考えられる。

(1)組織運営について。労働者自主管理においては、**全労働者の中から全労働者によって選挙された労働者評議会**が組織運営の最高意思決定機関となる。これは理想的な組織形態のように見える。しかし生産目的と突きあわせてみるとどうか。**民主政治**においては有権者たちのニーズをより多く結集した者が代表に選出される。代表がその後どのような具体的活動を行なうかはともかく、少なくとも選挙公約のことを無視することはできまい。自分に投票してくれたであろう**有権者たちのニーズ**に応えなければならないという縛りがかかる。これはこれでよい。しかし生産組織においては一般に、**労働者たち自身のニーズにではなく生産物の使用者・需要家・消費者のニーズに合致する生産活動を行なう必要がある**。労働者自主管理組織においても同じである。自分たちのための、ではなく他人たちのための生産。これが生産目的をなす。

したがって組織運営も――わが国における昨今の**独立行政法人**に似て――あくまで経営組織の運営であり**マネジメント**なのである。労働者評議会の意思決定は必ずしも労働者たち自身のニーズに合致するとは限らない。このような**ずれやねじれ**を十分承知した上での意思表示（評議員選出）は自己を引き裂く選択であって、自分の意思を自由に表示してよろしいと許容する全員参加型の組織とはそもそも相容れない。**自分の意思とは異なる意思決定にも賛同しなければならない**場合があるからだ。労働者たちの意思が反映されるのは評議員を選ぶところまで。**後は評議会がその時々の状況変化に応じて独自の経営判断（意思決定）を行なう**。経営判断の内容までも労働者たちが事前に拘束することはできない。要するに、**組織構成員たちの意思には左右されない決定権を持つ組織者が必要**なのである。

（2）指揮命令系統について。軍隊組織であれ生産組織であれ指揮命令系統なしには、したがって**一定の規律と統制がなければ組織運営はできない**。規律と統制は――「労働は遊びではありえない」（⇒第20項（3））以上――恣意の排除はもとより自由の制限も伴う。あるいは、組織目的に適合する自由だけが許容される。労働者自主管理においては、規律と統制のあり方についてもその大枠は労働者たち自身が「自主的に」決めうるとしても、しかしいったん経営組織として動きだした以上は、評議会から下りてくる指揮命令に従わざるをえない。**自分たちが選んだ評議会に指揮命令される**。このような**主客転倒**を素直に受け入れることができるであろうか。

（3）スピーディな意思決定について。所要の事柄に関して無知あるいは一知半解の人々も含めて、みんなが平等に発言権を有するところでは、多様な意見を一つにまとめて適切かつ迅速な決定を下すのはまことに困難である。みんなの意見を聞くことは良いことである。しかし組織は議論のための議論をする場ではない。組織としての意思決定は早いに越したことはない。組織目的のためにスピーディに意思決定をして最終責任を負う組織者がいなければならない。スピーディな意思決定は、（1）（2）で見たごとく労働者の意思表示に限度を設けることによってのみ行なわれる。これは協議システムを事実上、あるいは少なくとも半ば否定することである。**全員参加型の協議システムが十全に機能することはない**ことは、この点からも明らかである。

（4）効率化について。スピーディな意思決定に関連して、**効率化はどんな組織にも必要なことである**。資本家的効率化（長時間労働、労働強化など）を拒絶するのは賃金労働者の立場からは一理あるとしても、しかし効率化一般を拒絶するのはナンセンスである。**無駄と浪費と怠惰を奨励することで**あるからだ。労働者自主管理方式なるものを採る場合も当然それなりの効率化が追求されなければならない。労働者個々人も指揮命令に従って、あるいは自発的に効率化に協力しなければならない。これもまた（2）で見た「規律と統制」の一部をなすが、このような制約から逃れる道がないわけではない。組織から離れて**自営業者**になればよいのである。もちろん、別の制約が待ち受けているであろうけれども。

小さな組織では全員参加型の協議システムも有効に機能することがある。（1）～（4）の問題点をすべてクリアすることができる。しかし組織が大きくなるほど協議システムの理想からは遠くなる。とりわけ生産組織の変革を目指すような大事業になると、ユートピア色が強まる。留意を要するのは、**資本制生産組織においても個々の部署では絶えず「協議」が行なわれているか、「協議」の可能性が**

28

排除されていないことである。「個々の部署」とは「小さな組織」のことだから、組織形態の違いを超えて理屈は一貫している。

「自治」「自主的」「分権的」等々の美辞麗句。**人間の歴史はしばしば言葉のビューティフルさに酔ってはつまずいてきた**。つまずきの繰り返しとも言える。半面、真実をうがっていてもビューティフルではない地味な言葉は人目をひかない。アピール力を持たない。これらもまた**人間たちの力量の範囲内にある**——いわゆる自己責任あるいは自業自得の——問題である。

3 本線に戻る。社会的生産力は、もちろん資本家の自力で生み出されるのではない。**労働者たちと資本家（およびその代理人たち）との合力**によって、合作として生み出される。表面上の対立関係にのみ目を奪われていては実相の把握はできない。一見、対立関係にある場合でも、実は**相互依存関係**がベースをなしている。**相手の存在なしには自分の存在もない**。このことを冷徹に見極めることが肝要である。

しかしまた、資本家と労働者の相互依存関係だけを見ていたのでは視圏があまりにも狭すぎる。視圏を一般的な地平にまで拡げて、諸個人の合力を**協働**、そして合力を生み出すシステムを協働システムと名づけるなら、実にこの**協働システムこそが人間たちの活動領域の多様性を超えて社会存立の一般原理をなしている**。

社会的生産力は、一般化すれば社会力。社会力には幾つかの特質がある。

『資本論』第1部から.........340

第一に、社会力は物理的合力のように諸個別力の総計として成り立っているのではない。**総計「以上の」質を持つ、より高次の力**である。しかも、物理力は個別力単独でもそれぞれなりに何らかの有意味な力でありうるが、**社会力は協働によってはじめて生み出される**。個別力である間は社会力としては無である。重い物を上下または左右に移動する、道路をふさいでいる障害物を除去する、御輿を担ぐ、**各種の集団パワー（デモ行進、選挙戦、「団結は力」）を発揮する**、などは目に付きやすい例だが、目に付きにくい例も無数にある。**お札（不換中央銀行券）の通用力**も代表例の一つである。

お札は、法律で強制通用力を付与されているから通用力を持つのではない。強制通用力（法貨）規定のことなど知る人はむしろ少ない。国民はお互い同士の間では共同目的も意思統一（協議）もなく、個別に、お札に対して信用を寄せあう。無数の矢印が一点に集中しているというイメージになる。このような個別的信用の寄せあいは、互いに横の連絡関係はないけれども、第三者的には**「相互信用関係」または「信用連関」**と言うことができる。これは目に見えない観念的なものでありながら、実に国民の相互信用関係こそが国民の経済活動を通じてお札を通用させ、通用力の内実をなす。手短にいえば、**お札に対する国民信用が御輿と同じ理屈でお札の通用力を支えあっている**（⇩第23項）。ここでは協働としての社会力はお札の通用力という形をとる。およそ**社会力の存立構造**は――一定の共同目的や意思統一の有無という違いはあっても――御輿の場合と同じである。

第二に、**社会力は協働が行なわれている限りで現存する**。何らかの物に属性として具わっているわけではないので、協働がなくなればたちまち無と化す。御輿は担ぎ手がいなくなれば御輿ではなくなる。不換中央銀行券は国民信用を失えば通用力を失う。**社会力は独立自存する力なのではなく、支え手たちが支えている限りで力たりうる。**社会力の存続期間は支え期間とイコールである。

第三に、社会力が存立するには**初動者**、イニシアティヴをとる人（initiator）の存在が必要である。初動者またはイニシエイターは、それぞれのケースに応じて創始者、率先者、首唱者、発起人、あるいは卑俗に〝言い出しっぺ〟と言い換えてもよい。その役割・機能の内容と大きさは、社会力の種類によってまちまちである。組織にあっては通例、**組織の長（オルガナイザー）**が初動者となる。一つの組織が多くのサブ組織に階層区分されている場合、各オルガナイザーの呼び名は部長・課長等々、連隊長・大隊長等々、各組織ごとにさまざまであるが、等しく初動者としての役割を演じる。

明確な形をなす**定形組織**（formal organization）では、**一定の共同目的**に従って、オルガナイザーの役割・機能もそれぞれの組織ごとに明確である。会社、役所、学校、政党、軍隊、サッカーチーム、サークル、等々。祭りで御輿を仕立てるのも定形組織の営みである。この場合は、たとえ町内の長老が初動者となって祭りの実行委員会が組織され担ぎ手たちは別の若者たち、という具合に役割が分担されるとしても、まず初動者がいて後続する各ステップごとにオルガナイザーがいなければならない。

これに対して、祭りの見物客や街頭での人だかり、乗り物の乗客などの場合、人々は定形組織のように一定の共同目的を追求するわけではない。**相互間の意思統一**もない。しかし個々人の行動目的は、同じく物珍しげに集まる、同じ行き先の乗り物に乗り合わせているなど似たようなものである。そのような人々の集合が、偶発的または一時的なものであるにせよ形成される。これを**無定形組織**（informal organization）と呼ぶ。無定形組織にあっては明確なオルガナイザーは存在しない。

なお、定形組織、無定形組織という区分は元来、経営学方面で著名なチェスター・**バーナードの組織論**（*The Functions of the Executive*, 1938）で行なわれたものである。

不換中央銀行券の通用力を協働して支えあう国民も無定形組織を形成しているが、オルガナイザーは存在しない。しかし、お札の発行元である中央銀行が初動者となる。兌換券であれ不換券であれ中央銀行券が発行され始める当初の場面では、発行の意思決定を行なうのは通例その時々の政府だから、初動者は政府であると言ってもよいが、ともかく初動者の存在が必要である。ただし、**政府も中央銀行も実質上は国民の協働が存立させる協働生産物**だから、国民の代理人として初動役を務めているだけなのであるが。

社会力が**ブランドやのれん**の場合は、無定形組織を形成している**消費者や顧客たちがブランド価値やのれん価値の形成者かつ支え手となる**（この価値は協働価値の一形態であり、個々の消費者や顧客の手柄には帰属しない）。が、当該企業や商店の創業者であれ後継者であれ、ブランドやのれんとして定着することとなる**商標・商号の発案者**が必ずいる。その発案者がとうの昔に亡くなっていても、現に生きている社会力の第一の初動者である。そして現在の組織運営に関しては、組織の長が現在の初動者である。

社会力が存立するために必要不可欠な初動者の存在は、物理の世界における〝**最初の一撃**〟になぞらえることができる。ロケット噴射のイメージである。**およそ協働としての社会力は最初の一撃によ**

って初動力を与えられ、他の諸力も糾合して軌道に乗る。

第四に、協働には①**共時的協働**と②**通時的協働**とがある。通常、協働というと、同時に、ないし短い時間幅の中で人々が力を合わせることと理解されているが、これは共時的協働を指している。しかしそれだけでは「協働」という語をわざわざ用いる意味がない。「共同作業」「協力」「協調」「協業」などと言えば済む話である。

協働（Zusammenwirken, coöperation）という語の意味範囲はもっと広大で、例えば――バーナードも指摘するように――**ローマ・カトリック教会**は定形組織として何世紀も存続してきた。関係者たちは代々、何世紀にもわたって一定の共同目的のために意思統一しながら自覚的に協働してきた。ある世代から次世代へのバトンタッチとその繰り返しが、長期にわたる連続性と一貫性を担保するのである。いわゆる**人類の知的遺産**にしても、**プラトンやアリストテレスの思想**であれ、**ニュートンの発見やエジソンの発明**であれ、その他のものであれ、時代の違いを超えて、さまざまに変形加工されながら継承されてきた。

別に何世紀にもわたらなくて1年でも2年でもよいが、ともかく共時的なものよりも長い時間幅を持つ協働を、共時的協働とは区別して通時的協働と呼ぶ。身近なところでは、例えばオーストラリアで採掘された鉄鉱石が日本の鉄鋼メーカーによって薄鋼板に変形加工され、それが自動車メーカーの手で車体として組み立てられ、さらに出来上がった乗用車が消費者に役立てられるとき（⇩第6項2）、**これら一連の過程はまさに協働連関をなしている**。同じくオーストラリア産の鉄鉱石に限っても、別の鉄鋼製品に変形加工されて別の用途に役立てられることも多いから、**協働連関のあり方も放射状に多様**である。

この協働には、次に第五点として見るように、**相互に追求目的を異にする者同士の協働**も含まれる。国語辞書的な「協働」とは全く異なる。それでもなぜ「協働」なのかといえば、関係者たちが相互に依存しあっていて**相互依存関係なしには個々の関係者も自己の存在意義を確保できない**からである。この点も考慮して大きな観点から言えば、**人間の歴史は共時的協働の重層体としての通時的協働体である**。現在もさまざまな形で過去の影響を受けている、というありきたりの捉え方をするのではなしに、**明確に通時的協働を把握軸とする**ことによって、時間差のある諸事象をもより輪郭鮮明なものに整序できるであろう。

第五に、もう一つの区別指標として、諸個人が③一定の共同目的のために意思統一して自覚的に行なう協働と、④共同目的も意思統一もなしに無自覚的に行なう協働とがある。③は定形組織の営みであるが、④の具体的形態は多様である。無定形組織であることもあれば、それぞれの追求目的を異にする幾つかの定形組織の集合であることもある。③は御輿のように**目に見える**形をとるが、④は不換中央銀行券の通用力を支える協働のように**日常的には目に見えず**、分析によって見えるようになる。

以上2つの区別指標から、都合4つの組み合わせが得られる。すなわち、①③、①④、②③、②④の4つである。これらが**協働の4類型**をなす。それぞれの類型に属する具体例には事欠かない。

大略以上のごとき**協働論**の構築を目論む理由と狙いは2つある。一つは、多様な事物や制度の存立構造を**同一の理論枠組内で統一的に説明すること**。いま一つは、これまで理論的説明の対象外とされてきたか間違って説明されてきた事ども（**不換中央銀行券やブランド、のれん、美術骨董品や土地の価値、景観価値**などなど）に新たな解明の光を当てること。例えば、何億円もするゴッホの絵、バリー・ボンズが達成した大リーグ通算本塁打記録（756号）の記念ボールの落札価格75万ドル、一等地の地価などもすべて、協働論の一分科をなす協働価値論で説明できる。

ただし、マルクスの「協働」概念は「協業」ないし「生産力」と同義で広がりを持たないので、協働論の文脈ではほとんど役に立たないが。この点も含む詳細については、本書の課題範囲を越えるので別途取り扱うことにしたい。

あとがき

厳直な精神などといえば古風な響きがあろう。まるで武士道だ。しかし、ニッポン中に蔓延している いい加減さが精神の弛緩と退廃の表れであることは疑いない。悪名高い「テロリスト」のほうが、余程しゃきっとした緊張感を持しているのではなかろうか。本書は厳直な精神の一代表者マルクスを今に蘇らせようとした。学問領域のことゆえ、ザッヘ（事柄）の論理に徹することがこの精神にふさわしいであろう。

彩流社企画の杉山尚次さんには細心のご高配を賜った。これも――テロリズム関連のことは別として――共振する志の一表出だと思っている。厚くお礼申し上げる。コーディネーターの石田和男さんにも、刊行をご報告かたがた謝意を表したい。

二〇〇七年一二月

高橋洋児

各項のテーマとキーワード索引

※主題的に論じている箇所のみを示す

[著者紹介]
高橋洋児（たかはし・ようじ）
1943年生まれ。現代社会の経済理論を探究し続けている。京都大学経済学部卒業、東京大学大学院経済学研究科博士課程修了、経済学博士。静岡大学名誉教授。著書に『物神性の解読　新装版』（勁草書房）『市場システムを超えて』（中公新書）『現代社会論の基本視座』（御茶の水書房）『過剰論　経済学批判』『なぜ、お札でモノが買えるのか』（以上言視舎）などがある。

装丁………山田英春
DTP制作………勝澤節子

※本書は2008年1月彩流社から刊行されたものです。

【新装版】
マルクスを「活用」する！

発行日❖2015年1月31日　初版第1刷

著者
高橋洋児
発行者
杉山尚次
発行所
株式会社言視舎
東京都千代田区富士見2-2-2　〒102-0071
電話 03-3234-5997　FAX 03-3234-5957
http://www.s-pn.jp/

印刷・製本
㈱厚徳社

ISBN978-4-86565-009-9 C0333